인성의
기초가 되는 **초등**
인문학 수업

인성의
기초가 되는 **초등**
인문학 수업

발행일	2016년 4월 05일 초판 1쇄 발행
	2018년 6월 26일 초판 2쇄 발행
지은이	정철희
발행인	방득일
편 집	신윤철, 박현주, 박정화, 문지영
디자인	강수경
마케팅	김지훈

발행처	맘에드림
주 소	서울시 도봉구 노해로 379 대성빌딩 902호
전 화	02-2269-0425
팩 스	02-2269-0426
e-mail	momdreampub@naver.com

ISBN 978-89-97206-41-4 03370

인성의
기초가 되는 **초등**
인문학 수업

정철희 지음

맘에 드림

저자의 말

실천가의 고민

교사가 이론가와 다른 점이 있다면 그것은 현장에서 아이들과 부대낀다는 점이다. 현장에서 배우고 현장에서 익히며 현장에서 좌절한다. 교사에게 교실은 행복의 공간이자 시련의 공간이다. 초임 시절, 그런 교실에서의 배움과 경험이 나에게 큰 자양분이 될 것이라고 믿었다. 하지만 예상은 보기 좋게 빗나갔다. 언젠가 부터 매너리즘에 빠져있는 나의 모습을 발견했다. 새로운 시도는 없이 기존 선생님들의 방식을 답습하고, 실습생 시절에 배웠던 몇 가지 규칙으로 수업을 꾸역꾸역 채워 나가고 있었다. 그런 과정에서 많이 힘들고 어려움을 겪었지만, 그 어려움이 성찰로 나아가지 못했고 연구로 결실 맺지 못했다. 여전히 헤맸고 나의 일상의 하나가 되어 버렸다.

그러던 나에게 친구가 손을 내밀어 주었다. 근처 학교에서 일주일마다 모여서 공부를 하는 모임이 있으니 한번 나와 보라고 했다. 그렇게 만나게 된 '아이함께(경남협동학습연구회)'는 내 인생의 전환점이 되었다. 수업에 대해 진지하게 고민하고 끝없이 연구하는 선배들과 동료들의 모습은 나에게 큰 자극이자 변화의 방향을 제시해 주었다. 그분들과 함께 교육의 본질에 대해 이야기하고 배움을 나누었다. 시간 가는 줄 모르고 수업 서적을 읽고 토론했다.

그렇게 본질을 보기 시작하니 내가 왜 그렇게 오랜 시간 매너리즘에서 헤어 나오지 못했는지 알게 되었다. 나는 그동안 읽지 않고 교류하지 않았다. 내가 알고 있던 교육 지식이 다인 것마냥 그것만 움켜쥐고 있었다. 예전에 많이 읽던 책도 피곤하다는 이유로 점점 멀리하였다.

나는 다시 읽기 시작했다. 그리고 쓰기 시작했다. 수업에 대한 사유의 파편들을 꾸준히 기록하였다. 그것을 나눌 사람들이 곁에 있었기 때문이다. 처음 몇 년은 교육 서적의 비중이 높았지만 갈수록 인문학 서적이 많아졌다. 읽다 보니 그것을 수업에 적용해 보고 싶어졌다. 고전을 읽고 그것에 영감을 받아서 수업을 하기 시작했다. 인문학을 통해서 아이들이 자신의 행복한 삶을 꾸려

갈 수 있도록 삶의 방향을 생각하는 수업, 바른 인성을 그리는 수업을 구상했다. 그렇게 나의 인문학 수업은 시작되었다.

멋진 실천가를 꿈꾸며

수업을 준비하면서 책을 읽다 보니 오랫동안 풀리지 않았던 교육적 고민도 해결되었고, 수업에 대해서 색다른 접근을 시도할 수 있었다. 나에게는 가슴 벅찬 순간이자 가능성을 발견하는 시간이었다. 인문학 수업을 준비하면서 다시 한 번 느꼈다.

"교사는 부단히 읽고 교류해야겠구나!"

교사는 현장의 실천가이기 때문에 책을 가까이하고 '이론'과 '사유'를 가까이해야 한다. 그런 책과 사유들은 교사가 매너리즘에 빠지는 것을 막아 주고 좀 더 발전하게 도와준다. 여기서 말하는 이론과 사유는 교육학적인 지식이 아니라, 인문학적인 이론과 사유를 의미한다. 나의 짧은 소견으로는 이제 더 이상 교육학적 지식과 접근법으로는 과잉으로 빚어진 현재의 교육 문제를 해결하기는 어렵다고 본다. 그래서 인문학적으로 시야를 넓혀야 한다. 그런 코페르니쿠스적 발상과 전환이 필요한 시점인 것 같다.

반대로 이론가들은 더욱 현장에 맞닿아 있어야 한다. 교수나 연구자들이 하는 연구가 현장에 근거하고 현장의 실상을 반영하지 않으면 탁상공론에 그친다. 많은 이론가들이 교원연수를 위해서 현장에 와서는 "저는 수업은 모르지만"이라고 말을 시작한다.

그런 말을 듣고 있자면 서글퍼진다. 그러면서 이해가 된다. 왜 우리나라 교육정책이 근시안적이고 현장과는 강한 괴리감을 주는지를 말이다. 그래서 이론가들은 더욱 현장과 가까이하고 거기에 기반해서 실제적인 연구를 해야 한다.

그래서 내가 생각하는 멋진 실천가는 '책을 읽고 교류하는 실천가'이다. 실천가는 현장에 있기 때문에 읽고 교류하면 충분히 가치 있는 연구를 만들어 낼 수 있다. 내가 존경하는 한형식 선생님처럼 말이다. 선생님은 현장에 계셨지만 늘 책을 가까이하시면서 연구하신 내용을 교실에서 끊임없이 검증하셨다. 고령임에도 불구하고 아직도 학교 현장을 찾아다니시면서 수업을 보시고 연수를 들으신다. 그런 멋진 실천가가 많아야 우리나라 교육도 곁가지가 아닌 본질에 충실할 수 있으리라 생각된다.

나도 도전해 본다. 멋진 실천가를! 그리고 기다려 본다. 인성이 실력이 되는 사회를!

2016년 3월, 유진 현교를 위해

정 철 희

추천사

"온 세상을 구한다고 하더라도, 너 자신을 구하지 못한다면 그것이 무슨 소용 있겠느냐?"라는 말이 있습니다. 그렇습니다. 우리가 살고 있는 세상이 어떻게 되어 있는지 파악하고, 그것을 우리 자신에게 도움이 되는 방향으로 변화 또는 개조시키는 것도 중요한 교육적 과제입니다. 이에 못지않게, 아니, 더 중요한 교육적 과제는 우리 자신이 어떤 존재인지 들여다보고, 이해하고, 성찰하는 것이라고 생각합니다. 앞서 인용한 말을 비틀어 적용해 보면, 다른 종류의 교육에 성공한다고 하더라도, 우리 자신을 적절히 이해하고 성찰하는 교육에 실패한다면, 그것이 무슨 소용이 있겠습니까? 인간으로서 우리 자신을 분명하게 알아 가는 교육이 바로 인성 교육이며, 인간을 제대로 기르는 교육입니다. 인문학을 제대로 가르치는 것은 바로 그런 종류의 교육에 해당됩니다.

오늘날 성인들 사이에는 인문학 열풍이 불고 있지만, 우리 어린이들에게 인문학을 제대로 가르치려는 노력은 별로 많지 않다고 생각하던 터에, 이 책이 나오게 되어 반갑기 그지없습니다. 이 책은 초등학교 교사로서 이러한 교육의 중요성을 절감하고, 우리 어린이들의 교육에 헌신하는 이 땅의 선생님과 학부모님에게 실질적인 도움이 되고자 쓰인 안내서입니다. 한편으로는 오늘날 글로벌 시대에 적절한 가치와 덕목들을 충분히 망라하면서, 다른 한편으로는 인문학에서 뽑은 소재와 실제 인물들의 삶의 여정을 적절히 버무려, 초등학교나 어린이가 있는 가정에서 인문학을 가르칠 때, 비교적 쉽게 활용할 수 있는 읽을거리입니다. 많은 분들의 관심과 성원 그리고 비판적 동참을 권합니다.

창원대 특수교육과 교수, 교육철학 전공

김기민

차례

1장
왜 인문학 수업인가?

01 도덕 교육의 문제점

감정 교육이 없는 인성 교육

"친구에게 양보해야 하는데 빨리하고 싶다는 마음에 그
만⋯⋯."
"양심을 지켜야 하지만 혼날 걱정에 그만⋯⋯."

　아이들에게 이런 말들을 들을 때마다 나는 그동안 했던 인성
수업을 떠올리며 안타까움이 밀려온다. 노덕 교과서를 누구보나
열심히 가르쳤고 틈틈이 인성과 관련한 수업을 최선을 다해 꾸려
왔다고 자부했지만, 수업의 효과는 그렇게 크지 않았던 것 같다.

학생들은 인성 수업 시간에 배운 도덕적 가치 덕목과 실천의 중요성은 알고 있었다. 그러나 그것을 자기 것으로 만드는 과정에서 그 중요성을 제대로 인지하지 못했고, 대부분 자신의 감정이라는 큰 파도에 휩쓸려서 판단이 흐려졌다.

아이들은 감정의 종류와 자신이 느끼는 수많은 감정이 어떤 것인지 제대로 생각하거나 배워 본 적이 없는 듯했다. 나 역시도 그랬던 것 같다. 학교에서 우리는 이상적인 가치 덕목들을 열심히 배우지만 정작 그것의 실천을 가로막는 감정들에 대해서는 배운 기억도, 가르친 기억도 없다. 단순히 도덕 교과서에만 의존하는 인성 수업은 한계가 있음을 보여 주는 대목이다.

가치 덕목도 중요하지만 그것의 실천을 막는 부정적인 감정은 무엇이고, 그것을 극복하는 방법에 대해서도 함께 생각해 볼 필요가 있었다.

프로이트가 증명했듯이 인간은 그렇게 이성적인 동물이 아니다. 우리는 이성적으로 판단하고 말하고 행동한다고 하지만, 정작 감정과 감성이 이성보다 더 큰 영향을 미치는 경우가 많다. 이것은 여러 심리학 실험을 통해서도 입증되었다. 이성적인 판단을 위해서는 그런 감정과 감성에 휘둘리면 안 된다는 것을 알고 있다. 하지만 특정한 제재나 보는 눈이 없으면 잘못된 행동을 저지르기 쉽다. 칸트는 그것을 '경향성(Inclination)'이라고 말한다. 그에 따르면 도덕적인 삶이란 경향성의 유혹이나 압박에 저항하여 이성의 지시에 따라 우리가 마땅히 해야 할 바를 행하는 것, 즉 의무를 행하는 것이다. 그러나 이성의 힘이 아무리 강해도 결국 마지막 결정에는 감정이 개입된다. 그래서 바람직한 인성 수업을 위해서는 도덕 시간에 배우는 가치 덕목이나 바른 판단과 행동에 대한 고민으로는 부족하다. 머릿속에 알고 있는 것을 실천하도록 이끌어 줄 감정 수업이 병행되어야 한다.

재미없는 도덕 교과

나는 도덕 과목을 좋아해서 오랜 시간 관심을 가지고 연구했고 열심히 수업에 임했다. 다른 과목도 중요하지만 결국 결정적인 순간에서는 인성이 실력이라는 믿음에서였다.

그런데 도덕 수업을 해 본 교사들은 알겠지만 아이들은 정말 도덕을 싫어한다. 정확하게 말하면 재미없어한다. 과목별 인기 순위를 조사해 보면 부동의 1위는 언제나 체육이다. 그 밑으로 예체능이나 과학 같은 과목이 줄을 서다가 후반부에 등장하는 것이 도덕이다. 수학보다도 더 싫어한다. 그 이유를 물어보니 교사들이 도덕 수업을 어려워하는 이유와 일맥상통한다. 도대체 무엇이 도덕 수업을 그토록 어렵고, 재미없게 만들었단 말인가?

인성 수업을 위한 교재는 여러 가지가 있다. 교실에서 가장 쉽게 활용할 수 있는 것이 도덕 교과서이다. 그리고 교육부와 교육청, 협력 기관에서 틈틈이 보내 주는 인성 교육용 자료들도 있다. 그런 교재들을 여러 해 분석하면서 나는 다음과 같은 의문에 봉착했다.

'이런 자료들이 학생들에게 무엇을 생각하도록 만들어 줄까?'

물론 의미 있는 내용도 많지만, 그 내용이 제각각 나뉘어져 전체 맥락을 이해할 수 없는 경우가 대부분이다. 수업 시간에 다루는 내용이 그렇게 중요하냐고 반문할 수 있겠지만, 인성 교육에서는 매우 중요한 문제이다. 방향을 고민하지 않은 내용을 가지고 수업을 준비하면 아무리 화려한 수업 기술과 체계적인 발문을 준비해도 그 수업의 깊이가 얕아지기 쉽다. 인성 수업에서는 더욱 그러하므로, 교재의 내용에 대해 다시 한 번 신중하게 고민할 필요가 있다.

억지로 만들어 낸 예화 자료

학생들은 도덕 교과서에 나오는 예화 자료에 흥미를 느끼지 못한다. 예화 자료는 교과서를 집필한 사람들이 '의도적'으로 만든 이야기다. 즉, 학생들에게 그 글을 읽고 가치 덕목의 필요성과 중요성에 대해 생각하고 그것을 내면화시키기 위한 목적으로 쓰인 것이다. 하지만 그 예화 자료를 살펴보면 참 재미가 없다. 물론 재미있는 내용만이 수업에 적합한 것은 아니지만, 예화 자료의 대부분이 억지로 만든 이야기이기 때문에 아이들의 수업 몰입을 방해한다. 인성 수업은 실제 삶을 살아가는 아이들에게 삶의 지혜를 알려 주는 시간이다. 인성 수업의 방법으로 가장 쉽게 접근할 수 있는 것이 도덕 수업인데, 그런 만들어진 예화 자료가 중심이 된 교과서는 한계가 있다. 만들어지지 않은 실제 이야기나 사건, 인물들로 수업을 한다면 학생들의 집중도는 훨씬 높아질 것이다.

나의 경험을 예로 들어 보겠다. 《국제시장》이라는 영화를 보았다. 오랜만에 보는 영화인 데다가 눈물샘을 자극한다는 평들이 많아서 대체 어떻게 이야기를 풀어 갈까 궁금했다. 한국전쟁부터 현재에 이르기까지 격변의 시대를 거치며 오직 가족을 위해 살아온 한 가장의 이야기였다. 사람들은 영화를 보는 내내 연신 눈물을 훔쳤다. 나 역시 영화를 보면 잘 우는 편이기 때문에 눈물이 많이 날 줄 알았다. 하지만 내가 눈물이 나는 부분은 딱 한 부분이었다. 바로 이산가족이 만나는 장면이었다. 1983년 TV에서 방영되었던 실제 이산가족 상봉 장면을 그대로 영화 속에 삽입해 놓았는데, 나는 왜 유독 그 장면에서 눈물이 났을까? 다른 장면도 주인공의 지극한 가족애와 희생으로 슬픈 장면이 많았는데 말이다. 곰곰이 생각해 본 결과 이유는 '사실성'에 있었다. 그 영화의 주인공 덕수(황정민)는 그 시대에 존재했던 많은 사람들 중에서 있음직한 인물이지만, 실제 특정 인물은 아니었다. 덕수의 이야기는 만들어진 것이고, 영화에 나오는 다양한 사건과 갈등 역시 감독이 실제 사회적 사건과의 개연성을 고려하여 배열해 놓은 것이다. 하지만 가공된 화면 속에서 실제 이산가족이 만나는 모습이 나오자 눈물을 참을 수 없었다. 화면에 잠깐 비쳤지만 내가 마치 그 사람들이 된 것 같았고, 실제 우리 가족의 얼굴이 떠올랐다. 그게 바로 '실제의 힘'이라는 생각이 들었다.

이와 같은 '실제의 힘'을 도덕 교과서에도 적용해야 한다. 현재 교과서에 실린 예화들은 학생들의 삶과는 동떨어진 이야기가 많다. 대부분 학교나 친구들 사이에서 있음직한 일이지만 그 내용을 들여다보면 실제와는 거리가 멀다. 예를 들면 다음과 같다.

자주 나오는 소재로 문제점을 가진 전학생이 등장하는 경우이다. 그런데 실제로 우리 반에는 아무리 기다려도 그런 전학생은 오지 않는다. 등산을 하면서 물을 나누어 먹는 이야기도 마찬가지다. 요즘 현장체험학습이나 다양한 체험활동을 가면서 자신의 물을 가져오지 않는 학생은 없다. 전부 개인 물통을 가져와서 물을 충분히 마시고 모자라면 사서 먹는다. 그러니 학생들은 현실과 다른 가공된 예화에 빠져들지 못한다. 다른 사람 이야기 같고 다른 학교 이야기 같다.

너무 단편적인 예시와 너무 복잡한 질문

교과서에 나오는 인물들을 보면 대부분 봉사정신, 희생정신 등이 투철하다. 그런데 요즘 아이들이 실제로 접하는 유명인들은 그렇지 못한 경우가 훨씬 많다. 아이들이 가장 쉽게 접하는 TV나 인터넷 기사에는 좋은 사례보다 유명인들의 잘못만을 확대해서 보도한다. 일단 거기서부터 아이들은 괴리감을 맛본다. 그래서 교과서에 나오는 훌륭한 인물들의 이야기를 '옛날이야기' 정도로 치부해 버린다.

그리고 그런 인물들의 사례는 대부분 어른이 되었을 때의 이야기를 그리고 있다. 아이들은 거기서 두 번째 괴리감을 느낀다. 세기에 한 번 나올까 말까 하는 용기 있는 행동, 투철한 사명감을 실천한 인물들을 보고 아이들은 이렇게 생각하는 것이다.

'나는 저렇게 용감하지 않은데.'

'나는 저렇게 돈이 많지 않은데.'

'나에게도 저런 위기 상황이 올까?'

물론 위인의 어린 시절 이야기에서도 아이들은 괴리감을 느낄 것이다. 어릴 때부터 훌륭한 재능을 보였던 인물들은 자신과는 너무나 다르기 때문이다.

아이들이 위인들에게서 느끼는 괴리감은 도덕 수업 시간에 쉽게 확인할 수 있다. 아이들에게 어떤 가치 덕목을 실천한 경험을 적어 보라고 하면 대부분은 어려워하거나 적지 못한다. 그런 훌륭한 일을 실천해 본 경험이 없다는 것이다. 생활 속에서 얼마든지 작은 일들을 실천하는 것만으로도 가능하며, 충분히 의미가 있음을 알지 못한다. 아이들은 단편적으로 소개되는 훌륭한 인물의 업적 위주의 내용 때문에 도덕적 행동은 거창하고 위대한 것이라고 착각하는 것이다. 그래서 인성 수업을 위해 인물을 소재로 할 때는 단편적 접근이 아닌 인물의 삶을 통째로 들여다보고, 악한 행동을 한 사람도 다룰 필요가 있다.

도덕 교과서에 나오는 질문도 아이들의 몰입을 방해하는 요인이다. 2009 개정 교과서로 오면서 많이 개선되긴 했지만, 이전 교과서들을 보면 지문도 길고 질문이 너무나 많다. 한 개의 예화 자료를 읽고 질문에 답하다 보면 어느새 수업 시간이 끝나는 경우가 허다하다. 더 큰 문제점은 질문이 복합적이라는 데 있다. 예를 들면 다음과 같다.

"지호의 선택이 바른지 자신의 생각을 적어 보시오. 그리고 그렇게 생각한 이유를 말해 보고, 바른 선택은 무엇인지 생각해 보시오."

이 지문은 세 개의 질문으로 이루어져 있다. 어른이 답하기에도 시간이 오래 걸릴 텐데 아이들은 오죽 힘들까? 도덕 수업이 싫어지는 것은 당연하다. "지문 읽고 문제 푸는 것이 지루해요."라고 말하는 아이들 심정이 이해되고도 남는다.

그런데 이런 문제점들은 비단 도덕 교과서만 아니라, 다른 과목들도 안고 있다. 교과서 자체가 어떤 목표 또는 성취 수준에 도달하도록 지식을 모아 놓은 것이다. 그런데 여러 사람이 파트를 나누어서 집필하기 때문에 정말 치열한 고민과 충분한 소통이 되지 않으면 큰 흐름이나 맥락이 단절될 수 있다. 그렇게 내용만을 모아 놓은 경우, 아이들은 공감하지 못하고 지루해한다.

중복되고 파편화된 자료들

학교 현장에 있다 보면 교육부, 교육청, 다양한 기관에서 제작한 인성 교육용 자료들을 받게 된다. 그중에 대부분은 자료집 형태로 인쇄된 것이라 교무실이나 학년 연구실에 방치된다. 그 자료를 성실하게 활용하는 교사는 보기 드물다. 그런데 자료의 보급 방법에 대한 문제점은 차치하더라도 그 내용에 대해 짚고 넘어가지 않을 수 없다.

다양한 곳에서 자료를 제공하기 때문에 주제가 겹치거나 내용의 체계성이 떨어지는 경우가 많다. 그런 자료들을 정리를 하지 않으면 수업에 제대로 활용하기 쉽지 않다. 함께 제공되는 영상과 학습지의 구성도 고민한 흔적은 있지만 학생들에게 효과적인 인성 교육을 하기에는 부족해 보인다. 우선 정형화된 학습지 틀부터 마음에 걸린다. 질문이 불필요하게 많고 그로 인해 아이들의 생각을 지나치게 획일화시키고 있다. 우리가 갖추어야 할 덕목이나 인성에 대해 틀을 정해 준 느낌이다. 아이들에게 그런 판단과 행동이 왜 필요하고, 그것이 삶에 어떤 영향을 미치는지 깊게 생각해 볼 시간을 주지 못한다. 결국 자료 안에 아이들의 진정한 생각이 적힐 곳은 많지 않아 보인다.

그렇게 자료와 자료가 연결되지 않고 분절되어 있기 때문에 교실에서의 활용도가 낮고 삶의 방향을 고민하는 인성 수업의 교재로서는 한계가 있었다.

인성 수업은 교실에서 이루어지지만 그것의 열매는 삶 속에서 구현된다. 그래서 인성 수업은 삶을 가꾸는 소중한 통로가 되어야 한다. 그것이 인성 수업의 본질이다. 배움이 삶과 연결되는 것, 그래서 자신의 삶을 꾸려 가는 지혜를 배우는 수업이 인성 수업이다.

02 감정: 실천을 위한 다리

어떤 감정을 가르칠까?

바른 인성 수업을 위해 감정을 함께 가르쳐야 한다는 것은 앞서 언급했다. 그렇다면 어떤 감정을, 어떻게 가르쳐야 할까? 인간 감정의 종류는 수없이 많고, 그것을 모두 다루기에는 무리이기 때문에 선별 과정이 필요하다.

스피노자는 《에티카(Ethica)》를 통해서 인간의 감정에 대한 기원과 해석을 통찰력 있게 설명하고 있다. 그래서 《에티카》에 설명된 감정들 중에서 초등교육 수준에서 다룰 만한 것들을 국가 교육과정에 제시된 가치 덕목을 기준으로 선별했다.

가치 덕목을 아무리 배워도 그 실천을 막는 부정적인 감정을 다스리지 못하면 배운 내용은 쓸모없어진다. 앎이 실천으로 연결되는 과정에서 감정이 장벽으로 작용하는 경우가 많다. 그래서 먼저 가치 덕목의 실천을 가로막는 부정적인 감정들을 추리고, 그런 감정들과 관련된 비슷한 감정들을 함께 모았다. 그다음에 그러한 부정적인 감정을 극복할 수 있는 감정을 추출하였다. 그렇게 하여 가치 덕목 한 가지를 다룰 때 함께 생각해 볼 감정 목록이 완성되었다. 이렇게 선별된 감정을 일주일에 하나씩 집중적으로 다루었다.

〈표1〉 가치 덕목에 따른 관련 감정

가치 덕목	관련 감정	가치 덕목	관련 감정
자주 (책임, 성실)	자긍심 두려움 겸손	용기 (자주, 정직)	확신 오만 대담
책임 (절제, 성실)	두려움 탐욕 후회	사랑 (정의, 민주적 대화)	오만 경멸 동경
준법 (절제, 협동)	후회 희망 수치심	정의 (용기, 성실)	질투 대담 확신
배려 (사랑, 협동)	사랑 연민 겸손	평화 (배려, 정의)	적의 동정 박애
평화·통일 (애국·애족, 정의)	사랑 겸손 동정	감사 (배려, 관용)	사랑 오만 박애

아이들 스스로 감정을 발견해야 한다

본격적인 감정 수업에 들어가기 전에 아이들과 함께 짚고 넘어가야 할 과정이 있다. 그것은 자신의 감정을 바라보는 태도이다.

일단 아이들에게 우리가 느끼는 수많은 종류의 감정을 들려준다. 그리고 아이들과 함께 그런 감정을 '부정적인 감정'과 '긍정적인 감정'으로 나누어 본다. 이때 모든 감정이 두 가지로 나뉘는 것은 아니다. 상황에 따라서 부정적일 수도, 긍정적일 수도 있는 감정이 많다. 그런 감정들은 굳이 구분하지 않는다. 여기까지 함께 생각한 다음에 질문을 한다.

"생각했던 것보다 우리가 느끼는 감정은 아주 많죠. 그런데 이런 감정은 우리가 배워서 느끼는 것일까요? 아니면 원래 우리가 다 가지고 있는 것일까요?"

내가 이런 질문을 했을 때 아이들은 대체로 곰곰이 생각해 본 다음에 "그런 감정들은 모두 우리의 마음속에 있는 것들"이라고 대답했다. 모든 감정은 원래 우리 마음속에 있는 것이지만, 그것을 고르고 사용하는 방법은 배워서 익혀야만 하는 것이다. 이러한 점을 설명해 주면, 아이들이 감정 수업에 참여하는 태도는 보다 적극적으로 바뀐다.

이제 아이들과 각각의 감정에 대해 이야기할 차례다. 여기서 주의할 것이 있다. 앞서 표로 제시한 감정들은 오로지 교사인 나의 생각으로, 교사 중심으로 선정한 것이다. 이 감정들을 교사가 먼저 이야기하면 교사 중심의 인성 수업이 된다. 예를 들어 '자주'를 다루는 단원에서 '자긍심', '두려움', '겸손'이라는 세 가지 감정을 교사인 내가 먼저 이야기하면, 아이들 각자의 언어와 경험으로 다시 정의되어야 한다는 목적에서 벗어나게 될 것이다. 교사 중심의 인성 수업은 학생들이 스스로 생각하는 것을 가로막는다. 그래서 수업 시간에 다룰 감정들이 학생들의 입을 통해서 자연스럽게 나올 수 있는 방법을 고민해야 한다.

이야기에 나오는 갈등 상황을 이용한다

나는 어떤 학생이 '그리스 로마 신화'를 읽는 모습을 보면서 학생들이 먼저 감정을 발견하고 말할 수 있게 하는 실마리를 찾았다.

그리스 로마 신화는 참 재미있다. 그리고 특이하다. 신화에는 인간이 세상을 해석하는 방법이 고스란히 녹아 있다. 우리나라 신화에는 점잖은 신들이 많이 그려진다. 능력이 출중하고 바른 덕성과 품위를 갖추었다. 반면, 그리스 로마 신화의 신들은 이래도 되나 싶은 정도로 타락해 있다. 인간이 저지르는 잘못을 신들은 똑같이, 심지어는 더 심하게 행한다. 온갖 음모와 배신들이 난무하고 수많은 갈등이 반복된다. 그런 상황 속에서도 그들은 난관을 극복하고 자신들의 영역과 삶을 완성해 간다. 그것이 그리스인들의 세계관이라고 생각한다. 신에 대한 외경심보다는 인간에 대한 사랑, 그리고 현실을 즐겁게 살아가는 태도가 그들이 추

구하는 세계관인 듯싶다. 니코스 카잔차키스(Nikos Kazantzakis)
의 소설 《그리스인 조르바》에서도 비슷한 생각을 발견할 수 있
다. 책과 글에 갇혀 현재를 충실히 살아가지 못하는 지식인들을
비웃는 조르바의 말 역시 비슷한 맥락으로 읽힌다.

갈등이 넘치는 그리스 로마 신화는 아이들에게 친근한 이야기
이다. 내가 가르치던 학생들은 그리스 로마 신화에 관한 책을 한
권씩은 가지고 있었다. 책마다 조금씩 차이는 있지만 공통적으로
들어 있는 주제만으로도 충분했다. 혹시 더 필요한 내용이 있으
면 자료를 만들어서 나누어 주었다. 중요한 것은 학생들이 그리
스 로마 신화를 읽고 그 안에서 갈등을 발견하고 가치 덕목과 관
련된 감정을 찾아내는 일이다.

그리스 로마 신화의 내용이 워낙 방대해서 수업 시간에 그 이
야기를 모두 다룰 수는 없었다. 나는 수업 시간에 다룰 이야기
를 일주일 전에 알려 주고 아이들이 그 이야기를 다 읽은 상태에
서 수업을 진행했다. 수업 시간에는 학생들이 갈등 상황을 발견
할 수 있는 부분을 찾아서 그림으로 보여 주면서 이야기를 해 주
었다. 예를 들어 인터넷 포털사이트에 '헤라클레스 12과업'으로
검색하면 헤라클레스가 12가지 과업에 도전하는 장면들이 자세
히 표현된 그림을 찾을 수 있다. 나는 이렇게 검색된 것들 중에서
'갈등 상황을 발견하기 쉬운 그림' 두세 장을 준비해서 아이들에
게 TV로 보여 주고 간단하게 이야기를 들려주었다.

그런 다음에 자신이 등장인물의 입장이 되면 어떤 감정을 느낄

지 생각해 보도록 한다. 헤라클레스의 이야기에서는 다음과 같이 질문할 수 있을 것이다.

"헤라클레스는 사자와 싸우기 전에 어떤 감정이 들었을까?"

학생들은 대부분 "무서웠을 것 같아요.", "겁이 났을 것 같아요."라고 이야기한다. 그러면 교사는 학생들의 입에서 나왔던 말들을 그대로 칠판에 적는다. 이렇게 적다 보면 비슷한 말들이 나와서 범주화가 가능하다. 자연스럽게 '두려움'이라는 감정이 나온다. 두려움이라는 감정이 나왔으면 이제 그것을 극복할 수 있게 만들어 주는 감정도 생각해 볼 필요가 있다.

"그렇다면 헤라클레스는 무엇을 믿고 사자와 싸웠을까?"

학생들은 "헤라클레스는 힘이 세기 때문에 자신을 믿었을 것"이라고 대답할 것이다. 그리고 "다른 어려운 과업들도 잘 해결했기 때문에 자신감이 쌓였을 것"이라는 대답도 한다. 그런 대답이 나오면 그 말들을 그대로 칠판에 적는다. 그런 것들을 범주화하면 '자존감' 또는 '자긍심'이라는 감정이 나온다. 나는 수업에서 이렇게 감정들을 연결시켜 나갔고, 그 시간에 다루어야 할 감정들이 학생들의 입을 통해서 자연스럽게 나와 칠판에 적어 보았다. 이때 나는 꼭 내가 준비한 감정만 적지는 않았다. 이야기를 하다가 아이들로부터 비슷한 감정이나 더 적절한 감정이 나오면 그것을 적었다. 학생들의 소중한 생각과 다양한 경험을 듣다 보면 그게 바로 감정 수업으로 연결되었다.

아이들 각자 '나'의 언어로

이렇게 이야기를 통해서 갈등을 발견하고 거기서 감정을 이끌어 내면 이제 그 감정에 대해 본격적으로 수업을 진행한다. 나는 이를 위해서 철학자의 말을 빌렸다.

칠판에 적힌 감정을 철학자 스피노자의 언어로 들려주었다. 《에티카》에 설명되어 있는 말은 어려운 단어도 많고 문장의 흐름이 길기 때문에 그대로 전하기에는 무리다. 따라서 교사는 본래의 뜻을 왜곡하지 않는 범위에서 학생들의 이해를 고려해 조금 쉬운 단어와 문맥으로 바꾸어서 준비한다. 그렇게 준비한 말을 학생들에게 들려준다.

국어사전

두려움이란, 두려운 느낌을 말한다.[1]

《에티카》

공포(두려움)란, 우리가 어떤 결과에 대하여 어느 정도 불안해하는 미래 또는 과거 일을 떠올릴 때 느끼는 감정이다. 그리고 그 일에 대해서 생기는 불규칙한(갑자기 떠오르는) 슬픔이다.[2]

국어사전에서는 그냥 "두려운 느낌"이란다. 그렇다면 '두려운'

---

1. 네이버 국어사전.
2. B. 스피노자, 《에티카》, 강영계 옮김, 서광사, 1990, p. 193. 이것은 번역 원문을 조금 쉽게 풀어서 적은 것이다.

이란 무엇인가? '두려움'이라는 감정에 대해 여러 의미를 설명하기에는 부족하다. 내가 생각하는 인성 수업은 모호한 것을 정확하고 구체적으로 생각해 보는 것이다. 모호한 것을 모호한 언어로 계속 설명하다 보면 아이들은 더욱 모호한 표정을 짓는다. 두루뭉술한 것을 최대한 손에 잡히게, 그리고 구체적으로 전달해서 아이들의 배움이 삶으로 연결되도록 하는 것이 바른 인성 수업일 것이다.

스피노자가 두려움을 설명하는 말 중에서 "불규칙한"이라는 말이 참 공감이 간다. 두려움은 늘 있는 것이 아니다. 평소에 평온한 마음이다가도 갑자기 밀려오는 것이 두려움이다. 사람들은 그런 두려움이 불편하고 싫다. 다시 원래의 평온함을 찾기를 바라고 두려움에서 빨리 벗어나고 싶은 조급한 마음이 드는데, 그것이 '불안'이라고 생각한다. 그래서 '두려움'과 '불안'이라는 감정은 서로 연결되어 있는 것이다.

이렇게 철학자의 언어로 감정의 본질과 그것이 우리의 행동에 미친 영향을 알아보았다면, 이제 그것을 학생들의 것으로 만들어야 한다. 새로운 개념을 자기 것으로 만드는 가장 좋은 방법은, 그것에 대한 정의를 자기만의 방식으로 내려 보는 것이다. 그래서 학생들에게 이렇게 이야기한다.

"지금부터 여러분이 생각하는 '두려움'이란 무엇인지 적어 보세요."

학생들은 자신의 모든 지식과 경험을 총동원해서 자기만의 언어로 '두려움'에 대한 정의를 내린다. 그렇게 해서 모든 학생들이 감정에 대한 자기 나름의 생각(누구에게도 의지하지 않고 스스로 떠올린 생각)을 기록한다. 그렇게 자신의 언어로 감정을 정의한 다음에 서로의 생각을 나눈다. 친구들과 이야기를 나누면서 아이들의 생각은 보다 발전되고 명확해진다.

우리 반 아이들은 다른 친구의 생각을 들으면서 자신의 생각을 새롭게 바꾸기도 하고, 자신과 비슷한 생각이 나오면 빙긋이 미소를 짓기도 했다. 이렇게 두려움이라는 감정을 알고 나면, 두려움이라는 감정을 어떻게 극복할지에 대해 서로 토의를 했다.

03 인문학 수업은 삶이 된다!

배운 내용이 삶으로 연결되도록

우선 인성 수업을 새로운 교과목으로 바라보는 시선을 깨야 한다. 인성 수업의 하나인 도덕 수업을 인성 수업의 전부라고 생각하는 것도 바뀌야 한다. 인성 수업은 어떤 교과와 어떤 시간에도 가능하다. 배움의 중심을 '학생'과 '인성'이라는 가치에 둔다면 말이다. 그 배움은 삶을 위한 배움일 것이다. 우리가 살아가는 각자의 소중한 삶을 아름답게 가꾸기 위해서 인성 수업은 꼭 필요한 공부이며, 배움이다. 그 자체로 소중한 생각을 나누는 기회로서 의미를 가져야 한다. 그렇기 때문에 교실에서의 인성 수업이 도덕 교과서나 인성 교육 자료에 제시되어 있는 내용을 읽고 자신의 생각을 적는 정도로 그쳐서는 안 된다. 그래서는 학생들이 제대로 생각하지 않기 때문이다. 학생 중심이 아닌 교사 중심의 인성 수업으로 그쳐 버릴 수 있다. 교사 중심의 인성 수업은 개별 행동에 대한 중요성과 방법은 제시해 줄 수 있지만 바른 삶의 방향에 대한 고민은 해결해 줄 수 없다.

바른 삶의 방향을 추구하는 것의 중요성에 대해 생각할 때 아리스토텔레스로 대표되는 '덕 윤리학'을 살펴볼 필요가 있다. 윤리학의 흐름은 '행위 윤리학'과 '덕 윤리학'으로 구분할 수 있다. 행위 윤리학은 칸트의 '의무 윤리학'과 벤담의 '공리주의'로 대표된다. 의무 윤리학에 따르면, 인간은 누구나 지켜야 할 보편타당한 바른 행동이 있다. 그래서 바른 행동이 목적이 되는 경우에만 행동으로서의 가치가 있다고 말한다. 공리주의는 '최대 다수의 최대 행복'을 추구하는 사상이다. 그러나 개인의 바른 행동의 판단 기준이 더 많은 사람의 행복에 있다는 것은 여러 가지로 비판 거리가 된다. 이런 행위 윤리학은 적절한 행동의 유무를 판단하는 것에 집중한다. 그래서 개별적인 행동은 생각하지만 전체적인 방향을 생각하기는 어렵다.

그에 비해 덕 윤리학은 삶의 방향을 생각한다. 덕 윤리학은 의무나 행위의 결과를 강조하는 윤리학과 대비되어 덕이나 성격을 강조하는 것으로 간주된다. 이 사상의 기원은 서양의 플라톤이나 아리스토텔레스의 사상으로 거슬러 올라간다. 중요 개념으로 '탁월성(arete)', '실천적 지혜(phronesis)', '행복(eudaemonia)' 등을 이야기한다. 이런 개념은 인간이 행복한 삶을 살기 위해서 생각해 보아야 할 것들이며, 그런 고민과 추구의 과정을 덕 윤리학이라고 말할 수 있다. 그래서 '덕 윤리학'에서는 각각의 바른 행동보다는 바른 인생과 바른 삶을 추구한다. 이런 덕 윤리학이 주는 메시지를 이해하기 위해서는 위르겐 하버마스(Jürgen Habermas)와 함께 현대의 대표적 도덕철학자로 손꼽히는 알래스데어 매킨타이어(Alasdair Macintyre)의 설명에 귀를 기울일 필요가 있다.

덕의 상실, 그리고 삶

매킨타이어의 명저 《덕의 상실》은 도덕 상실의 시대, 도덕적 다원주의 시대에 대한 고민이자 공동선에 대한 물음이다. 매긴타이어는 칸트가 주장했던 '선의지'와 같이 모두가 보편적으로 지켜야 할 도덕적 윤리에 대해서 비판한다. 그런 보편성은 보편적 인간상에 기인하며, 보편적 인간상은 나라와 지역, 상황 같은 특수성을 무시한 채 떠올린 가상의 개념에서 출발하기 때문이다. 인간은 누구도 똑같은 상황에서 살아가지 않는다. 모두가 개인의 이유가 있고 문제가 있고 고민이 있다. 그런 개인의 상황과 맥락을 고려하지 않는 보편성과 계몽주의야말로 다음 세대로 이어져야 할 덕의 개념을 흐리게 만드는 주범이다. 그래서 매킨타이어는 개인의 맥락을 중요시한다. 개인의 삶을 내러티브적으로 생각할 때 비로소 덕의 개념이 의미를 가진다는 것이다. 요컨대 도덕적 판단은 인간의 삶의 맥락에서 고민되어야 하며, 도덕적 행동은 삶과는 분리되어서 생각할 수 없다.

따라서 교실에서 하는 인성 수업은 아이들 각자의 바른 삶을 생각하고 고민하는 장으로서 의미를 가져야 한다. 그런 방향으로 나아가지 않으면 인성 수업은 교실에서 머물 뿐 삶으로 이어지지 않는다.

아이들은 삶에 대해 진지하게 생각하기에는 아직 어리다. 하지만 그 방향에 대해서는 충분히 생각할 힘이 있다. 그래서 아이들이 훌륭한 인물들을 보면서 그들의 삶에 대해 듣는 것은 그 자체로 좋은 교육이 될 수 있다. 그들의 업적만이 아니라 그들의 삶을 전체적으로 이해하는 시간을 갖는 것이다. 존경할 만한 인물을 가슴에 품는 것만큼 좋은 동기부여는 없다.

그러나 우리 시대에 존경할 만한 인물을 찾기란 쉽지 않다. 존경받아 마땅한 인물들이 많지만 각종 대중매체는 그런 인물들에 큰 관심이 없는 듯하다. 오히려 잘못을 저지른 사람들만 더욱 부각시킨다. 그들의 치부를 드러내어 대중의 호기심을 충족시키고 처벌을 기대하게 만든다. 연일 사회 지도층의 온갖 추태가 넘쳐난다. 그런데도 잘못을 저지르고 남을 속이는 사람들은 오히려 더 잘 먹고 잘사는 모습을 보인다. 반면, 바른 삶을 사는 사람들은 주목을 받지 못하고 힘들게 산다. 아이들은 이런 모습을 보며 혼란스럽다. 아이들이 안 보는 것 같지만 다 보고 있다. 안 배우는 것 같지만 다 배우고 있다.

우리 사회에는 아직도 본받을 만한 사람이 많고 그분들의 모습을 보면서 사소한 것부터 배우고 작은 것부터 실천하라고 아이들에게 이야기해 주어야 한다. 교실에서 배운 것으로 그치지 않고 아이들의 삶을 통해서 실천되도록 해야 한다. 넓은 시각에서 삶의 방향을 그려 보고 많은 시련과 역경이 닥치더라도 그 안에서 자신의 가치를 발견하고 자기만의 소중한 삶을 가꾸기 위한 힘을 줄 필요가 있다. 인성 수업은 충분히 그런 힘을 길러 줄 수 있고, 그렇게 아이들의 삶으로 연결된다고 믿고 있다.

그런 인성 수업을 위해서 어떤 내용을 가져와야 할까? 도덕 교과서와 인성 교육 자료들의 한계점을 극복하기 위해서 어떤 대안이 있을까? 아이들이 인물의 삶을 총체적으로 이해하면서 결국 스스로를 들여다보도록 하기 위해서는 어떻게 해야 할까? 이제 그 물음들에 대해서 생각할 시간이다.

인문학은 인간의 치열한 삶의 과정

해답은 인문학에 있다. 인성 수업에 인문학을 가져오는 것이다. 인문학 수업에 대한 이야기를 하기 전에 먼저 인문학 열풍에 대해서 잠시 생각할 필요가 있다. 인문학에 대한 관심은 스티브

잡스가 인문학에서 많은 영감을 얻었다는 말이 도화선이 된 것 같다. 그런데 각계각층에서 인문학의 중요성을 이야기하지만 그저 관심으로 그치는 경우가 많다. 특강은 늘어나지만 듣는 것에 그친다. 인문학적인 내용에 대해서 주변 사람들과 이야기를 나누는 사람은 많지 않다. 인문학적 내용들이 삶의 성찰로 연결되는 경우도 드물다. 많은 학자들이 이 현상에 대해서 다양한 의견을 내고 있지만 공통적인 의견은 이렇다.

"사람들이 인문학을 지식으로 즐기려고 하지만 그것이 주는 사고의 과정은 거치지 않고 있다."

고병권 역시 이런 현상을 꼬집으면서 다음과 같이 적었다.

> 요즘 '잘나가는 선생들'의 인문학 강연장에는 사람들이 넘쳐 난다고 한다. 책도 많고 강연도 많다. 그러나 그 대부분의 말들은 모두가 쓰고 버리는, 심지어 써 보지도 못하고 버리는 상품처럼 되었다. 누군가에게 좋은 말을 들었다면, 최소한 한 번은 내 목소리로 그것을 다시 들어야 한다. 그때만이 그것은 내 피가 된다.[3]

여기서 말하는 "내 목소리"란 바로 그 좋은 말들을 실제 자신의 삶에 적용시켜 실천하는 과정이고 결과일 것이다. 나만의 방식으로 그 말과 지식을 체험해야 한다. 그래서 앎이 삶으로 연결되는 것, 그것이 인문학인 것이다.

---

3. 고병권, 《철학자와 하녀》, 메디치미디어, 2014, p. 252.

내가 생각하는 인문학 역시 마찬가지다. 철학자가 어떤 말을 했고 어떤 사상을 가졌는지 가르치는 것도 중요하지만, 그것이 나의 삶에 어떤 영향을 주고 어떤 성찰을 가져다주었는지 학생들에게 생각할 시간을 준다면 그것이 진정한 인문학일 것이다. 인문학은 그 자체로 삶이라고 생각한다. 단순히 공자나 맹자, 플라톤, 아리스토텔레스의 이론을 안다고 어깨에 힘주는 것이 아니라, 그것을 통해서 결국 나를 발견하는 것이 최종 목적이 되어야 한다. 그래서 나는 인성 수업의 소재로 인문학을 가져왔다.

도덕적 가치를 넓은 시각에서 공부하고, 배운 내용을 실생활과 연결하여 자신의 언어로 표현할 수 있기 위해서는 인문학만큼 좋은 소재는 없다. 그래서 바른 인성 수업의 방법으로 인문학 수업을 구상했다. 인문학의 줄기인 그리스 로마 신화, 문학, 철학 고전, 예술 등을 교실로 가져와서 그 안에서 생각거리를 찾아보고 학생들과 함께 이야기하는 시간을 가졌다. 그런 인문학적 소재는 아이들이 삶에 대해 조금 더 전체적인 시각을 가지고 바라볼 수 있게 했다. 그리고 역사적 인물의 삶이 녹아 있는 글을 통해서 실제 인물의 삶도 함께 생각해 보았다. 마지막으로 행복한 삶을 가꾸기 위해서 우리가 생각해 보아야 할 것들을 고민하는 수업의 방법을 구안했다. 그것이 바로 '인문학 수업'이다. 인문학 수업은 전체적인 시각에서 바른 인성을 생각할 수 있는 '인성 수업'이자, 아이들이 각자의 행복한 삶을 꾸릴 수 있도록 이끄는 '삶을 가꾸는 수업'이다.

2장
인문학 수업, 어떻게 할 것인가?

01 인문학 수업의 원리

잠시 멈추고 생각할 수 있는 수업

도덕 교과서에 대한 문제의식과 감정 교육의 필요성, 삶의 방향을 생각하는 인성 수업에 대해서 고민을 하다 보니 인문학 수업을 위해 교육과정을 재구성해야 할 필요성을 절감하였다. 그러기 위해서는 학생들이 정말로 느끼고 생각할 수 있을 만한 소재가 필요했다. 바로 인문학의 여러 분야와 역사적 인물의 실제 삶이다. 그러니 좋은 소재를 모아 놓는 것만으로는 부족했다. 물론 주변에 많은 수업 사례와 연구 결과가 있지만 그것들을 짜깁기해 놓으면, 교사로서 나의 교육철학은 없고 내용만 요란한 '과잉 교육과정'이 될 수 있다.

학생들의 생각을 이끌어 내려면 교사가 많은 것을 준비하지 않아야 한다. 무엇보다 아이들을 억지로 끌고 가려고 해서는 안 된다. 잠시 멈추고 본질을 생각하도록 이끄는 그런 교육과정 재구성이 필요하다. 한마디로 '지지(知止)'의 교육과정이라고 할 수 있다. '지지'란 노자의 《도덕경》에 나오는 것으로, '알 지(知)'와 '그칠 지(止)'를 합쳐 놓은 말이다. 말 그대로 '그칠 줄 안다'는 말이다. 노자는 그칠 줄 모르는 것의 위험성을 경고하며, "그칠 줄 알면 위태롭지 않다"라고 말했다. 이 말을 교육과정에 적용해 보는 것이다. 학교의 교실 수업도 그칠 줄 모른다. 계속 많은 것을 알려 주려고 하고 짜 놓은 틀에 넣으려고 한다. 주지 교과들에 대해서는 더욱더 그렇다. 지식이 곧 시험 성적과 연결되다 보니 학생들은 생각하지 않고 암기하려고 한다.

인성 수업은 그렇게 되어서는 안 된다. 잠시 멈추고 생각하는 수업이 되어야 한다. 잠시 멈추어서 내가 누구인지, 현재를 바르게 살아가기 위해서는 어떻게 해야 하는지 고민하는 수업이 되어야 한다. 여기서 말하는 멈춤은 '아무것도 하지 않고 정지하는 것'이 아니다. '소중하고 행복한 삶을 고민하고, 본질을 추구하기 위한 멈춤'이다.

모호한 개념을 구체적 경험으로 이해하는 수업

인성 수업을 하다 보면 모호한 단어들이 많이 등장한다. 학생들은 혼란스럽다. 뭔가 대충 알 것 같지만 구체적으로 어떻게 하란 말인지 명확하게 와 닿지 않는다. 예를 들어 보면 '행복한 우리 되기', '도덕적으로 아름다운 사람', '공동체를 위한 행동' 등이 있다. 이런 말들을 수업 시간에 다루는 과정에서 학생들이 어떻게 이해하는지를 잘 지켜봐야 한다. '행복'과 '공동체'의 개념에 대해 학생들에게 명확하게 전달한다. 두루뭉술하게 이상적인 내용만을 이야기해서는 안 된다.

그렇다면 저런 모호한 단어들과 개념들을 어떻게 하면 구체적으로 이해시킬 수 있을까? 가장 좋은 방법은 '학생들의 경험'을 통해서이다. 학생들이 자신의 경험, 친구의 경험을 서로 이야기하면서 모호한 개념에 대해서 쉽게 접근하도록 도와준다. 예를 들어서 '행복'을 이야기할 때 "너는 언제 가장 기분이 좋았어?"라고 물어보자. 학생들은 각자의 경험을 이야기한다. 교사는 그 이야기를 그냥 들어 주면 된다. 그리고 그럴 때 느끼는 감정을 행복이라고 이야기해 주면 학생들은 훨씬 쉽게 이해할 것이다. 이어서 행복의 본질에 대해서 생각할 수 있는 질문을 던지면 좋다. "그런 행복한 기분은 얼마나 오래갔어?"라고 물어본다. 그러면 아이들은 비교적 오래가는 행복의 경험과 짧게 지나가는 행복의 경험을 이야기한다. 그런 경험을 칠판에 적어 보면 짧게 지나가는 행복이 많다는 것을 알 수 있다. '행복은 순간이다.', '행복한 감정을 평생 지속할 수 없는 것이 우리 삶이다.', '그래서 행복한 순간을 충분히 느끼고 현재를 열심히 살아가야 한다.' 등 아이들은 점차 의미를 확장하며 '행복'에 대해 바르게 이해한다. 이렇게 모호한 개념을 학생들의 경험을 통해서 구체적이고 쉬운 말로 바꾸는 것이 인성 수업의 첫 번째 원리이다.

가치 덕목을 학생들 각자의 언어로 정의하는 수업

인성 수업에 대한 교육철학을 고민하기 시작한 것은 몇 년 되지 않는다. 그 전까지만 하더라도 나는 도덕 교과서와 지도서만 인성 수업의 교재로 활용했다. 먼저 그날 가르칠 내용을 꼼꼼히 읽어 보고 덕목에 대한 설명이나 참고 자료를 간단하게 정리했다. 그리고 수업 시간에 학생들에게 열심히 설명해 주고, 그 가치 덕목에 대해 한 번 더 정리하면서 수업을 마쳤다. 이런 수업은 교과서와 교사 중심의 수업이다.

어떤 가치 덕목이라도 그것을 한마디로 정의하는 것은 위험하다. 우리가 알고 있는 덕목들은 사전적으로, 학문적으로 여러 정의가 있고, 충분히 가치가 있다. 그러나 그것을 실행하는 각 개인의 언어로 재정의되지 않으면 실생활에서 무의미해지거나 무책임한 행동을 낳을 수 있다.

예를 들어서 '배려'를 다루는 단원을 생각해 보자. 교과서, 지도

서, 참고 자료에 나온 것으로 '배려'를 가르치려고 할 때 그 '배려'
는 교실에서 교사만 알고 있는 '배려'이다. 그것을 통해 배려를 설
명하려고 하는 순간 교사 중심의 일방적 수업으로 전락한다.

학생들이 진지하게 배려의 의미를 알기 위해서는 학생들 각자
의 언어로 배려를 정의할 수 있도록 교사가 도와야 한다. 그러면,
학생들은 "아! 이게 배려구나.", "이제 진정한 배려가 무엇인지 조
금 알 것 같아요.", "저도 이제 배려를 실제로 실천할 수 있을 것
같아요." 하고 이야기할 것이다.

'자기 나름의 생각'을 기록하는 수업

'자기 나름의 생각'이란 표현은 한형식의 《수업 사례로 배우는
수업기술의 법칙》이라는 책에 나온 개념이다. 그 뜻은 '어떤 질문
에 대해서 누구에게도 의지하지 않고 스스로 내린 생각'을 말한다.

한형식의 말을 빌리자면 지금까지 대한민국 70년 교육 역사는
부진아를 만드는 수업을 해 왔다. 교사가 발문을 한 다음에 바로
지명하여 발표를 시킨다. 그렇게 하면 교실에서 지적 순발력이
뛰어난 우수 학생 몇 명만 발표를 하게 된다. 나머지 학생들은 그
모습을 지켜 보는 것이 수업의 전부가 되어 버린다. 이것은 학생
들에게 수업에 참여할 기회를 박탈하고 수업에서 소외되도록 만
든다. 그런 부정적인 경험이 쌓이면 고학년이 될수록 발표를 하
지 않게 된다. 생각을 하지 않으려고 한다. 자신이 굳이 생각하지

않아도 우리 반의 '스타'가 알아서 발표하고 정답을 이야기할 것이기 때문이다.

> 수업에 집중하지 않거나, 그저 앉아 있는 단순한 출석자를 흔히 볼 수 있는데, 이들은 자기 나름의 생각을 갖지 아니하고, 따라서 무엇을 하면 좋을지를 모르기 때문에 그러한 것이다. 이렇게 자기 나름의 생각이 없으면, 단순한 청중, 피동적 방관자로 화하기 일쑤인바, 이것을 예방하기 위해서는 각자로 하여금 자기 나름의 생각 곧 어떤 입장에 서도록 하는 일이다. 요컨대 자신의 입장이 정해져 있으면, 타인의 입장이 궁금해지고 관심을 갖게 되어, 그것이 들리게 되고, 보이게 되어, 학습에 능동적으로 참가하게 되는 것이다.[1]

한형식의 제안처럼 발문-거수-지명-발표로 이어지는 수업이 아니라, 학생들 모두가 자기 나름의 생각을 떠올려서 반드시 공책에 기록하는 수입이 필요하다. 교실에는 정답이 없기 때문이다. 학생들 각자 소중한 자기 나름의 생각만 있을 뿐이다. 이렇게 접근하면 교실에서 오답에 대한 공포가 사라지고 학생들의 다양한 생각이 소중한 수업 자료가 된다.

다른 수업 시간도 마찬가지겠지만 삶의 방향을 고민하는 인성 수업에서는 더욱더 자기 나름의 생각을 가지도록 해야 한다. 자기 생각이 있으면 토의도 하고 토론도 하게 된다. 그렇게 생각을

---

1. 한형식, 《수업 사례로 배우는 수업기술의 법칙》, 즐거운학교, 2012, p. 33.

내어놓다 보면 결국 학생 중심의 인성 수업이 가능하다. 그 시작은 자기 나름의 생각을 기록하는 것이다.

협동적인 토의와 토론을 통해 생각을 발전시키는 수업

우리가 알고 있는 내용은 처음부터 알았던 것이 아니다. 누군가에게서 배운 것이거나 책을 읽고 알게 된 것이다. 학생들이 교실에서 가장 많이 배울 수 있는 존재는 교사가 아니라 친구들이다. 아이들은 각자의 경험을 통해서 자기만의 생각과 나름의 이유를 가지고 있다. 그것들을 서로 이야기하면서 토의하고 토론하다 보면 훨씬 따뜻하게 생각하고 냉철하게 판단한다. 자기 나름의 생각을 친구들과 나눠 본 사람이라면 생각이 훌륭하게 발전되고 다듬어지는 것을 경험해 봤을 것이다. 그래서 친구와 서로 협동하여 생각을 발전시키면 그 자체로 배움의 장이 된다.

토의와 토론 기법은 무수히 많다. 하지만 나는 기법보다 정말 중요한 것은 실제 수업과 교실 분위기라고 생각한다. 그래서 오래전부터 연구해 온 협동학습의 철학과 방법을 그대로 교실에서 실천해 왔다. 모둠 세우기와 학급 세우기를 통해서 먼저 협동하고 함께 문제를 해결하는 방법을 가르쳤다. 그런 학급 분위기가 형성이 되어야 토의도 되고 토론도 되었다. 아주 산난한 협동학습 구조인 '돌아가며 말하기'를 예로 들어 보자. 연수에서 배운 대로, 책에서 읽은 대로 교실에서 적용해 보면 생각처럼 잘되지 않았다. 학생들은 주제와는 관계없는 이유로 싸우고 다투면서 대화를 이어 가지 못했다. 먼저 협동하고 이해하는 방법을 알려 주지 않았기 때문이다.

사실, 나는 어려운 토의 토론 기법을 알지도 못하고 교실에서 그렇게 많이 쓰지도 않았다. 그 대신 쉽게 교실에서 적용할 수 있는 협동학습 구조를 기반으로 토의 토론 수업을 전개했다. 돌아가며 말하기 토의 토론, 모둠 토의 토론, 신호등 토의 토론, 가치수직선 토의 토론, 피라미드 토의 토론, 찬반 대립 토론 정도다. 이런 방법은 협동학습 구조를 적용해서 누구나 손쉽게 할 수 있고 학생들이 배우기도 쉽다. 토의 토론을 하는 이유는 다른 사람들의 생각을 많이 듣기 위해서다. 그 생각들은 처음에 자기가 떠올렸던 '자기 나름의 생각'을 발전시킬 수 있는 재료가 되기 때문이다. 그렇게 학생들은 친구의 생각과 교사의 생각을 보태서 발전적으로 생각하게 된다.

'인성'은 독립적 존재로서도 중요하지만 사람들과의 관계에서 더욱 중요시된다. 그래서 다른 사람과 생각을 나누는 과정이 인성 수업에서는 아주 중요하다. 자신의 생각에 그쳐서는 바른 인성을 정립할 수 없다. 다른 사람의 생각과 비교하면서 바른 인성과 방향에 대해서 고민하는 것이 바람직한 인성 수업일 것이다. 다른 사람과 어울리면서 즐겁게 이야기를 주고받는 것 자체가 바른 인성을 기르는 시작일 수 있다.

일상의 작은 것들에 대해 생각하는 수업

인성 수업을 하면서 가장 많이 한 고민은 대부분의 수업이 교실에서 이루어진다는 것이었다. 그것이 가장 큰 한계처럼 느껴졌다. 인성 수업은 삶을 통해서 그 배움이 완성되는 과정이고 배움은 새로운 배움으로 연결된다. 그래서 교실에서 머무르는 인성 수업은 안 된다. 학생들이 바른 행동을 고민하고 작은 것을 찾아서 실천하도록 만드는 인성 수업이 되어야 한다.

현재 학생들이 실천할 수 있는 것을 이끌어 내지 않으면 뜬구름 잡는 인성 수업이 되기 쉽다. 자신의 삶에서 구체적인 실천 계획과 방법을 생각하지 않으면 그 배움은 교실 문을 넘지 못한다. 공중에 붕 뜬 학생들이 자신의 삶이라는 땅에 두 발 딛고 설 수 있도록 교사의 노력이 필요하다. 가장 쉽게 사용할 수 있는 방법은 훌륭한 인물의 어린 시절을 생각해 보도록 하는 것이다. 예를 들어서 안중근 의사의 삶을 학생들에게 들려주면 학생들은 그의 엄청난 용기와 위대한 결정에 큰 감동을 받는다. 그러나 그와 같이 살려면 큰 용기가 필요하기 때문에 아이들에겐 조금 먼 이야기처럼 느낄 수도 있다. 그럴 때 다음과 같이 이야기해 주면 어떨까?

안중근 의사도 여러분 나이에는 저런 큰 용기가 있지는 않았을 것이에요. 하지만 어릴 때부터 '나'보다는 주변 사람들을 돌보고, 바른 행동을 해야겠다고 생각했을 거예요. 물론 지금의 여러분에게는 저렇게 나라를 잃은 상황이 오지 않았습니다. 그리고 안중근 의사처럼 큰 용기도 없어요. 그러나 나라를 사랑하는 마음을 가지고 아주 작은 용기부터 실천한다면, 그런 것들이 여러분이 자라면서 함께 커져서 자신과 주변의 소중한 사람들을 지킬 수 있는 큰 용기가 될 거예요. 이제 여러분이 지금 당장 실천할 수 있는 용기 있는 행동을 한 가지씩 적어 보세요.

훌륭한 인물들도 어릴 때는 작은 용기부터 실천했을 것이다. 힘들고 어려운 상황이라도 그 나이에 맞는 지혜와 슬기로움으로 바른 판단과 행동을 했을 것이다. 그래서 교사는 아이들에게 너무 큰 실천을 기대해서는 안 된다. 사소한 것부터 실천하라고 해야 한다. 그런 작은 것들이 모이면 그것은 결코 사소한 것이 아니다. 현재의 학생 입장에서 작은 것이라도 바로 실천하도록 이끌어 주는 교육과정이 필요하다. 교실 밖으로 나가면 아이들은 자신의 삶과 직면해야 하기 때문이다.

02 신화: 감정과 인간에 다가가는 다리

모든 이야기의 근원

신화는 민족과 인간에 대한 근원을 이야기로 풀어낸 것이다. 그래서 신화에는 민족의 특성과 함께 문화적 특성도 잘 녹아 있다. 동시에 인간의 본성과 세계관이 나타나 있다. 세상에는 많은 이야기가 있지만 그것의 기원은 무엇일까? 바로 신화이다. 김원익은 그런 신화의 특성을 다음과 같이 설명한다.

> 하나의 나무줄기에서 수많은 가지가 뻗어 나오듯 이 세상의 모든 이야기는 결국 그 원류에서 시작된다. 그것은 바로 신화이다. 신화는 이 세상 모든 이야기의 고개이자 원형이요, 본이다. 신화는 인류의 어린 시절이다. 신화에는 인류가 풀어낼 수 있는 모든 이야기의 씨앗들이 켜켜이 쌓여 있다.[2]

신화는 "인류의 어린 시절"이라고 할 만큼 많은 이야기의 원형이 된다. 거기에서 시작해서 인류의 수많은 이야기와 문화가 생겨난다. 이야기에 등장하는 갈등과 시련, 화해와 봉합, 사랑과 우정들은 신화에 그 바탕을 두고 있다. 이런 인식에서 출발한다면 신화는 인간을 이해하는 가장 좋은 이야기이자 원천이 될 수 있다.

그렇다면 신화에서 우리는 스토리만 발견할 수 있을까? 단순히 스토리만 있는 것이 아니라 그 안에는 상상력과 이미지도 같이 있다. 실제로 있었던 일이 아니지만 그 이야기에 묘하게 끌리는 이유는 상상력에 있다. 있음직한 일들에 인간의 상상력이 더해져 이야기로 태어났기 때문이다. 그래서 신화는 끊임없는 미지의 세계이면서 창의성의 근원이 된다. 그리고 신화를 읽다 보면

---

2. 김원익, 《신화 인간을 말하다》, 바다출판사, 2011, p. 5.

등장인물과 사건들이 하나의 이미지로 그려진다. 상상력을 조금 더 구체화시킨 대상이 이미지라고 볼 수 있다. 이미지는 사건과 사건을 이어 주는 얼개이자 스토리에 힘을 부여하는 양념 역할을 한다. 이렇게 신화의 근본에는 상상력, 이미지, 스토리가 깔려 있기 때문에 포스트모더니즘 시대에 더욱더 창의성의 보고로 인정을 받게 된다. 정재서는 고대 중국의 지리서이자 신화집인 《산해경》을 설명하는 글에서 이런 신화의 특성을 다음과 같이 적었다.

> 포스트모더니즘의 시대, 즉 탈근대 시기가 도래하면서 근대에 불온하게 생각했던 상상력과 이미지와 스토리 등이 재조명되면서 신화에 대한 관심이 생겨났습니다. 머리를 쥐어짜면 모든 걸 상상할 수 있을 것 같지만 실제로는 그렇지 않습니다. 상상력의 원천은 고전에 있고 고전 중의 고전은 신화입니다. 결국 우리는 신화적 상상력을 벗어나지 못합니다. 신화에는 우리가 생각할 수 있는 모든 기발한 생각들이 담겨 있습니다. 그리고 우리의 뇌리에 각인된 가상 오래된 이미지들이 저장되어 있습니다. 또한 신화는 수천 년 동안 살아남은 이야기로, 따라서 스토리의 원형이라고 볼 수 있습니다.[3]

이렇듯 이야기의 원천이자 인간의 세계관을 반영한 신화는 동양과 서양이 많은 차이를 보인다. 동양 신화는 인간과 자연이 어울리는 구도라면 그리스 로마 신화를 비롯한 서양 신화는 인간

---

3. 정재서, 〈피어라 상상력, 만나라 『산해경』〉, 《인문학 명강 동양고전》, 21세기북스, 2013, p. 302.

중심의 신화이다. 쉬운 예로, 반인반수를 대하는 인간의 모습에서도 동서양의 차이가 있다. 정재서는 같은 책에서 고구려 고분벽화에 나타난 신과 크레타 섬에 그려진 신의 모습을 예로 든다. 같은 반인반수임에도 불구하고 동양은 신성하고 자비로운 신으로 대접받고, 다른 한쪽은 사악한 괴물로 취급받아서 맞아 죽고 있다. 여기서 동양과 서양의 다른 세계관을 엿볼 수 있다.

> 동양에는 전통적으로 천인합일이라는 사상이 있습니다. 천은 하늘이면서 자연을 의미합니다. 천인합일은 하늘 곧 자연과 사람이 하나가 된다는 의미입니다. (중략) 그래서 동양에서는 동물성을 부정하지 않습니다. 오히려 동물은 자연의 가장 역동적인 측면을 보여 주는 것이라 생각해서 동물을 신성시하고 숭배했습니다. (중략) 반면 서양 문화의 발상지라 여겨지는 그리스에서는 일찍이 인간 중심의 철학이 발전했습니다. 인간 중심 철학에서 자연은 인간이 지배할 대상이고 동물은 인간보다 열등한 존재입니다. 그렇기 때문에 인간과 동물이 섞여 있는 반인반수의 모습은 사악한 괴물이라고 생각했습니다.[4]

이처럼 인간과 세계를 바라보는 인식의 차이 때문에 동양 신화와 서양 신화는 이미지와 스토리에서 많은 차이를 나타낸다. 따라서 동서양의 신화를 골고루 읽고 세계관을 이해하는 것이 생각을 기우는 그 시화이 될 수 있다.

---

4. 정재서, 같은 책, p. 306.

신화와 인성 수업, 생각해 보지 않았던 것을 생각하는 시간

그렇다면 신화로 인성 수업을 하기 위해서 어떤 기준으로 신화를 선택해야 할까? 수업의 목적에 따라서 차이가 있을 것이다. 앞서 잠시 설명했듯이 나는 이야기 속에서 갈등 상황을 발견하기 위해서 그리스 로마 신화를 이용했다. 그 갈등 상황을 주인공들이 어떻게 헤쳐 나가고, 그 과정에서 어떤 감정들을 느꼈을지에 집중하기 위해서 소재를 그리스 로마 신화로 한정했다.

하지만 본격적으로 그리스 로마 신화를 이야기하기 전에 우리나라 신화를 비롯한 동양 신화도 함께 이야기하는 것이 중요하다. 동양과 서양의 세계관은 차이가 있고, 신화에는 그것이 반영되었다는 것을 꼭 설명해 준다. 그래서 신화는 개별의 이야기에 집중해서는 안 된다. 신화가 담고 있는 메시지나 의미를 해석하는 데 방점을 찍어야 한다. 그렇다고 너무 분석적으로 접근하면 학생들이 어려워하기 때문에 적절한 자료 사진을 준비해서 설명하는 것이 좋다. 나는 《산해경》에 나오는 남자 인어의 그림을 보여 주면서 이야기를 시작했다. 보통 인어라고 하면 안데르센 동화에 등장하는 아리따운 여인만을 떠올리기 십상이지만 동양의 인어는 인어 아저씨가 대표적인 이미지다. 아이들은 그 그림을 보면서 동양 신화에 대해서 궁금증을 가지기 시작했다. 특히 우리나라 신화에는 왜 난생(卵生)신화가 많은지 궁금해했다. 나는 다음과 같이 설명해 주었다.

교사　알에서 태어나는 신화에 대해서 많은 해석이 있습니다. 그중에서 한 가지만 들려주려고 합니다. 궁금한 친구들은 더 찾아보도록 하세요. 고대사회에는 농사가 아주 중요했습니다. 그래서 태양을 아주 신성시했죠. 그런데 태양은 어디에 있나요?

학생들　하늘에 있습니다.

교사　그렇다면 하늘에 가장 가까이 갈 수 있는 동물은 무엇이죠?

학생들　새입니다.

교사　새는 어떤 방법으로 새끼를 낳죠?

학생들　알을 낳습니다.

교사　맞습니다. 가장 신성시하는 태양에 가장 가까이 갈 수 있는 존재를 새라고 생각했습니다. 그런 새가 알을 낳기 때문에 알에서 태어난 존재는 마찬가지로 귀하고 신성한 존재라는 믿음이 있었습니다. 그래서 우리나라에는 영웅이 알에서 태어나는 신화가 많습니다.

이렇게 이야기를 풀어 가면서 동양 신화에 나타난 세계관을 설명해 준다. 동양 신화에 대한 기본적인 이해가 된 다음에 그리스 로마 신화에 대한 이야기를 한다. 많은 아이들이 그리스 로마 신화를 읽지만 왜 주인공들이 하나같이 잘생기고 아름다운지는 생각해 보지 않는다. 그리스 로마 신화의 신들이 왜 그렇게 악행과 질투를 일삼는지도 잘 생각하지 않는다. 그 부분에 대해 질문을 하며 신화를 읽는 것과 그렇지 않은 것은 큰 차이가 있다. 교사는 아이들이 그런 생각을 해 보도록 이끌어 주어야 한다. 더 넓은 시각에서 신화를 바라보고 접근하게 도와준다. 그래서 균형적인 시각을 바탕으로 세계관을 넓힐 수 있게 한다.

신화를 수업 소재로 가져오기 위해서는 교사부터 먼저 이렇듯 균형적이고 전체적인 시각이 필요하다. 개별 소재를 다루는 것은 그 이후라야 한다. 당연하게만 생각했던 것들, 생각하지 않았던 것들을 생각해 보도록 하는 것이 신화로 하는 인성 수업의 시작일 것이다.

03 문학: 삶을 보는 거울

문학의 개별성

문학에는 많은 특성이 있다. 그중에서도 인성 수업과 관련된 요소를 꼽으라고 하면 개별성을 들 수 있을 것이다. 개별성이란 문학작품을 해석하는 방식이 개별마다 다양함을 의미한다. 같은 소설을 읽더라도 읽는 사람의 경험과 지식에 따라서 그 작품이 주는 의미와 가치는 다르게 다가온다. 이런 개별성은 인성 교육의 중요한 단서가 된다. 최경희는 문학의 개별성과 전인교육의 관계에 대해서 다음과 같이 설명한다.

문학의 중요한 속성 가운데 하나가 개별성인데, 이는 전인적 능력과 연결된다. 즉 모든 작품이 그 자체로 개별적이며, 그 작품을 읽는 독자의 생각 또한 개별적이다. 따라서 문학의 이러한 개별성은 전인교육이 추구하는 삶의 자율성과 관계가 깊다. 또 문학적 통찰력을 갖춘 사람은 더불어 사는 삶의 가치를 알고 실행할 수 있으며, 남의 행위를 그 자체로 사실이 아니라 무엇인가 의미를 함축하는 하나의 표상으로 보기 때문에 그 의미는 매우 다양하게 해석되며, 새로운 의미가 거듭 추가된다. 이 발견은 새로운 것의 창조로 연결되는 능력이 된다.[5]

문학을 통해서 단순한 지식이나 문화적 내용만을 전달하는 것이 아니라 새로운 것을 창조하고 삶의 자율성을 추구하는 계기가 된다. 문학작품은 삶과 연결되어 있기 때문에 그런 문학작품을 접하는 것은 다양한 삶을 이해하는 시작이 될 수 있다. 그래서 최경희는 문학 교육과 인성의 관계를 다음과 같이 설명한다.

문학이 다양한 인간의 삶을 다루고 있기 때문에, 우리는 문학작품을 통해서 인간이 살아가는 모습을 만나게 되고, 긍정적이건 부정적이건 간에 영향을 받으며, 자신의 가치관 형성이나 인격 형성의 밑거름으로 삼게 된다. 문학 교육의 궁극적 목적이 체험적 내면화를 통한 인간화 교육이라면, 문학 교육이 인성에 미치는 영향은 매우 크다고 할 수 있다.[6]

이렇게 문학은 삶을 반영하기 때문에 그 자체로 인성 교육의

5. 최경희, 〈문학 독서를 통한 인성 지도〉, 《새국어교육》 제70호, 2005, p. 156.
6. 최경희, 같은 책, p. 155.

좋은 소재가 된다. 문제는 그것을 다루는 방법이다.

소설을 다루는 방법

수필이나 시는 길이가 짧기 때문에 전체 내용을 다 읽어 보고 그것을 바탕으로 생각거리를 함께 나눌 수 있다. 하지만 소설은 기본적으로 양이 많기 때문에 내용 전체를 다루기에는 수업 시간이 부족하다. 물론 다 읽고 수업에 참여하면 제일 좋다. 작품에 대한 전체적인 이해를 바탕으로 생각을 풀어 나가면 인성 수업의 효과는 훨씬 크다. 하지만 인성 수업을 위해서는 굳이 한 작품을 처음부터 끝까지 완독할 필요는 없다. 인성 수업도 마찬가지지만 문학작품을 읽는 것에 대해 너무 조급해할 필요는 없다. 초등학생일 때 당장 읽지 않아도 나중에 읽으면 된다. 고전문학은 지금 읽기에 어려운 경우도 많다. 하지만 그런 문학에 관심을 가지고 접하는 계기가 필요하다. 문학작품을 통해서 바른 인성과 삶을 생각하는 시간을 가져 보는 것이 문학을 통한 인문학 수업이다.

아이들이 소설에 친근하게 다가가도록 교사의 배려가 필요하다. 두꺼운 소설을 무턱대고 읽어 오라고 하면 아이들은 금방 질리거나 문학에 대한 선입견을 갖는다. 책 읽기를 좋아하는 학생이라면 모를까 요즘처럼 책을 읽지 않는 현실에서 아이들에게 그런 요구는 책과 담쌓도록 만드는 지름길이다. 훌륭한 문학 고전을 지금 바로 읽고 이해해서 이야기하기를 바라기보다는 아이들을 배려해 욕심을 비우면 어떨까?

아이들의 입장에서 생각한다면 글 전체를 다룰 필요는 없다. 오히려 부분만 읽었을 때 아이들은 그 인물과 사건에 대해서 호기심을 더 많이 가진다. 드라마가 재미있는 이유는 정말 중요한 순간에 끝나기 때문이다. 소설도 일부분만 다루면 그런 극적인 전개가 가능하다. 아이들이 궁금해하는 요소나 갈등이 절정에 달했을 때 그다음 이야기를 해 주지 않는 것이다. 그렇게 열어 놓은 결말은 아이들의 이야기가 되고 아이들의 삶이 될 것이다. 사건 하나에도 인생이 들어 있다. 인간의 삶이라는 것은 사건과 사건의 연속이다. 그 사건들이 확대되면 그것들이 모여서 삶이 된다. 그 사건을 이루는 그때그때의 판단과 결정도 결국 삶이라는 연장선에 있기 때문에 등장인물의 가치관과 갈등을 발견하기에 충분하다. 그래서 작품의 부분만 가지고도 충분히 인성 수업이 가능하다. 아이들에게 중요한 것은 내용을 전달하고 이해하는 것이 아니라, 그 안에서 삶을 발견하고 갈등을 발견하며 생각하는 과정일 것이다.

수필과 시를 다루는 방법

소설과 달리 수필과 시는 전체를 다루기에 충분하다. 수필은 일상을 소재로 해서 쓰는 글이기 때문에 작가의 가치관과 태도가 잘 녹아 있다. 아이들은 그것들을 발견해서 자신과 비교해 볼 수 있는데, 그것만으로도 충분히 가치가 있다. 수업 시간에 수필을 읽고 그 내용에 대해서 이야기 나누어도 별 무리가 없다.

하지만 시는 그런 식의 접근이 좋지 않다. 시는 짧기 때문에 보통 그 시간에 읽고 바로 그 내용을 생각해 보도록 하는 경우가 많다. 그렇게 되면 아이들은 그 시에 대해서 느낄 틈도 없이 바로 다음 단계로 넘어가기 때문에 조금 어려울 수 있다. 시는 함축적 문학이다. 단어 하나와 조사 하나에도 시인의 의도와 표현이 숨어 있다. 그것을 교사가 일일이 설명하거나 단어가 의미하는 것을 찾아보라고 하면 아이들은 당장 지루해하거나 어려워한다. 그런 과정은 나중에 해도 된다.

먼저 할 것은 아이들에게 시를 충분히 읽고 느낄 시간을 주는 것이다. 그래서 다룰 시에 대해 일주일 전에 알려 주고 그 시를 매일 낭송하도록 한다. 일주일 동안 교사는 일절 그 시에 대해서 설명하거나 언급하지 않고 그냥 낭송만 시킨다. 아이들은 낭송을 하면서 점차 작가에 대해 궁금해하고 시의 세계에 흠뻑 빠진다. 그렇게 시에 완전히 녹아든 다음에 인성 수업을 시작하면 좋다. 그때부터는 시에 대해 굳이 설명하지 않아도 아이들이 먼저 궁금한 점을 물어보거나 자신만의 해석을 들려주기도 한다. 교사 중심이 아닌 학생 중심의 인성 수업은 그렇게 구현될 수 있을 것이다.

그렇다면 그 많은 문학작품에서 무엇을 선택해야 할까? 교사마다 다르겠지만 소설은 고전에서 가져오는 것이 좋다. 아동소설은 평소에 아이들이 쉽게 접할 수 있지만 고전은 교사의 도움이 없으면 접하기 힘들다. 고전이 어렵고 지루하다는 편견은 아이들도 똑같이 가지고 있기 때문이다. 하지만 교사가 조금만 안내해 주면 고전은 누구나 읽을 수 있다. 그런 고전에 대한 관심이 성인으로 연결된다면 인문학 수업의 효과는 그것으로 충분하다고 생각된다. 수필과 시는 상대적으로 쉬운 것을 선택한다. 대신 가치관과 삶의 방향에 대해 깊이 생각할 거리가 있으면 더욱 좋다.

교사는 작품을 정했으면 꼼꼼히 읽어 보아야 한다. 교사의 이해가 부족하면 단편적인 접근에 그치기 쉽기 때문이다. 이런 준비를 바탕으로 문학을 교실로 가져오면 아이들은 조금 더 쉽게 문학에 다가가고 바른 인성을 고민할 수 있다.

04 철학 고전: 삶의 방향을 그리는 나침반

철학 고전의 향기

고전은 오랜 세월을 견뎌 냈다. 모든 것에는 유효기간이 있지만 고전만큼은 그 시간의 법칙을 극복해 낸 존재다. 많은 사람들이 고전을 읽는 가치에 대해 자기 나름의 방식으로 이야기하지만, 내가 고전을 읽으면서 느낀 결론은 이렇다.

"인간의 고민거리는 예나 지금이나 비슷하다."

고전을 읽으면서 그들의 고민에서 나의 고민을 발견한다. 노자의 《도덕경》을 보면 기원전 4세기경에 했던 고민과 지금의 고민이 별 차이 없다. 노자는 그런 문제들을 해결하는 방법도 적어 놓았는데, 역시나 지금 우리가 아는 해결 방법과 별 차이가 없다. 이것이 고전의 가치를 발견하는 시작이라고 생각한다.

고전 중에서도 철학 고전의 가치는 남다르다. 동양 철학과 서양 철학의 차이는 있겠지만 결국 '인간'에 대한 고민이다. 관계에 대한 고민이요, 존재에 대한 고민이다. 어떻게 하면 바른 삶을 살고, 행복한 삶을 살 수 있는지에 대한 끊임없는 좌절과 극복의 기록이다. 어찌 보면 우리가 하고 있는 고민에 대해서 가장 탁월한 해법을 제시해 놓은 책이 철학 고전이라고 할 수 있다. 그래서 그런 철학자들의 메시지는 인성 수업에 좋은 소재가 된다. 삶을 진지하게 마주할 수 있게 해 주기 때문이다. 장석주는 철학과 삶의 연관성을 다음과 같이 설명한다.

물음 중의 물음, 물음들의 모태는 "인간이란 무엇인가?"이다. 모든 위대한 철학은 이 물음에서 시작해서 이 물음으로 끝난다. 물음은 대답을 구하는 형식이지만 물음은 사유를 이끌어 앎의 통로를 열고 의식을 확장하는 데 기여한다. (중략) 우리가 날마다 무엇을 어떻게 선택하고, 제 삶을 어떻게 꾸리는가보다 더 중요한 철학적 토대는 없다. 현대 철학은 이것들을 배제하고 스스로를 분리함으로써 철학의 기본을 망각했다는 비판을

받는다. 삶의 실체적 진실과 유리된 철학은 공허해진다.[7]

철학은 지식인들만의 전유물이 아니라 삶을 살아가는 주체가 되기 위한 필수적 소양이자 해결책이 될 수 있다. 그래서 철학은 삶의 실제적인 문제와 연결되어 있고, 그런 문제를 통찰력 있게 해결할 수 있는 방향도 함께 제시한다.

어려운 철학책, 교사와 학생들이 어떻게 읽나요?

철학책이 어렵다는 말은 사실이다. 아이들에게 철학 고전을 읽히는 것은 무모한 시도가 될 수 있다. 어른이 읽어도 한참 생각해야 할 부분이 있는 것을 초등학생에게 읽도록 강요하면 당장 철학에 대한 거리감만 깊어질 것이다. 그래서 철학 고전은 아이들이 아니라 될 수 있으면 교사가 읽어야 한다. 교사도 다 읽을 필요는 없다. 철학 고전을 어려워하는 교사들을 위해서 쉽게 접근하는 팁을 잠시 설명하면 다음과 같다.

예전에는 철학 고전을 읽으려면 원서를 구해서 번역을 해서 읽었지만 요즘은 워낙 번역서와 해설서가 잘 나와 있다. 인문학 열풍 때문에 철학 고전의 핵심 내용을 정리한 책도 많다. 우선 그런 책들을 읽어 보길 추천한다. 그런 책들을 읽다 보면 나와 사상과 가치관이 비슷한 철학자를 발견할 수 있다. 그런 철학자의 사상

---

7. 장석주, 《불면의 등불이 너를 인도한다》, 현암사, 2015, pp. 277~278.

을 중심으로 접근하면 쉽다. 하지만 그런 철학자의 책도 바로 읽으면 어렵기 때문에 그 철학자의 대표 서적을 풀어 놓은 책을 먼저 읽기를 권한다. 그다음 완역본을 사서 읽으면 조금 더 쉽게 이해할 수 있을 것이다. 그렇게 읽다 보면 탄력이 붙고, 생각의 폭이 넓어지기 때문에 다른 철학자의 책도 도전하게 된다. 책과 책이 연결된다. 그렇게 외현을 넓혀 나가는 것이 좋은 방법이다. 하지만 도저히 책을 읽는 것에 취미가 없다면 TV나 포털사이트에서 제공하는 고전 강의를 듣는 것도 좋은 방법이 될 수 있다. 물론 그런 방법도 시간이 많이 걸리고 내용을 이해하기 어려운 경우가 있다. [8]

초등학생들에게 아직 철학 고전의 내용은 어렵다. 아이들 수준에 맞게 편집된 만화 형식이나 철학책은 괜찮지만 해석을 거치지 않은 철학책의 내용을 다루면 수업 자체가 힘들다. 나 역시 아이들에게 철학책은 읽히지 않았다. 내가 대신 읽고 그 안에서 아이들이 생각할 거리를 추출하였다. 아이들은 수업 시간에 그 생각거리를 가지고 삶의 방향을 고민하고, 인생을 살아가는 데 나침반이 될 수 있는 가치관을 생각해 보았다. 다시 말하지만 철학 고전 책을 가지고 인문학 수업을 하면 아이들도 어렵고 교사는 더어렵다. 그래서 철학 고전에서 발견할 수 있는 질문거리를 교사가 준비하고, 수업 시간에는 질문거리에 대한 설명을 위해서 철학자의 생각을 몇 가지 빌려 오면 된다. 이것이 철학 고전을 이용

---

8. 철학 고전으로 어떻게 수업을 했는지에 대해서는 뒤에서 자세히 설명하도록 하겠다.

한 인문학 수업이다. 그렇다면 철학 고전을 통해서 삶의 방향을 고민해야 하는 이유는 무엇일까?

방향을 고민해야 하는 이유

자본주의 사회에서는 속도를 중요시한다. 신속한 정보와 빠른 판단이 경쟁력의 척도가 되고 경쟁력은 부와 직결되었다. 현대를 살아가는 사람들은 빠름에 익숙해져 있고 심심함을 어색해한다. 스마트폰을 잠시라도 만지지 않으면 불안해한다. 휴식이 주어져도 차분하게 앉아서 자신과 마주하지 못한다. 자본주의는 인간에게 심심함만 빼앗아 가지 않았다. 생각과 감정도 빼앗아 갔다. 고병권이 〈사유와 빈곤〉이라는 글에서 적은 마르크스의 설명을 빌려 보자.

> 마르크스가 사적 소유에 반대했던 중요한 이유 중 하나는 그것이 우리를 너무나 둔감하고 일면적인 존재로 만든다는 것이었다. 오직 "가졌다"는 감각 하나만 남고 "보고 듣고 냄새 맡고 맛보고 느끼고 생각하고 관조하고 지각하고 바라고 활동하고 사랑하는 것", 다시 말해 모든 육체적이고 정신적인 감각들이 다 소외될 수 있다는 것이다. 만약 그렇게 되면 우리의 본질, 우리의 존재는 극심한 빈곤에 허덕이게 된다.[9]

---

9. 고병권, 앞의 책, p. 97.

결국 소유는 또 다른 소유에 대한 집착을 낳을 뿐이지 존재에 대한 근본적인 물음에는 답을 주지 않는다. 소유에 대한 집착은 속도 지상주의로 나타나고 있다. 내가 '무엇을 가지고 있는지'보다 '내가 다른 사람들보다 무엇을 더 많이 가지고 있는지'에 대해서 끊임없이 생각하기 때문에 빠른 판단에 따른 소유와 경쟁을 추구한다. 그렇게 우리는 방향에 대한 고민 없이 생각도 감정도 감각도 잃어버린 채 회색 사회를 살아가는 듯하다.

이런 과잉의 시대에서 중심을 잡고 소중한 삶을 꾸려 나가기 위해서는 자신의 행복을 찾아가는 방법과 지혜가 필요하다. 나는 그것을 '삶의 방향 설정'이라고 생각했다. 그래서 남들과 다른, 자기만의 삶을 살아갈 수 있는 삶의 방향을 고민하는 시간을 학생들에게 주고 싶었다. 물론 그런 방향은 자라면서 바뀌겠지만 어릴 때 이런 것들에 대해서 고민한 경험은 훗날 자신의 삶에 자양분이 될 것이라는 믿음이 있다. 자본주의를 비판하려는 것이 아니라 자본주의라는 제도 안에서 방치되는 우리의 모습을 돌아보고 싶었다.

학생들에게 "삶의 방향에 대해서 생각해 보세요."라고 이야기하면 아주 어렵고 모호한 말이 된다. 그래서 내가 떠올린 말이 '나침반 질문'이다. 교육과정에 제시된 가치 덕목과 관련하여 학생들이 삶의 방향을 고민해 볼 수 있는 질문을 준비하기로 했다. 나침반 질문의 추출은 학생들이 삶의 방향에 대해서 조금 더 넓은 시각으로 접근할 수 있게 철학자들의 책과 이론을 근거로 선정하였다. 그 질문에 대해서 생각하고 이야기를 나누면서 학생들은 자신의 나침반을 찾아가는 것이다. 그렇게 정한 '나의 나침반'을 '인생 사전'에 기록하도록 했다. 인생 사전은 각자의 나침반과 그 나침반을 일상에서 어떻게 실천했는지를 기록하는 학생들만의 사전이다. 요약하면 수업 시간에는 '나침반 토의·토론'을 통해서 나의 나침반을 생각해서 기록한다. 그리고 수업 시간에 정한 '나의 나침반'을 실생활에서 실천하고 그 결과를 기록하도록 했다.

인생 사전, 일상의 배움을 담다

학생들은 학교에서도 배우지만 학교가 아닌 공간에서도 배운다. 사람을 보고 배우는 것이 가장 효과가 클 것이다. 그래서 주변에서 배울 점이 있는 사람을 찾아서 인생 사전에 기록하도록 했다. 바른 행동을 한 사람을 통해서는 좋은 행동을 배우도록 했다. 바르지 않은 행동을 하는 사람에게서는 그렇게 해서는 안 된다는 것을 배우도록 했다. 배울 사람을 정할 때는 가장 가까이 있는 사람부터 찾도록 했다. 가족, 친구, 이웃에서 시작해서 사회, 해외, 드라마, 영화, 소설 등으로 시야를 넓혀 가도록 했다. 어쨌든 그 시작은 가장 가까운 가족에게서부터 배우도록 했다. 가족과의 대화를 통해서 배움의 기회를 얻을 수 있도록 매년 5월 마지막 주에는 '가족 토의·토론'을 숙제로 내주었다. 토의 주제는

"부모님에게서 배우는 인생의 지혜"를 제시한다. 부모는 자식에게 인생을 살아가면서 꼭 해 주고 싶은 이야기가 많다. 부모가 몸소 경험을 통해서 알게 된 삶의 지혜는 그 자체로 보석과 같은 가르침을 줄 수 있다. 그러나 요즘 부모들은 워낙 바쁘다 보니 그런 이야기를 해 줄 시간이 없다. 정확히 말하면 그런 분위기를 만들기 어렵다. 그래서 내가 그런 분위기와 기회를 만들어 주었다.

"부모님과 이런 대화를 해 본 친구들도 있고, 해 본 적이 없는 친구들도 있을 거예요. 처음에는 부모님이 어색해하시지만 여러분이 정말 궁금하다고, 듣고 싶다고 하면 분명 좋은 말씀을 해 주실 거예요. 부모님께서 해 주신 말씀을 꼭 기록해 오세요."

다음 주에 인생 사전을 검사해 보면 학생들의 글씨로, 또는 부모의 글씨로 주옥같은 이야기들이 적혀 있다. 그리고 학생들은 부모님과의 대화를 통해서 배우고 느낀 점을 적어 놓았다. 그 자체로서 소중한 보물이 될 것이었다.

아이들은 자신이 만든 나침반을 실천한 결과와 주변 인물에게서 배운 점을 꾸준히 인생 사전에 적었다. 두 달 정도 인생 사전을 적었을 때의 일이었다.

어느 날 한 학생이 내게 물었다.

"선생님, 저에게서 배운 내용을 적어도 되나요?"

순간 속으로 흐뭇한 미소를 지었다. 내가 인생 사전을 학생들에게 적도록 한 이유가 바로 그것이었기 때문이다. 다른 사람의 말과 행동을 통해서 결국 학생들 스스로를 들여다보는 시각을 길러 주고 싶었다. 그래서 나는 그 학생에게 이렇게 대답했다.

"당연히 되지. 우리가 인생 사전을 적는 이유, 일상에서 배운 점을 적는 이유는 결국 나를 들여다보기 위한 일이야."

그 학생은 빙그레 웃으면서 글을 써 나갔다. 나침반 질문에 대한 생각과 고민은 자신의 삶과 연결되었고, 그 배움은 결국 자신과 대면하는 시간이 되었다.

자신의 모습을 되돌아보는 것에 대한 좋은 글귀가 있다. "무감어수(無鑑於水), 감어인(鑑於人)"이라는 말이다. 신영복은 다음과 같이 설명했다.

물에(於水) 비추어 보지 마라(無鑑)는 뜻입니다. 물(水)은 옛날에 거울이었습니다. 동경이 나오기 전에는 물을 거울로 삼았습니다. 물에 비추어 보면 얼굴만 비추어 보게 됩니다. 그렇기 때문에 감어인(鑑於人), 사람에게 비추어 보라고 하는 것입니다.[10]

학생들은 그렇게 스스로를 비추어 보고 있었다.

10. 신영복, 《담론》, 돌베개, 2015, p. 155.

05 그림과 영화: 고민이 녹아 있는 곳

'순간'과 '접근'의 힘

교사가 많은 수업 자료와 수업 내용을 준비해도 아이들은 그것을 다 받아들이지 못한다. 교사가 준비한 것이 많을수록 정해진 시간 안에 해치우기 위해서 마음은 조급해진다. 아이들의 소중한 생각에 귀 기울일 틈이 없이 자신이 준비한 것만 쏟아 내는 수업이 된다. 반면, 꼭 다룰 내용만을 추리고 그것을 아이들에게 효과적으로 전달하기 위해서 고민한 수업이라면 그 파장은 크다. 내가 본 많은 수업 중에서 가장 감동이 있었던 수업은 많은 것을 다루지 않는 수업이었다. 사진 한 장, 그림 한 편, 영화 한 장면, 이야기 한 토막을 가지고 했던 수업이었다. 아주 간단한 내용이지만 한 시간의 수업을 풀어 갈 힘은 그 안에 다 들어 있었다.

그림이 줄 수 있는 효과 중에 가장 주목할 부분은 '순간의 묘미'에 있다. 시간의 흐름을 한 장에 압축해서 담아 놓은 그림은 그 자체로 시선을 끈다. 그 안에 등장하는 인물의 표정이나 눈빛, 시선을 찬찬히 살펴보면 많은 이야기가 숨어 있다. 그림으로 수업하면 자유롭게 생각하고 추리하고 판단할 수 있는 권리를 아이들에게 넘겨줄 수 있어서 좋다. 그림은 이야기를 소재로 그려진 경우도 있고, 작가의 생각으로 그려진 창작물인 경우도 있다. 어느 경우든 그림을 그리기 이전의 상황과 그림을 그리고 있는 순간의 상황, 그림을 완전히 그린 이후의 상황을 추론하는 것은 아이들 몫이 된다.

영화는 이야기를 영상으로 구현한 것이다. 그림이 정적인 압축이라면 영화는 동적인 압축이라고 볼 수 있다. 영상이 계속 흐르지만 그것 역시 장면의 연속이다. 영화를 수업 소재로 가져오면 무거운 주제도 쉽게 접근할 수 있다. 그래서 영화의 효과는 '접근성'이라고 볼 수 있다. 말로 설명하거나 그림으로 여러 장 보여 주는 것보다 아이들이 훨씬 집중해서 자료에 빠져든다. 그리고 원하는 부분에서 장면을 멈출 수도 있기 때문에 극적인 전개도 가능하다.

영화의 내용을 제시하는 방법은 두 가지로 나눌 수 있을 것이다. 일반적으로 영화 전체를 보여 주는 방법과 부분을 보여 주고 해당 장면을 캡처해서 사진으로 인쇄해서 보여 주는 방법이다. 전체적인 상황의 이해를 위해서는 전자의 방법이 효과적일 것이다. 하지만 등장인물의 갈등과 가치판단에 대한 이야기를 할 때는 후자의 방법도 효과적이었다. 영화는 전체적인 스토리를 가지고 진행되기 때문에, 부분만 가져와도 앞뒤의 내용을 조금만 설명해 주면 인물이 처한 상황을 이해하는 데 크게 문제는 없었다.

신화를 소재로 한 그림과 영화의 의미

그렇다면 인성 수업의 소재로 어떤 그림과 영화를 가져오면 좋을까? 많은 작품들 중에서 적절한 것을 찾기란 쉽지 않다. 하지만 나의 경험에 비추어 보면 '실화를 소재'로 한 작품만큼 교육적 효과가 높은 것은 많지 않은 듯하다. 아무리 훌륭하고 좋은 내용이라도 만들어진 이야기인 것을 알고 나면 김이 빠진다. 그런 그림이나 영화로 수업하면 아이들의 반응이 대체로 이렇다.

"어쩐지 너무 용감하다 했어요."

"그렇게 될 줄 알았어요."

"저런 내용은 항상 끝이 비슷한 것 같아요."

이런 반응들은 그림과 영화의 이야기가 내면화를 거치지 못한 결과이다. 그 이야기는 나와는 상관없는 이야기이자 그냥 심심풀이 정도의 내용일 뿐이다. 이야기가 아이들의 가슴으로 들어가지 못하기 때문에 진지하게 생각도 하지 못한다. 적당히 생각하고 적당히 판단하고 적당히 마무리해 버린다.

하지만 '실제의 힘'은 다르다. 그림이나 영화의 소재가 실제로 있었던 일이라는 것을 알려 주고 시작하면 아이들의 눈빛부터 달라진다. 또는 그 사실을 나중에 알려 줘도 아이들의 태도는 급변한다. 굽혀졌던 허리는 펴지고 반쯤 감기던 눈은 토끼 눈이 된다. 연거푸 진짜 있었던 일이냐고 물어본다. 그때부터 그 이야기는 남의 이야기가 아니라 아이들 자신의 이야기가 된다. 그 주인공이 내가 되고, 우리 가족이 되고, 우리 주변 사람이 되기 때문이다. 비슷한 경험이 있을 수도 있고 비슷한 고민이나 아픔이 있을 수도 있기 때문에 그 이야기는 아이들의 가슴속에 파고든다.

그래서 실제 사건을 소재로 한 그림과 영화를 이용하여 인성 수업을 하면 그 효과는 훨씬 크다. 실제를 반영한 작품을 가지고 생각거리를 발견하는 순간, 그것이 바로 인성 수업의 시작이다. 단순히 그림과 영화의 내용과 사건에만 집중하지 않고 그것을 그린 작가와 만들어 낸 감독의 의도까지 함께 다룬다면 수업의 깊이는 훨씬 깊어진다. 아이들은 그림과 영화를 통해서 실제를 만나고 그것을 통해서 세상을 바라보는 가치관을 형성하기 시작한다. 그것이 바로 그림과 영화로 하는 인성 수업의 지향점이다.

06 역사적 인물의 삶

인물의 삶을 보여 주는 글

글쓰기만큼 어려우면서도 행복한 일이 있을까 싶다. 생각을 머릿속에 떠올리는 것과 글로 옮기는 것은 다르다. 수만 가지 생각이 있어도 그것을 글로 옮겨 보면 조금 색다른 느낌이 든다. 말로 하는 것은 쉽지만 글로 적으려면 몇 번 더 생각하게 된다. 그래서 마음속이 복잡하거나 생각이 많아질 때 그것들을 종이에 적어 나가나 보면 생각이 정리되고 해결책이 떠오르는 경우가 많다. 글 속에는 글쓴이의 생각 말고도 많은 것이 녹아 있다. 감정도 있고 반성도 있고 다짐도 있다. 그래서 글은 그 사람의 인생을 그대로 담아 낸다. 꾸며 내려고 해도 꾸미기 어려운 것이 글일 것이다. 그런 글들 중에서도 자신의 생각과 의지를 꾸밈없이 솔직하게 적어 낸 글을 읽으면 감동이 더 크게 다가온다.

박지원의 《열하일기》에서는 자신의 생각을 고집하지 않고 만나는 사람과 생각을 나누면서 자유롭게 어울리는 박지원의 삶의 태도를 고스란히 발견할 수 있다. 그런 글들은 그 안에 사실도 전하고 있지만 글쓴이의 생각도 담겨 있다. 이렇게 삶을 대하는 태도가 담긴 글은 인성 수업의 소재로 매우 가치가 있다. 김구의 《백범일지》는 대표적인 경우이다. 《백범일지》 안에는 김구의 삶과 우리 민족의 독립운동에 관한 기록이 자세히 적혀 있다. 김구 자신과 주변 인물들의 삶을 자세히 기록하였기 때문에 그들의 업적뿐만 아니라 업적 뒤에 감추어진 인간으로서의 모습이 더 감동으로 다가온다. 책의 후반부에 나오는 〈나의 소원〉에는 우리 민족이 앞으로 나아가야 할 방향도 제시한다. 그래서 《백범일지》와 같은 책을 초등학생 시절에 읽고 그 안에 담긴 기록과 인물들의 삶에 대해서 진지하게 마주한다면 그것 자체로 훌륭한 인성 교육이 될 수 있다.

이렇게 삶이 녹아 있는 글들을 읽고 그 안에서 인물의 삶과 가치관을 함께 발견하는 것이 올바른 인성 수업의 첫걸음이다. 가치 덕목과 관련된 인물을 먼저 선정하고, 그 인물이 남긴 글이나 책을 교실로 가져와서 함께 읽으면서 그 인물의 삶에 대해서 알아간다. 이때 책으로만 이야기를 풀어 가면 딱딱하기 때문에 인물의 사진을 함께 준비하면 효과적이다. 그런 방법을 통해서 인물의 삶과 가치관에 대해서 이야기하고 자신의 삶의 태도와 비교하는 것이 중요하다. 그래서 현재 자신이 실천할 수 있는 바른 행동에 대해서 실제적으로 고민하는 시간이 되어야 할 것이다. 실제 인물의 삶을 가지고 이야기하면 만들어진 예화를 가지고 수업을 할 때보다 아이들이 훨씬 진지하게 자신의 삶에 대해서 생각하고 고민한다. 그래서 실제 인물의 삶은 무엇보다 좋은 인성 수업의 소재가 된다.

인물의 일생 전반을 이야기해야 한다

어떤 역사적 인물을 다룰 때 단편적인 업적 위주로 그 인물을 소개하면 학생들이 그 인물의 삶을 전체적으로 이해하기 어렵다. 인성 수업을 위해서는 인물의 특정 사건과 업적만 떼어 내서 가져오면 안 된다.

'인물의 출생, 성장 배경, 주변 사람, 친구와의 관계, 사건, 판단, 결과, 그리고 인물의 죽음'까지 몽땅 가져와야 한다. 하나의 내러티브로 다루어야 한다. 할아버지가 손자손녀들에게 이야기를 풀어 놓듯이 인물의 출생부터 죽음까지 통째로 다루어야 한다. 그 어떤 인물도 홀로 존재하고 판단하는 사람은 없다. 언제나 주변 환경의 영향을 받게 마련이다. 어떤 행동에 대해서 생각할 때 그 인물의 주변 환경을 배제하고서는 제대로 이해하기 어렵다. 그래서 인물과 관련된 것은 몽땅 다루어야 한다. 그래야 그 인물이 초등학생일 때는 어떻게 행동했고, 그런 행동이 누구의 영향을 받아서 어떻게 발전했는지 알게 된다. 그리고 그런 인물이 어떤 고민의 과정을 거쳐서 판단하고 결정을 내리는지 알게 되고, 그 바탕에는 주변 사람들, 즉 사람이 영향을 주었다는 사실을 자연스럽게 깨닫게 된다. 이를 통해 아이들은 인물에 대한 총체적인 이해가 가능하다. 그 인물의 고민을 똑같이 해 보는 과정, 실제 인물의 판단과 내 판단을 비교하는 과정을 통해서 학생들은 배우게 된다. 그래서 인성 수업 시간에 인물을 다룰 때는 내가 그 인물이 되어야 한다. 그리고 그 인물이 내가 되어야 한다. 나와 그 인물을 구분해서는 그 상황과 인물에 몰입할 수 없다.

'악으로' 가르칠 수 있어야 한다

그렇다면 훌륭한 인물만 교실에 가져와야 할까? 지금까지의 인성 수업은 바른 인물과 이상적인 가치 덕목으로 바른 행동을 강요했다. 그렇게 바른 행동의 당위성을 통해서 윤리적 판단과 실천을 강조했다. 그러나 이제는 조금 바뀔 필요가 있다. 솔직히 말하면 이제 그런 방법은 효과가 없는 듯하다. 왜냐하면 학생들이 배운 그런 이상적인 행동을 현실에서는 좀처럼 확인하기 어렵기 때문이다. 학생들이 접하는 대중매체에는 바른 삶을 사는 사람보다 그렇지 않은 사람들이 더 잘사는 모습이 자주 비친다. 그것을 보고 학생들은 배움과 현실의 괴리를 느끼고, 오히려 도덕적으로 가치 있는 행동에 대한 부정적 인식이 싹틀 수 있다. 그래서 도덕적으로 바른 판단과 행동을 하지 않았던 인물의 사례를 교실에 더 적극적으로 가져올 필요가 있다. 인물이 왜 그런 판단과 행동을 했으며, 그런 행동의 결과를 보고 우리는 무엇을 생각할 수 있는지에 대해 이야기한다면 그것 역시 좋은 인성 수업일 수 있다.

악(惡)을 교실로 가져와야 하는 이유는 독일 철학자 한나 아렌트가 이야기한 "악의 평범성(Banality of evil)"이라는 개념을 통해서 더욱 명확해진다. '악의 평범성'은 아렌트의 저서 《예루살렘의 아이히만》에 나오는 유명한 구절이다. 아이히만은 나치의 유대인 학살의 중심에 서 있는 인물이었다. 법정에 선 아이히만은 자기는 스스로 사람을 죽이라고 명령한 적도 없으며, 상관이 시키는 대로 했기 때문에 죄가 없다고 주장한다. 그런 아이히만의 주장도 충격이었지만 그의 외모를 보고 많은 사람들이 충격을 받았다. 그가 저지른 악행을 보았을 때 그의 모습은 만화나 이야기에 등장하는 험상궂은 얼굴을 가졌거나 성격이 괴팍할 것이라고 많은 사람들이 예측했기 때문이다. 하지만 법정에 선 그의 모습은 주변에서 흔하게 볼 수 있는 일반 시민의 모습 그 이상도 그이하도 아니었다. 그의 정신 상태를 감정한 정신과 의사들은 의사인 자신보다 멀쩡하다면서 그의 정신 상태에 문제가 없음을 이야기했다. 재판을 받는 과정에서 그가 보인 모습은 성실하고 예의 바른 그냥 평범한 인간일 뿐이었다. 그렇다면 그의 악행은 누엇으로 설명해야 하는가?

아렌트는 악행은 광신자나 반사회성 인격 장애자들이 아니라, 국가에 순응하며 자신들의 행동을 보통이라고 여기는 평범한 사람들에 의해 행해진다고 주장한다. 결국 자신의 행동이 어떤 결과를 가져오는지 고민하지 않는 '생각하지 않음'이 악행의 가장 큰 원인이 될 수 있다는 것이다. 그녀의 설명은 도덕적 행동에 대해서 시사하는 바가 크다. 다른 사람이 시키는 대로 했다고 해서, 자신이 직접 지시하지 않았다고 해서 윤리적 평가에서 자유로울 수 없다. 바른 행동에 대해 제대로 생각하지 않고 타성에 젖어 안일하게 생각하는 것은 악행을 저지르는 원인이 될 수 있기 때문이다.

그래서 생각하는 연습이 필요하고 생각하는 인성 수업이 필요하다. 단순히 바른 행동만을 다루어서는 그런 연습이 제대로 될 수 없으며 현실감도 떨어진다. 바른 판단과 행동을 하지 않은 인물에 대한 고찰은 학생들에게 아주 중요하게 다가온다. 수업을 통해 아이들은 현재의 우리 사회를 좀 더 올바르게 인식할 수 있을 것이다. 사회 현실을 바르게 보는 것은 문제의식을 갖게 하고, 그런 문제의식이 언제나 새로운 해결책과 바른 방향을 제시하기 때문이다. 그래서 인물들의 악한 행동에 집중하는 것이 아니라 무엇이 그런 행동을 하게 만들었는지 차분히 생각하는 시간이 필요하며, 그것은 인성 수업의 좋은 소재가 된다.

악을 통해서 도덕적 배움이 일어날 가능성에 대해서는 아동문학가 이오덕 선생도 언급한 바 있다. 그는 아이들에게 어른들이 어떤 잘못을 하고 있는지 사실 그대로 알려 줄 필요성에 대해서 이야기했다. 그것을 통해서 얼마나 실제적인 배움이 일어날 수 있는지도 설명했다. 바로 '악에서 배운다'는 방식이다. 그의 설명을 빌리자면 다음과 같다.

> 우리는 사회의 참을 알려야 하며, 어른들이 잘못하고 있는 것을 정직하게 알려 주지 않고는 아이들을 올바르게 키울 수 없다. 이미 알고 있는 악을 덮어 둠으로써 거짓을 가르치지 말고, 솔직하게 악을 지적하여 그것과 대항하고 이겨 나가도록, 악에서 배우는 교육을 해야 하는 것이다.[11]

정말 지금의 시대에 꼭 필요한 접근인 것 같다. 이제 더 이상 이상적인 행동을 통해서는 바른 행동을 가르치기 어려워졌다. 그래서 나는 바른 행동을 하지 않은 사람, 또는 바른 판단을 하지 않은 사람의 삶도 교실에서 자주 다루었다. 그들의 삶을 통해서 학생들은 더 치열하고, 열정적으로 사고했다. 물론 이런 인물들의 삶도 수업에 통째로 가져와야 한다. 그렇게 하면 그런 인물들이 처음부터 악한 행동을 한 사람은 아니라는 것을 자연스럽게 알게 된다. 성장 배경과 주변 사람들의 관계에 의해서 잘못된 생각을 가지게 되고 그것을 바로잡을 기회를 놓친 것이다. 잘못된 생각을 바로잡는 기회를 잃는 것이 국고의 파멸이요, 생각의 파멸이자,

---

11. 이오덕, 《삶과 믿음의 교실》, 고인돌, 2011, p. 75.

도덕적 가치판단의 과정이다. 그것이 모여 바른 삶이 된다.

요컨대 인물의 업적이나 어떤 사건 같은 단면만을 다루었을 때 아이들은 그 판단과 행동에 대해서 전체적인 시각을 갖지 못한다. 그리고 그런 인물들의 삶을 통해서 자신의 삶을 비추어 보지 못한다. 그래서 인물의 삶을 다룰 때는 일생을 통째로 가져와야 한다. 물론 통째로 가져오려면 시간이 많이 걸린다. 그래서 교육과정 재구성이 필요하다. 교육과정을 재구성하고 적절한 소재를 고민하는 작업이 끊임없이 이루어져야 한다. 그렇게 수업을 하다 보면 학생들은 자신의 삶을 돌아보며 그런 과정에서 각자의 생각을 확립해 갈 것이다. 학생들이 실제로 고민하고 생각할 것을 가지고 수업을 풍부하게 만들 수 있다면 그것만으로도 충분히 의미가 있다. 그렇게 아이들 스스로를 돌아보게 만드는 생각거리가 실제 인물의 전체적인 삶이어야 한다. 그래서 인성 수업 시간에 인물을 가져올 때는 부조(浮彫)가 아닌 환조(丸彫)로 가져오라고 말하고 싶다.

07 현재의 삶과 행복: 우리의 선물

경청, 심심함, 꿈 너머 꿈, 현재, 행복

삶을 살아가면서 가치 있게 생각하는 것들이 있다. 그중에 최고는 '행복'일 것이다. 누구나 행복한 삶을 꿈꾸지만 "행복이란 무엇인가?"에 대해 진지하게 생각해 본 사람은 많지 않을 것이다. 가장 소중하게 생각하는 가치임에도 불구하고 진지하게 마주한 적이 없다는 것은 그것의 실체에 대해 생각하지 않은 채 막무가내로 좇는 것과 같다.

행복이 최종 목적지라면 그 행복에 도달할 수 있도록 도와주는 다른 가치들도 있을 것이다. 수많은 가치가 있겠지만 '경청', '심심함', '꿈 너머 꿈', '현재'라는 네 가지 가치를 먼저 생각하고자 한다. 이런 가치들을 수업 시간에 다룬 이유는 한 가지다. 이런 것들을 어디에서도 배울 기회가 없기 때문이다. 학교에서는 교과 수업과 함께 다양한 체험활동을 통해서 전인적인 발달을 위한 교육 활동을 하고 있다. 하지만 정작 앞서 말한 가치들에 대해서는 자세히 다루지 않는다. 도덕 수업이나 인성 수업 시간에 잠시 다루는 경우도 있지만 아이들이 진지하게 생각할 정도의 깊이는 없다. 계기교육 형태로 이루어지는 경우에는 수업의 분절성 때문에 내용의 연계성도 떨어진다. 조금 더 체계적인 접근이 필요하다.

다른 사람의 말을 잘 듣는 것은 단순히 다른 사람의 생각을 이해하기 위한 수단으로 그치는 것이 아니다. 바쁜 사회를 살아가는 현대인들이 심심함을 즐기는 연습이 필요한 이유는 '숙고'하는 삶과 관련된다. 학교나 사회는 훌륭한 사람이 되고 훌륭한 직업을 가질 것을 강요하지 그 꿈을 이룬 다음에 어떤 일을 하고 싶은지는 묻지 않는다. 아이들이 지금 발 딛고 서 있는 현재를 즐기지 못하게 하고 미래의 대학, 미래의 직장, 미래의 행복만을 생각하게 하는 지금의 교육 현실은 위태롭기 그지없다. 그래서 '경청'과 '심심함'이 필요하다. 타인과 내가 진지하게 마주하는 시간이기 때문이다. '꿈 너머 꿈'은 자신만이 아니라 다른 사람에 대한 사랑을 바탕으로 행복한 삶을 그리는 청사진이 된다. 그런 청사진을 실현시키기 위해서 충실히 살아야 할 지금이 바로 '현재'이다. 그래서 경청, 심심함, 꿈 너머 꿈, 현재, 행복은 각자의 삶을 위한 선물이다. 이런 가치에 대해 생각하고 아이들 각자가 행복한 삶을 그려 보는 것이 인문학 수업의 종착점이자, 자신의 삶과 더 넓은 인문학의 세계로 박차고 나가는 문이 될 것이다. 그렇다면 그런 가치를 수업 시간에 다루기 위해서는 어떻게 해야 할까?

가치를 고민한 책, 생각거리 발견하기

앞서 말한 다섯 가지의 가치는 학교 현장에서 아이들을 가르치면서 아이들이 가장 생각해 볼 기회가 없었다고 생각되는 것들을 선정한 것이다. 그래서 그런 가치에 대해 다루는 것은 의미는 있으나 자칫하면 지루하고 추상적인 수업이 되기 쉽다. 이를 방지하기 위해 가치의 뜻에 대해 접근하는 것이 아니라 "그런 가치를 위해 우리는 어떻게 해야 할까?"의 방법으로 접근해 보았다. 다시 말하면 '삶을 위한 다섯 가지의 선물을 어떻게 하면 제대로 누리면서 살아갈지'에 대한 생각을 나누는 수업이 되어야 했다. 이

말 역시 추상적이라면 일단 반대로 생각하면 쉽다. '삶을 위한 다섯 가지 선물을 가로막는 것'을 먼저 생각해 보는 것으로 수업을 출발하면 좋다. 경청을 가로막는 이기심과 조급함을 이야기하고, 심심함을 가로막는 성과주의 사회와 피로사회에 대해서 먼저 생각을 나눈다. 또한 꿈 너머 꿈이 아니라 갖고 싶은 직업만을 강조하는 현대 사회의 문제점에 대해 짚어 보고, 현재를 살지 않고 미래의 행복을 좇는 어리석음을 이야기해 보도록 한다. 그러면 자연스럽게 삶을 위한 선물의 가치에 대해 생각하게 된다.

삶을 위한 선물을 가로막는 것에 대해 생각했으면 본격적으로 선물들에 대해 생각해야 한다. 이때 교사가 그 가치들과 관련된 책을 선정하여 생각거리를 분석해 두면 훨씬 체계적인 인문학 수업이 될 것이다. 삶을 위한 선물인 다섯 가지 가치와 관련된 책은 많지만, 그중에서 그런 가치를 가로막는 원인에 대해서 체계적으로 분석하고 명쾌한 해설을 제시한 책을 중심으로 생각거리를 분석했다. '경청'의 경우에는 래리 바커의 《마음을 사로잡는 경청의 힘》을 통해서 경청의 필요성에 대한 생각거리를 가져왔다. '심심함'은 한병철의 《피로사회》를 참고했다. '꿈 너머 꿈'은 고도원의 《꿈 너머 꿈》에서 개념을 빌려 왔다. '현재'라는 가치는 니체의 《차라투스트라는 이렇게 말했다》에서 생각거리를 발견했다. '행복'이라는 가치는 버트런드 러셀(Bertrand Russell)의 《행복의 정복》에서 생각거리를 가져왔다. 책의 내용과 생각거리에 대해서는 다음 장에서 구체적으로 설명하고자 한다.

분명한 것은 그러한 책들에서 발견한 생각거리는 행복에 이르는 가치에 대해 조금 더 포괄적인 시각을 가지도록 도와주었다. 학생들에게 이 책들을 읽힌 것은 아니다. 내가 읽고 생각거리를 준비하였다. 생각거리를 교실에서 풀어 나가는 방법은 아이들의 경험을 통해서 접근하는 것이 좋다. 직접경험도 좋고 간접경험도 좋다. 자신들이 본 것들도 좋은 소재가 되었다. 인문학 수업에서 정해진 답은 없다. 오답은 더욱 없다. 모두의 소중한 자기 나름의 생각이 있을 뿐이다.

3장

인문학 수업을 위한 교육과정과 준비

01 인문학 수업 교육과정 만들기

인성 수업에 대한 교육철학을 바탕으로 인문학과 역사적 인물의 삶을 소재로 교육과정을 재구성하였다. 소재의 선정은 가치 덕목을 기반으로 하였으나 그것에 얽매이지 않고 보다 넓은 시각으로 인성 수업에 참여할 수 있도록 내용을 구성했다. 인문학 소재를 바탕으로 학생들이 가치 덕목에 대해서 생각할 수 있도록 수업 주제마다 토의나 토론을 할 수 있는 질문을 만들었다. 수업 시간에 질문을 많이 하면 아이들이 어려워하기 때문에 수업을 관통하는 한 가지 핵심 질문을 중심으로 발문을 구성했다

고학년 교육과정(2009 개정 이전)을 분석하여 가치 덕목과 관련된 감정 및 인문학 학습 요소를 구성하였다. 가치 덕목을 중심

으로 단원을 구성하였다. 단원별로 3개 차시로 운영하였는데, 세 번째 차시에서는 학생들이 일상에서 적어 온 감정 기록장의 내용 중에서 한 가지를 선정해서 토의·토론 하도록 했다. 감정 기록장과 인문학 토의·토론 학습장은 인성 수업을 통한 배움을 체계적으로 정리하고 배움이 삶과 연결되도록 하기 위해서 구안한 기록장이다. 이에 대한 구체적인 설명은 다음 챕터에서 자세히 하고자 한다. 이렇게 준비한 교육과정은 도덕 수업 시간과 창의적 체험활동 시간 및 담임 재량 시간을 활용하여 지도하였다.

〈표2〉 감정 교육과 문학, 그림, 영화와 함께하는
인성 수업의 단원 전개 방향

구분	감정 및 인문학 소재	배움과 실천 기록
1차시	그리스 로마 신화와 함께하는 감정 교육	감정 기록장 작성
2차시	문학, 그림, 영화와 함께하는 인성 수업	인문학 토의·토론 학습장 작성
3차시	도덕적 실천 경험 바탕 토의·투론	감정 기록장 사례 중 1개 선정하여 모둠 단위 토의·토론

〈표3〉 감정 교육과 문학, 그림, 영화와 함께하는
인성 수업 교육과정

가치 덕목	차시	감정 교육 및 문학, 그림, 영화 주제
자주 (책임, 성실)	1차시	헤라클레스 12가지 과업에 도전하다
	2차시	소설 《노인과 바다》에서 노인에게서 배울 수 있는 점
	3차시	도덕적 실천 경험 바탕 토의·토론
책임 (절제, 성실)	1차시	오디세우스 역경을 딛고 고향으로 돌아오다
	2차시	그림 〈메두사호의 뗏목〉과 선장의 판단
	3차시	도덕적 실천 경험 바탕 토의·토론

준법 (절제, 협동)	1차시	판도라, 항아리를 열다
	2차시	소크라테스의 행동은 옳은 것일까?
	3차시	도덕적 실천 경험 바탕 토의 · 토론
배려 (사랑, 협동)	1차시	토지의 여신 데메테르와 페르세포네의 귀환
	2차시	고흐의 숨은 조력자, 탕기 영감 그리고 동생 테오
	3차시	도덕적 실천 경험 바탕 토의 · 토론
평화 · 통일 (애국 · 애족, 정의)	1차시	사과 하나로 시작된 트로이전쟁
	2차시	독일의 통일과 우리의 현실
	3차시	도덕적 실천 경험 바탕 토의 · 토론
용기 (자주, 정직)	1차시	프로메테우스 인간 편에 서다
	2차시	영화 《쉰들러 리스트》와 쉰들러의 판단
	3차시	도덕적 실천 경험 바탕 토의 · 토론
사랑 (정의, 민주적 대화)	1차시	그리스 신화와 우리나라 신화의 차이점
	2차시	성바르톨로메오의 학살과 종교전쟁
	3차시	도덕적 실천 경험 바탕 토의 · 토론
정의 (용기, 성실)	1차시	헤라의 끝없는 질투
	2차시	로마 번성의 주역인 평민 전투병과 그들의 최후
	3차시	도덕적 실천 경험 바탕 토의 · 토론
평화 (배려, 정의)	1차시	프리아모스와의 약속을 지킨 아킬레우스
	2차시	히틀러의 판단과 결과
	3차시	도덕적 실천 경험 바탕 토의 · 토론
감사 (배려, 관용)	1차시	장님이 된 오이디푸스를 지켜 준 안티고네
	2차시	《레미제라블》의 장 발장이 많은 사람들에게 봉사를 실천한 이유
	3차시	도덕적 실천 경험 바탕 토의 · 토론

고학년 교육과정(2009 개정)을 분석하여 철학 고전과 삶이 녹아 있는 글을 인성 수업 시간에 어떻게 녹여낼까 생각하게 되었다. 먼저 가치 덕목과 관련된 철학 고전을 분석하고 삶의 방향을 고민할 수 있는 나침반 질문을 구상하여 교육과정을 구성하였다. 인물에 대한 연구를 하면서 가치 덕목과 관련된 인물을 선정하고

그 인물의 삶이 녹아 있는 글을 분석하였다. 거기서 생각거리를 발견하여 인물의 삶에 대해서 전체적으로 이해할 수 있는 수업을 연구했다.

〈표4〉 철학 고전과 삶이 녹아 있는 글과 함께하는
인성 수업의 단원 전개 방향

차시	인물의 삶 기반 토의 · 토론	인생 사전 만들기
1~2차시	철학 고전과 나침반 질문을 통한 인성 수업	토의 · 토론 학습장 작성
3~4차시	삶이 녹아 있는 글과 실제 인물의 삶을 통한 인성 수업	인생 사전 기록하기

철학 고전을 통해서 추출한 나침반 질문은 다음의 표와 같다. 가치 덕목과 관련된 인물은 두 명을 선정하였다. 도덕 교과서에 제시되어 있는 인물도 참고하였으며, 다양한 인물에 대해서 폭넓게 생각할 수 있도록 인물을 구성하였다. 가능하면 우리나라 인물을 많이 다루려고 노력하였다. 교육 현장에 있다 보면 우리나라 인물에 대해 학생들의 이해가 우선되어야 할 필요성을 많이 느낀다. 수업 시간에 두 명을 다루기에는 시간이 부족하기 때문에 뒤에 있는 인물은 일주일 전에 사전과제로 제시해서 그 인물의 삶을 전체적으로 조사하고 느낀 점을 적어 오는 것으로 하였다. 수업 시간에는 삶이 녹아 있는 글과 함께 앞에 있는 인물을 다루었다.

〈표5〉 철학 고전과 나침반 질문을 통한 인성 수업 교육과정

가치 덕목 (관련덕목)	관련핵심 성취기준		'나침반 질문' 토의 · 토론 주제
생명존중 (존중, 성실)	도641.	관련철학	《니코마코스 윤리학》 꿈 너머 꿈
		나침반 질문	숙고와 경험은 어떤 관계가 있을까? 아름다운 삶이란 무엇일까?
절제 (책임, 예절)	도614.	관련철학	이황, 스피노자
		나침반 질문	감정은 어떻게 하면 잘 다스려질까?
책임 (자율, 성실)	도612.	관련철학	《징비록》, 《논어》
		나침반 질문	책임을 다하는 것은 어떻게 행동하는 것일까?
예절 (절제, 준법)	도621.	관련철학	장 보드리야르의 《시뮬라크르와 시뮬라시옹》
		나침반 질문	가상공간과 현실은 어떻게 다를까?
효도 (존중 · 예절)	도622.	관련철학	공자의 《논어》, 노자의 《도덕경》
		나침반 질문	효도를 실천할 때 중요하게 생각해야 하는 것은 무엇일까?
정의 (존중, 평화)	도631.	관련철학	장자
		나침반 질문	인권과 '차이를 존중하는 삶'은 어떤 관련이 있을까?
준법 (정의, 공익)	도632.	관련철학	칸트, 소크라테스
		나침반 질문	법과 규칙을 잘 지키지 않는 이유는 무엇일까?
공익 (협동, 책임)	도623. 도633. 도634.	관련철학	아리스토텔레스, 벤담, 마이클 샌델
		나침반 질문	공동체는 왜 중요하게 되었을까?

〈표6〉 인물의 삶이 녹아 있는 인성 수업 교육과정

가치 덕목 (관련덕목)	관련핵심 성취기준		삶이 녹아 있는 글과 인물의 삶 주제
생명존중 (존중, 성실)	도641.	인물	이태석 신부, 제인 구달
		생각 거리	이태석 신부는 왜 아무도 가지 않으려는 아프리카로 가게 되었을까?
절제 (책임, 예절)	도614.	인물	퇴계 이황(화기환), 크세르크세스 1세
		생각 거리	이황 선생님은 왜 인내하는 삶을 사셨을까?
책임 (자율, 성실)	도612.	인물	조식(사직상소문), 이순신
		생각 거리	조식과 그의 제자들의 삶을 통해서 우리가 배울 수 있는 점은 무엇일까?
예절 (절제, 준법)	도621.	인물	엘론 머스크, 악성 댓글 피해 사례
		생각 거리	엘론 머스크가 추구하는 삶은 무엇일까?
효도 (존중 · 예절)	도622.	인물	찰리 채플린, 김만중
		생각 거리	찰리 채플린은 왜 어릴 때부터 노래와 춤을 연습하게 되었을까?
정의 (존중, 평화)	도631.	인물	히틀러, 방정환
		생각 거리	히틀러의 행동은 어떤 결과를 가져왔을까?
준법 (정의, 공익)	도632.	인물	보비 존스, 김병로
		생각 거리	보비 존스가 중요하게 생각했던 것은 무엇이었을까?
공익 (협동, 책임)	도623. 도633. 도634.	인물	김구 《백범일지》, 안중근 〈어머니의 편지〉
		생각 거리	김구 선생이 바란 우리나라의 모습은 어떤 모습일까?

02 공책 기록 활용하기

공책 기록을 위한 준비

우리 반 수업은 자기 나름의 생각에서 시작해서 자기 나름의 생각으로 마친다. 정답과 오답은 없고 오로지 학생들 각자의 생각이 있을 뿐이다. 그래서 공책 기록은 중요하다. 자신의 생각을 처음 내놓는 곳이자 생각을 발전시키는 장이다. 공책에 생각을 기록하는 것은 첫 번째 발표라고 생각한다. 특히 인성 수업은 학생들의 생각으로 시작되고 마무리되기 때문에 적절한 공책 기록이 필요하다.

기록은 발전의 초석이다. 우리는 살면서 많은 생각과 경험을 하지만 그것을 글로 남겨 놓지 않으면 누구도 기억하지 못한다. 우리가 니체의 글을 읽을 수 있는 이유는 니체가 자신의 생각을 글로 남겨 두었기 때문이다. 고흐의 위대한 예술혼은 그와 동생이 주고받은 편지에 그대로 녹아 있다. 그래서 생동감 있게 그의 삶을 만날 수 있다. 생각과 삶은 그것을 기록했을 때 더욱 큰 의미로서 다가온다. 그 의미를 생각에서 그치는 것이 아니라, 실제 자신의 삶에서 어떻게 실천했고, 그 실천을 통해서 무엇을 배울 수 있었는지에 대한 실제적인 기록이 있으면 너욱 좋겠다는 생각을 하게 되었다. 그래서 인성 수업 시간에 공부한 내용을 실생활에서 실천하고 성찰할 수 있는 공책 기록을 준비했다.

내가 인성 수업을 할 때 학생들을 위해서 만들어 주었던 공책과, 그 공책을 어떻게 기록하도록 했는지 설명하고자 한다. 유형에 따라서 구분하자면 생각을 기록하는 공책(문학, 그림, 영화, 철학 고전), 감정을 기록하는 감정 기록장, 인물의 삶에 대한 배움과 일상에서의 배움을 기록하는 인생 사전으로 나눌 수 있다. 이런 공책들을 일 년에 다 적는 것이 아니고 몇 년에 걸쳐서 기록하는 것이다. 감정 기록장과 문학, 그림, 영화를 통한 생각거리를 함께 기록했고, 인생 사전과 인물의 삶에 대한 배움 공책을 함께 기록했다. 생각을 기록하는 공책들은 생각을 발전시키는 도구였으며, 감정 기록장과 인생 사전은 삶의 기록장이었다.

공책 기록을 바르게 하기 위해서 학기 초 한 달 동안은 공책 기록 방법에 대해 꾸준히 지도해야 한다. 그렇게 한 달을 투자하면 나머지 기간 동안 학생들은 공책을 제대로 활용하고 기록한다. 공책 기록에 앞서 수업에 참여하는 태도에 대한 설명이 선행되면 좋다. 그런 태도가 공책 기록과 수업 전반으로 이어지기 때문이다. 이제 수업에 참여하는 태도에 대한 설명부터 공책 기록을 위한 준비물, 기록 방법, 내용까지 최대한 구체적으로 설명하고자 한다.

먼저 공책 기록에 앞서 학생들을 '오답의 공포'로부터 해방시켜 주어야 한다. 아이들은 오답의 공포에 떨고 있다. 한형식의 설명을 빌리면 다음과 같다.

많은 수의 학생들은 오답의 공포에 떨고 있다. 교사의 발문에 대해서 학생들이 자신의 생각을 이야기했을 때 그것이 교사의 머릿속에 있는 생각과 다르면 교사는 다른 학생을 지명한다. 교사의 머릿속에 있는 정답을 우수 학생이 알아맞힐 때까지 그 지명은 계속된다. 교사의 생각과 다른 생각을 이야기하는 학생을 위로하기 위한 교사 특유의 표정, 말투, 몸짓을 보고 학생들은 알아차린다. 아! 내가 이야기한 것이 오답이구나.[1]

이렇게 되니 학생들은 발표를 하지 않는다. 아예 자기 나름의 생각을 떠올리려고 하지 않는다. 그런 오답의 공포로부터 해방시켜 주는 것이 내가 학기 초에 아이들과 만나면 가장 먼저 하는 일이다. 그리고 모르는 것이 있으면 언제든 묻도록 한다. 공부를 하는 태도에서는 친구와 협동해서 함께 성장하는 것이 기본임을 이야기한다. 이런 교실 수업 철학은 공책 기록의 기본이 된다. 그 내용을 정리하면 다음과 같다. 이 내용은 학생들에게 나누어 주는 공책 앞표지 뒷면에 인쇄해서 붙여 준다.

〈표7〉 공책 기록을 위한 안내

1. 교실은 정답 맞히기 대회장이 아니다.
  – 틀린 답이 하나 발표될 때마다 진리에 한 걸음씩 다가간다.

2. 가장 소중한 것은 정답이 아니라, 자기 나름의 생각이다.
  – 자기 나름의 생각은 최초의 발표가 된다.

---

1. 한형식, 같은 책, p. 282.

공책 기록은 자기 나름의 생각을 기록하는 가장 효과적인 방법이다. 단순히 자신의 생각을 기록하는 것을 넘어서 친구의 생각과 교사의 생각을 함께 기록할 수 있는 공간이다. 그래서 자신의 생각을 발전시키고 생각의 변화 과정을 눈으로 확인할 수 있는 좋은 학습 도구이다. 자기 나름의 생각을 가졌어도 그것을 적지 않으면 말하기 힘들어진다. 적는 과정에서 생각이 정리되기 때문이다. 그래서 공책 기록은 단순히 생각을 옮겨 적는 것을 넘어서 생각을 발전시킬 수 있는 장으로 활용될 수 있다. 그런 공책 기록을 위해 필요한 색깔 볼펜과 지우개의 사용법에 대해서 설명한다. 아래 내용은 저자의 다른 책 《내일 수업 어떻게 하지?》(공저)에서 기록한 내용을 발췌하여 다시 적은 것이다.

빨간색과 파란색으로 생각 주체를 구별하기

학생들에게 연필과 함께 빨간색과 파란색 볼펜을 준비시킨다. 처음에는 조금 복잡해 보이지만 익숙해지면 아주 효과적이다. 공책에 자신의 생각을 적는 것은 생각과 사고의 시작일 뿐, 그것을 발전시키려면 친구와 교사의 도움이 필요하다. 배움은 선생님, 친구, 나의 상호작용을 통해서 이루어지기 때문이다. 그래서 공책에 그런 상호작용이 잘 나타난다면 공책 기록만 보고도 자기 생각의 흐름을 볼 수 있고, 교사 역시 학생의 수업 도달 정도를 평가할 수 있는 지표로 활용할 수 있다.

하지만 연필(검은색)로만 기록하면 어떤 것이 나의 생각이고, 친구의 생각이며, 선생님의 생각인지 구분하기 어렵다. 물론 여기서 생각 주체의 구분은 생각의 결과물을 선으로 그어서 나의 생각과 구분시키는 것이 아니라, 사고의 흐름이 어떻게 흘러가는지를 나타내는 표지판 정도라고 생각해 두면 좋겠다.

파란색은 친구의 생각을 기록할 때 사용한다. 나와 친구의 생각을 색깔을 구별해서 기록하면 다른 사람이 어떻게 생각하는지를 알게 되고, 그것을 바탕으로 자신의 생각을 다듬을 수도 있다. 이때 친구가 한 말의 내용을 그대로 받아쓰지 말고, 한 문장으로 요약해서 정리하는 것을 지도할 필요가 있다. 받아쓰기는 나눔의 과정이 아니기 때문이다. 받아쓰는 데 시간을 많이 소비하지 않고, 친구의 생각과 나의 생각을 비교하는 데 집중하도록 해야 한다.

빨간색으로 기록하는 것은 교사의 생각, 또는 중요한 내용을 구별하기 위해서이다. 교사가 발문 내용에 대해서 학생들의 생각을 듣고, 정리를 해 줄 때 학생들은 자신의 생각과 교사의 생각을 비교해 보고 크게 다른 내용이 없으면, 자신이 기록한 내용을 그대로 두면 된다. 새로운 내용이나, 자신의 생각을 수정해야 할 경우에는 자신의 생각을 지우지 말고 빨간색으로 보충 기록하도록 지도하면 효과적이다. 여기서 교사의 생각은 자기 나름의 생각, 친구의 생각과 동급이라고 생각하면 된다. 교사의 생각이 결코 정답이 아니므로 그냥 참고만 하도록 한다. 어차피 교사가 정답이라고 이야기하는 것들이 정답도 아닐뿐더러, 그런 내용은 학생들이 교실 문을 열고 나가는 순간 반은 거짓인 경우가 많기 때문이다.

지우개 사용하지 않기

학생들은 공책을 기록할 때 자신이 기록한 내용이 친구 또는 교사의 생각과 다른 경우 지우개로 자신의 생각을 지워 버린다. 그리고 그 생각을 그대로 따라 적는 경우가 많다. 그렇게 하면 자신의 생각은 없어지게 된다. 그래서 다음과 같이 지도한다.

생각을 완전하게 문장으로 완성할 때까지는 지우개를 쓰도록 한다. 하지만 일단 자신의 생각을 온전하게 기록하면 지우개를 사용하지 않도록 한다. 오답을 통해서 정답을 찾아가는 것이 배움의 과정인데 학생들은 오답을 가치 없는 것으로 생각해서 쉽게 지워 버린다. 하지만 오답 역시 학생의 소중한 생각이라는 점에서 하나도 버릴 것이 없다. 지우지 말고 그냥 덧붙여서 기록하도록 지도하자. 그렇게 하면 처음 자신의 생각이 어떻게 바뀌었는지 파악할 수 있다.

배움 기록하기

삶이 녹아 있는 글을 바탕으로 역사적 인물의 삶에 대해 전체적으로 이해하고, 그것을 통해서 자신의 바른 삶을 그려 보는 과정을 기록하면서 생각을 발전시킬 수 있도록 했다.

〈표8〉 영화 《쉰들러 리스트》를 통한 배움을 기록한 공책

기록 모습	기록 방법
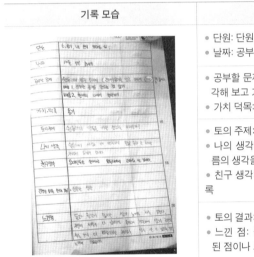	• 단원: 단원명을 기록 • 날짜: 공부하는 날짜 기록
	• 공부할 문제: 공부할 문제를 스스로 생각해 보고 기록 • 가치 덕목: 공부할 가치 덕목을 기록
	• 토의 주제: 토의할 주제를 기록 • 나의 생각: 토의 주제에 대한 자기 나름의 생각을 기록한다. • 친구 생각: 친구의 의견을 요약해서 기록
	• 토의 결과: 모둠의 토의 결과를 기록 • 느낀 점: 공부를 마치고 새롭게 알게 된 점이나 느낀 점을 기록한다.

〈표9〉 그림 〈소크라테스의 죽음〉을 통한 배움을 기록한 공책

기록 모습	기록 방법
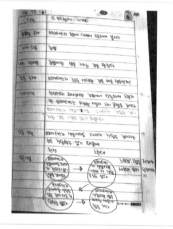	• 나의 의견: 토론 때에는 자신의 입장과 그렇게 생각한 이유에 대해서 기록하도록 하였다. 상대측 입장에서 이야기하는 내용은 간단하게 요약해서 파란색으로 적도록 하였다. • 토론 내용: 토론의 경우에는 찬성과 반대의 입장이 서로 논리적으로 어떻게 대립되는지 흐름을 알도록 하기 위해서 도식화해서 정리하도록 하였다.

〈표10〉《백범일지》와 김구의 삶을 통한 배움을 기록한 공책

기록 모습	기록 방법
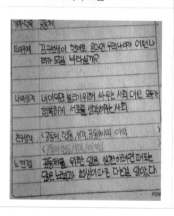	• 단원: 단원명을 기록 • 날짜: 공부하는 날짜 기록 • 공부할 문제: 공부할 문제를 스스로 생각해 보고 기록 • 가치 덕목: 공부할 가치 덕목을 기록 • 토의 주제: 토의할 주제를 기록 • 나의 생각: 토의 주제에 대한 자기 나름의 생각을 기록한다. • 친구 생각: 친구의 의견을 요약해서 기록 • 토의 결과: 모둠의 토의 결과를 기록 • 느낀 점: 공부를 마치고 새롭게 알게 된 점이나 느낀 점을 기록한다.

감정 기록하기

하루를 생활하고 자신이 느꼈던 감정에 대해 적을 수 있는 감정 일기장을 제작하였다. 학생들이 자신의 감정을 솔직하게 기록하고 바른 감정을 갖도록 하였다.

〈표11〉 감정 기록하기

구분		내용
수업 내용	배운 감정은?	도덕 시간에 철학과 그리스 로마 신화를 통해서 공부한 감정을 기록
	나만의 언어로	감정을 자신의 언어로 표현하기 예시) 내가 생각하는 '자긍심'이란?
일상 감정 기록	어떤 일?	하루(또는 자신의 경험)를 생활하고 기억에 남는 일을 간단하게 기록
	어떤 감정?	그런 일을 경험했을 때 어떤 감정이 들었는지 솔직하게 기록
	그렇다면?	긍정적 감정이면? 긍정적 감정을 어떻게 바르게 발전시킬지 기록
		부정적 감정이면? 부정적 감정을 어떤 긍정적 감정으로 바꿀 수 있을지 기록
	앞으로 같은 일을 겪으면?	긍정적 감정은 바르게 발전시키고, 부정적 감정을 오래 가지고 있지 않고 긍정적 감정으로 순화시키는 연습을 통해서 바른 도덕적 판단을 위한 다짐 기록

〈표12〉 감정 기록 공책

수업 내용 기록	일상 감정 기록 내용

그리스 로마 신화 이야기를 통해서 가치 덕목과 관련된 감정 배우기	자신이 겪었던 일에서 감정을 발견하고 부정적인 감정을 긍정적으로 바꾸는 기록

감정 기록장을 적을 때 하루 중에 기억에 남는 일을 구체적으로 적어 보도록 했다. 그 일을 겪으면서 느낀 감정을 전부 적는 것이다. 긍정적인 감정은 파란색, 부정적인 감정은 빨간색으로 적었다. 그리고 부정적인 감정을 어떻게 긍정적으로 바꿀지 연습하도록 했다. 이 부분을 지도할 때 학생들에게 꼭 이야기해 주어야 할 것이 있다. 바로 '부정적인 감정'에 대한 선입견이다. 보통 '부정적 감정'이라고 하면 '안 좋은 감정' 또는 '옳지 못한 감정'이라고 생각할 수 있다. 특히 감정 기록장에서 부정적인 감정을 긍정적인 감정으로 바꾸라고 하니, 학생들은 부정적인 감정이 불필요한 감정이나 옳지 못한 감정이라는 선입견을 가질 수 있다.

그림 1 공책과 감정 기록에 대한 설명

그러나 부정적인 감정은 인간이 살아가는 과정에서 늘 함께하는 감정이자 중요한 역할을 한다. 예를 들어서 뉴스에 나오는 범죄자의 악행을 보면 '분노'라는 감정이 끓어오른다. 대형 참사와 그것에 대처하는 사회의 모습을 보면 '안타까움', '억울함'이라는 감정이 생길 수 있다. 그런 부정적인 감정은 자연스러운 인간의 감정이다. 부정적 감정을 통해서 인간은 대책을 강구하고 발전적으로 성장하게 된다. 그래서 그런 경우에는 부정적인 감정을 억지로 긍정적으로 바꿀 필요가 없이, '그런 일이나 사건을 보고 느낀 점'을 기록하도록 했다. 그런 현상을 보면서 학생들은 그렇게 하지 않아야 한다는 것을 배우면 충분하다.

다만 일상생활에서 불필요한 부정적인 감정은 오래 가지고 있으면 바른 판단과 즐거운 삶에 방해가 될 수 있다. 그래서 긍정적으로 바꾸는 연습을 하도록 했다. 학기 초에는 부정적인 감정이 많았지만 학기 말에는 부정적 감정의 개수가 줄어드는 것을 확인할 수 있었다. 가벼운 짐도 오래 가지고 있으면 무겁고 힘들어진다. 그래서 아이들은 부정적인 감정을 내려놓는 방법을 연습하는 시간이 필요하다.

인생 사전 기록

수업 시간에 하는 '나의 나침반 적기' 활동은 삶의 방향을 정하기 위한 디딤돌이 된다. 그 디딤돌을 수업 시간에 적는 것으로 그치지 않고 실생활에서 실천하는 것이 중요하다. 사소한 것이라도 좋으니 '나의 나침반'을 어떻게 실생활에서 실천했는지 적도록 하였다. 학생들에게 큰 것을 실천하라고 하면 배움과 성찰이 실천으로 나아가는 것을 가로막는다. 그래서 언제나 작은 것부터 실천하도록 지도한다. 어른들 눈에는 작은 것처럼 보이지만 학생들에게는 그것이 진정한 실천이고 삶이다. 인생 사전은 수업 시간에 적는 내용과 평소 일상에서 배운 점을 적는 것으로 구분하였다.

〈표13〉 나의 인생 사전 기록

구 분		기록할 내용
수업시간	나침반 질문 토의·토론	교사가 미리 준비한 나침반 질문에 대한 자기 나름의 생각을 기록하고 친구들과 나누면서 삶의 방향에 대해서 생각하기 나침반 질문 예시) 책임을 다하는 것은 어떻게 행동하는 것일까?
	나의 나침반 적기	토의·토론을 하면서 자신이 앞으로 어떤 삶을 살아가고 싶은지 핵심 단어를 떠올려 보도록 한다. 어려운 말이면 조금 풀어서 적어도 된다. 그렇게 사전의 형식으로 자신의 가치관을 정립하여 기록하도록 한다. 예시) 작은 책임도 꼭 지키는 삶: 아무리 작은 역할이라도 책임 있게 끝까지 다하는 삶
일상	일상에서 배우기	주변에서 배울 점이 있는 사람을 적고 무엇을 배웠는지 구체적으로 기록한다.
	나의 나침반 실천 결과	일상에서 '나의 나침반'을 실천한 경험 기록하기 예시) 공동체를 위한 삶: 우리 반의 질서를 위해서 새치기하지 않았다.

특히 일상에서의 배움을 기록하는 것은 생각의 깊이가 더욱 깊어지게 하였다. 다른 사람들의 행동을 통해서 도덕적 행동에 대해 생각하고 그것을 글로 기록하였다.

〈표14〉 인생 사전 기록 공책

수업 시간 기록	일상에서 배운 점 기록
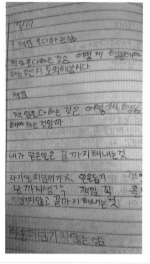	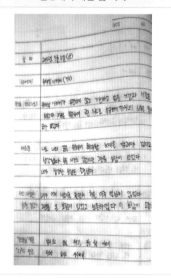
책임을 다하는 삶에 대한 생각과 자신의 나침반(일을 떠넘기지 않는 삶) 기록	유재석의 모습을 보고 배운 점을 기록하였다.

그림 2 변호사의 정직성에 대한 생각을 기록하였다.

4장

역경과 용기

01 《오디세이》: 그럼에도 불구하고, 어떻게 시련을 극복할 것인가?

호메로스의 대서사시 《오디세이》는 트로이전쟁을 승리로 이끈 오디세우스가 고향으로 돌아오기까지 10년의 여정을 이야기한 것이다. 오디세우스가 겪는 온갖 역경과 고통은 지도자로서의 고민, 가장으로서의 고민, 더 나아가 한 인간으로서의 고민이다. 오디세우스가 우리에게 던지는 질문은 명확해 보인다.

"그럼에도 불구하고, 어떻게 시련을 극복할 것인가?"

아무리 힘들고 어려운 상황에서도 부하들의 목숨과 처지를 먼저 생각하는 모습에서 지도자로서의 책임감을 발견할 수 있다. 시련과 역경에 부딪히면서도 고향으로 돌아가겠다는 희망을 버리지 않는 그의 모습에서 가장으로서의 책임감도 볼 수 있다. 그래서 오디세우스의 이야기를 통해서 학생들은 '책임감'이라는 감정과 '용기'라는 덕목에 대해서 생각할 수 있다.

처음에 폴리페모스 이야기부터 시작했다. 폴리페모스는 양을 치며 사는 외눈박이 거인이다. 오디세우스는 부하들과 함께 고향으로 돌아가던 길에 우연히 폴리페모스의 동굴에 갇힌다. 폴리페모스는 매일 오디세우스의 부하들을 잡아먹고, 오디세우스는 그 동굴을 탈출하기 위해서 폴리페모스의 눈을 찌른다.

오디세우스는 부하들이 양의 가죽을 뒤집어쓰고 동굴을 빠져나가도록 한다. 어떻게 보면 폴리페모스의 눈을 찌르고 도망치면서 그를 놀린 것이 오디세우스의 역경의 시작이라고 볼 수 있다. 폴리페모스는 해신 포세이돈의 아들이었기 때문에 포세이돈이 오디세우스를 벌하려고 했다.

거인의 공격으로 대부분의 부하들을 잃고 한 척의 배만 겨우 남은 오디세우스는 아이아이에라는 섬에서 키르케를 만나게 된다. 키르케는 굶주려 있는 오디세우스의 부하들에게 맛있는 음식과 마법 약초로 만든 음료를 먹게 한 뒤 지팡이로 쳐서 돼지로 변신시키는 마녀였다. 오디세우스는 그 소식을 전해 듣고 직접 부하들을 구출해 낸다.

그림 3 요한 티슈바인, 〈폴리페모스〉

그림 4 야콥 요르단스, 〈폴리페모스의 동굴 안에 갇힌 오디세우스〉

그렇게 부하들을 구출해서 오는 도중에 바다의 요정 세이렌을 만난다. 그는 세이렌의 노래에 유혹되지 않도록 부하들의 귀를 밀랍으로 막도록 지시한다. 그리고 세이렌에 대한 궁금증 때문에 바른 판단을 하지 못할 것을 염려하여 자신을 돛대에 묶고 어떤 일이 있어도 풀어 주지 말라고 명령한다. 그 이후에도 여러 가지 시련을 겪지만 결국 오디세우스는 사랑하는 부인과 자식이 있는 왕국으로 무사히 돌아가게 된다.

수업에서 학생들에게 《오디세이》에서 감정을 발견하도록 했다. 먼저 폴리페모스와 대항해야 했을 때 오디세우스의 감정부터 생각해 보도록 했다.

교사 폴리페모스와 싸워야 하는 오디세우스는 어떤 감정이 들었을까요?
학생들 무서웠을 것 같아요. 잘못하면 거인에게 잡아먹힐 수도 있으니까요.

학생들은 오디세우스의 입장이 되어서 거대하고 두려운 존재에 맞서 싸우게 되는 오디세우스의 두려움, 공포라는 감정을 마주하게 된다.

교사 그런데, 오디세우스는 왜 그렇게 용기 있게 행동했을까요?
학생들 자신과 함께했던 부하들을 지키기 위해서요.

그림 5 존 윌리엄 워터하우스, 〈세이렌〉

이렇게 학생들은 자연스럽게 책임감이라는 감정을 떠올리게
된다. 두려움, 공포라는 감정을 떠올렸으면, 그 감정에 대해서
생각할 차례이다. 스피노자의 설명을 쉽게 풀어서 이야기해 주
었다.

두려움(공포)이란, 우리가 어떤 결과에 대하여 어느 정도 불
안해하는 미래 또는 과거 일에 대한 생각을 떠올릴 때 느끼는
감정이다. 그리고 그 일에 대해서 생기는 불규칙한(갑자기 떠
오르는) 슬픔이다.[1]

1. B. 스피노자, 같은 책, p. 193.

학생들에게 이 말의 의미를 생각해 보도록 하고, 비슷한 경험이 있는지 떠올려 보도록 했다. 두려움과 공포를 구분하는 경우도 있지만 수업 시간에는 거기까지는 다루지 않았다. 학생들이 겪었던 일들 중에서 불안, 두려움, 공포를 느꼈던 일들을 몇 개씩 이야기하였다.

02 프로메테우스: 진정한 용기는 바른 판단에서 나온다

용기는 다른 가치 덕목과 연계되는 중요한 가치이다. 책임감을 발휘하기 위해서는 용기가 필요하다. 용기가 없으면 실천으로 옮기지 못하기 때문이다.

용기와 비교되는 오만, 만용 등을 생각해 보자. 진정한 용기가 만용과 구분되는 것은 바로 '자기 자신과 주변 환경을 바르게 아는 것'이다. 자기 자신의 능력을 과신하면 능력 밖의 행동을 저질러서 낭패를 보기 십상이다. 자신의 능력이 있다 하더라도 주변 환경을 바르게 분석하지 않으면 자칫 다른 사람들로부터 오해를 받기 쉽다. 바른 판단이 먼저 이루어져야 진정한 용기도 나온다. 이것은 프로메테우스 이야기로 연결된다.

프로메테우스는 티탄족이다. 티탄족과 올림포스 신들의 전쟁이 일어났을 때 프로메테우스는 마땅히 티탄족의 편에서 싸워야 했지만 그렇게 하지 않았다. 왜냐하면 프로메테우스는 '미리 알다' 또는 '먼저 생각하는 사람'이라는 뜻을 가진 존재였기 때문이다. 그래서 신들의 승리를 예측하고 제우스 편에 서서 싸웠고 승리한다. 그는 동생 에피메테우스(나중에 아는 자)와 함께 인간을 창조하고, 인간을 비롯한 다른 동물들에게 살아가는 데 필요한 모든 능력을 부여하는 임무를 맡고 있었다. 하지만 어리석은 동생 에피메테우스는 힘, 지혜, 속도, 발톱 등과 같은 다양한 능력을 동물에게 전부 나누어 주고 말았다. 나중에 인간에게 줄 것을 찾아보니 남은 것은 아무것도 없었다. 이것을 본 프로메테우스는 큰 결심을 한다. 인간에게 불을 훔쳐다 주기로 한 것이다.

그 결과 인간은 무리를 만들고 농사를 지을 수 있게 되었다. 그리고 다른 동물보다 훨씬 뛰어난 존재가 되어서 빠르게 발전할 수 있었다. 하지만 이것이 비극의 시작이었다. 프로메테우스는 지나치게 인간을 아끼고 사랑했다. 그래서 제우스와의 갈등이 시작된다.

제우스는 인간이 바치는 제물 중에서 자신이 좋은 부분을 먼저 고르려고 한다. 고기 중 좋은 부위를 자신이 먼저 선택하고 먹기 힘든 부분은 인간에게 주기 위함이었다. '먼저 알아차리는 자'인 프로메테우스는 이것을 알고 뼈는 지방으로 감싸고 고기는 위장으로 감싸서 제우스를 속인다. 이 사실은 안 제우스는 화가 나서 인간에게 불을 빼앗아 오지만 프로메테우스는 대장간에서 불을 훔쳐서 다시 인간에게 가져다준다. 격노한 제우스는 프로메테우

그림 6 얀 코시에르, 〈불을 훔치는 프로메테우스〉

그림 7 페테르 파울 루벤스, 〈사슬로 묶인 프로메테우스〉

스를 카우카소스 산 암벽에 쇠사슬로 묶는 형벌에 처한다. 그리고 매일 독수리가 그의 간을 쪼아 먹게 했다.

프로메테우스의 '미리 아는 능력'은 비극의 시작이다. 차라리 몰랐다면 프로메테우스는 충분히 호화로운 생활을 즐길 수 있었겠지만 동생의 실수, 그리고 인간을 위하는 마음이 그의 능력과 결합되어 돌이킬 수 없는 강을 건너고 말았다. 자신의 신념을 행동으로 옮기는 프로메테우스의 모습을 보면 과연 '용기 있다'라는 생각이 들 수도 있다. 하지만 분명히 자신보다 힘이 센 제우스를 속이는 행동은 쉬운 결정이 아니었을 것이다. 그럼에도 불구하고 그런 용기 있는 결정을 할 때는 무엇인가 믿음이 있었을 것이다. 그런 믿음이 용기 있는 행동의 시작이다.

교사 프로메테우스가 제우스를 속이는 행동을 할 때 어떤 생각이 들었을까요?
학생들 겁이 났을 것 같아요. 들키면 자신의 목숨도 어떻게 될지 모르니까요.

모든 결정에는 항상 두려움이 깔려 있기 마련이다. 그 두려움이 용기 있는 행동으로 연결되기 위해서는 그 행동과 판단에 대한 '확신'과 '믿음'이 필요하다.

교사 그런데 왜 프로메테우스는 제우스를 계속 속이면서 인간의 편에 섰을까요?

학생들 인간을 돕는다는 것이 바르다는 믿음이 있었을 것 같아요. 인간에 대한 확실한 믿음과 애정이 있었을 것 같아요.

확신이라는 감정은 두려움을 떨쳐 내고 용기 있는 행동을 하기 위한 중요한 감정이 될 수 있다. 확신이라는 감정을 떠올렸으면, 그 감정에 대해서 생각할 차례이다. 스피노자의 설명을 풀어서 설명해 주었다.

확신(신뢰)이란, 조금이라도 의심이 될 만한 이유들이 깨끗하게 정리된 상태이다. 그래서 미래의 일, 또는 과거의 일에 대해서 느끼게 되는 기쁨이다.[2]

확신은 기쁨이다. 그 기쁨은 의심이 사라진 상태에서 오는 기쁨일 것이다. 확신의 마음이 들기 전에는 여러 가지 고민도 많고 걱정도 많겠지만 확신이 생긴다면 자신감이 따를 것이다. 《백범일지》에 보면 김구 선생도 용기 있는 행동을 하기 전에 몇 번씩 고민한다. 그때마다 스승에게 배웠던 말들을 다시 암송하면서 행동에 대한 확신이 들었고, 확신이 든 이후에는 마음이 정해졌다는 내용이 나온다.

---

2. B. 스피노자, 같은 책, p. 193.

03 〈메두사호의 뗏목〉: 무책임한 선장이 낳은 처절한 참극

이 수업은 '책임'이라는 덕목을 생각하기 위한 것이었다. 오디세우스 이야기를 통해서 두려움이라는 감정에 대해서 공부하고 난 다음 차시 수업이었다. 책임 있는 행동의 중요성을 아무리 학생들에게 이야기하더라도 쉽게 와 닿지 않는 것 같다. 왜냐하면 아이들은 다양한 매체와 간접경험을 통해서 무책임하게 행동하여 자신의 이득을 우선적으로 챙기는 어른들의 모습에 너무나 많이 노출되어 있기 때문이다. 그래서 좀 더 실제적인 자료 제시를 통해서 학생들에게 경각심을 일깨워 주고 싶었다.

〈메두사호의 뗏목〉은 '메두사호'라는 배에서 실제 있었던 사건을 바탕으로 그려진 그림이다. 당시 테오도르 제리코라는 젊은 화가는 오랜 시간 사건을 조사하고 거기서 받은 영감을 바탕으로 그림을 그리게 되었다. '메두사호의 뗏목' 이야기에는 무책임한 선장이 등장한다. 그는 선장으로서의 책임보다는 자신의 생명부터 챙기는 사람이었다. 그 결과는 불 보듯 뻔하다. 많은 사람들의 희생과 처절한 눈물만 남았을 뿐이다.

1816년 7월 2일 세네갈을 식민지로 삼기 위해 떠난 프랑스 해군 군함 메두사호가 난파했다. 선장과 상급 선원, 일부 승객은 여섯 개의 구명보트를 타고 대피했지만, 나머지 149명의 선원과 승객은 뗏목을 만들어 탈 수밖에 없었다. 게다가 이 뗏목을 구명보

그림 8 테오도르 제리코, 〈메두사호의 뗏목〉

트에 매달아 끌고 가기로 했던 선장은 이를 잘라 내고 도망갔다. 13일 동안 물도 식량도 없이 표류한 이들의 뗏목은 죽음과 질병, 폭동과 광기, 기아와 탈수, 식인의 생지옥이 되었다.

　구조될 때까지 살아남은 이는 15명에 불과했는데 이후 이 사건은 국가적인 스캔들이 되었다. 이 사건은 20여 년간 전장에 나가 본 적도 없는 무능한 왕당파가 왕정복고기에 지휘관으로 임명되어 벌어진 인재이기도 했다. 하지만 프랑스 정부는 생존자 중 한 명인 그 배의 외과 의사가 이 비극의 전모를 밝히는 이야기를 출판할 때까지 사건의 많은 부분을 은폐하려 했다. 생존자들이 굶주림을 못 이겨 죽은 사람의 고기를 뜯어먹었다는 등 소문이 무

성했지만, 그들이 겪은 고통과 시련은 많은 사람들의 동정심을 불러일으켰다.[3]

수업 도입부에 제리코의 그림을 보여 주었다. 한형식의 수업의 기술 중에 "뜸들이기를 하지 말고 대뜸 본론으로 들어가서 학생들을 지적으로 유혹하라."는 내용이 있다. 불필요한 동기 유발보다 원래의 내용이 호기심을 유발할 내용이면 초반에 시간을 소비할 필요가 없다는 것이다. 그래서 본론으로 들어갔다.

교사 그림에 있는 사람들이 어떤 모습과 표정을 짓고 있는지
　　　찾아보세요.
학생1 비참한 표정들이 보여요.
학생2 찡그린 표정이 보입니다.
학생3 죽어 있는 사람들이 보입니다.
교사 그림의 오른쪽에 보면 무엇인가를 보고 손을 흔드는 사람
　　　이 있습니다. 찾아보세요. 저 사람은 무엇을 저렇게 애타게
　　　부르고 있을까요?
학생1 배를 부르는 것 같아요.
학생2 구해 달라고 하는 것 같아요.

학생들은 처절한 그림의 장면을 보고 각자의 생각을 자유롭게 이야기한다. 학생들의 말을 가감 없이 칠판에 적어 주었다. 또는 왜 그렇게 생각했는지 물어보아도 좋을 듯하다.

---

3. 황주영, 〈메두사호의 뗏목〉, 《월간미술》, 네이버 지식백과.

교사 사람들이 왜 이런 상황에 처하게 되었는지 지금부터 실제
　　　이야기를 들려주겠습니다.

　실제 사건을 요약하여 학생들에게 들려주었다. 이야기를 들려
주고 학생들의 표정을 살펴보았다. 학생들의 표정은 사뭇 진지하
면서 한편으로는 이해할 수 없다는 표정이었다. 아이들은 그런
선장의 행동을 납득할 수 없었다. 하지만 어른들은 자신들의 이
익을 위해서 그런 행동을 서슴지 않고 한다. 이것을 아이들에게
가르쳐야 한다.[4] 토의 주제를 제시했다.
　"메두사호의 선장은 어떻게 했어야 할까?"
　학생들은 토의 주제를 공책에 함께 적으면서 토의를 시작했다.
토의를 하기 전에 반드시 자기 나름의 생각을 공책에 기록하도록
했다. 자기 생각을 기록하지 않으면 토의 주제에 대한 자신의 생
각을 갖지 않은 채 수업에 참여하기 때문이다. 자기 나름의 생각
을 기록하고 나면 돌아가며 말하기를 통해서 서로 의견을 나누고
토의에 들어갔다.
　발표 내용을 정리하니 "선장의 책임 있는 행동이 필요하다"는
내용이 주를 이루었다. 책임 있는 행동의 필요성을 말로 설명해
서는 도저히 학생들이 이해할 수 없다. 말로 하는 것보다 책임을
다하지 않았을 때 어떤 문제가 발생하는지 실제 이야기를 들려주
는 것이 훨씬 효과적이었다.

---

4. 이오덕, 〈악으로부터 배우게 하라〉, 앞의 책, p. 75 참조.

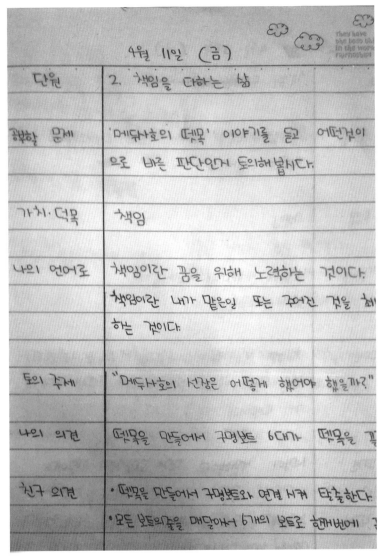

단원	2. 책임을 다하는 삶
공부할 문제	'메두사호의 뗏목' 이야기를 듣고 어떤것이 으로 바른 판단인지 토의해 봅시다.
가치·덕목	책임
나의 언어로	책임이란 꿈을 위해 노력하는 것이다. 책임이란 내가 맡은일 또는 주어진 것을 최...하는 것이다.
토의 주제	"메두사호의 선장은 어떻게 해어야 해을까?"
나의 의견	뗏목을 만들어서 구명보트 6대가 뗏목을 끌...
친구 의견	• 뗏목을 만들어서 구명보트와 연결 시켜 탈출한다. • 모든 보트의 줄을 매달아서 6개의 보트로 한꺼번에...

그림 9 책임에 대한 정의가 인상적이다.

04 《쉰들러 리스트》: 평화를 지키는 용기

이 수업에서 다룬 덕목은 '용기'였다. 프로메테우스의 이야기를 통해서 확신이라는 감정과 용기에 대해서 생각한 다음 이어진 차시 수업이었다. 용기 있는 삶을 살았던 사람은 많다. 문제는 그런 인물의 삶을 학생들에게 설명해 주면 괴리감을 느낀다는 것이다. 그래서 학생들이 지금 당장 실천할 수 있는 용기 있는 행동을 고민해 보도록 수업을 준비하려고 했다.

영화 《쉰들러 리스트》(1993)는 오스카 쉰들러와 관련된 실화를 바탕으로 했기 때문에 호소력이 강하다고 생각했다. 가진 것이 많은 사람은 위기 상황에서 자신이 가진 것을 포기하는 것이 어렵다. 이것은 역사에서도 많이 나타난다. 그러나 쉰들러는 자신이 평생 모은 재산을 포기하고 유대인들의 생명을 구했다. 그래서 그 이야기를 수업 시간에 꼭 활용해 보고 싶었다.

수업을 준비하면서 가장 신경을 썼던 부분은 영화에 나온 배우의 얼굴이 아니라 인물의 실제 얼굴을 찾는 것이었다. 영화에 나오는 배우의 사진을 인쇄하고 그 뒷장에는 실제 인물의 사진을 붙여서 자료를 만들었다. 실제 인물의 사진을 보여 주었을 때 학생들의 느끼는 바가 더 클 것이기 때문이다.

영화에서 주인공인 독일인 사업가 쉰들러는 독일이 전쟁으로 점령한 폴란드에 와서 그릇 공장을 인수한다. 그는 수용소에 있는 유대인을 활용하면 인건비가 줄어서 큰 이익을 얻을 것이라

그림 10 오스카 쉰들러, 1963

는 속셈을 가지고 있었다. 나치와 결탁하여 큰돈을 벌어들인 쉰
들러는 호화로운 나날을 보내다가 '아몬 괴트'라는 군인을 만나면
서 인생의 전환점을 맞게 된다. 아몬 괴트가 지휘하는 독일군이
무참하게 유대인을 학살하는 모습을 본 쉰들러는 자신의 공장에
쓸 인부가 필요하다는 이유를 들어 유대인들을 살려 주려고 한
다. 이를 위해서 작성한 유대인들의 명단이 '쉰들러 리스트'이다.
그의 도움으로 목숨을 건진 유대인들과 그 후손들은 아직도 그의
무덤을 찾는다고 한다.

수업 도입부에 학생들에게 쉰들러의 무덤 사진을 보여 주었다.
그의 무덤에는 추모객들이 얹어 놓은 돌이 많이 있었다.

교사 무덤에 뭔가 특이한 점이 없나요?
학생들 돌이 놓여 있어요.
교사 네, 누가 이렇게 많은 돌을, 왜 올려 두었을까요?

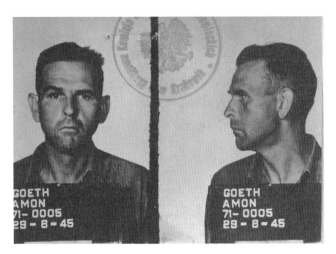

그림 11 아몬 괴트, 1945. 8. 29.

학생1 도움을 받은 사람인 것 같아요.
학생2 누군가를 기억하기 위해서요.

"수업을 마치면 누가 쉰들러의 무덤에 이렇게 많은 돌을 올려 두게 되었는지 알 수 있을 것"이라고 말해 주고, 쉰들러와 다른 인물들의 삶을 이야기해 주었다. 이때 미리 출력해서 준비해 둔 영화 스틸 사진들을 함께 보여 주었다.

유대인들의 생명을 구하려던 쉰들러가 자신의 목숨도 위험에 빠지는 상황을 학생들에게 이야기해 주고, 자신이 쉰들러와 같은 상황에 있다면, 어떻게 하는 것이 좋을지 생각해 보도록 했다. 판단의 부담을 줄여 주기 위해서 유대인들을 도와주는 경우와 도와주지 않는 경우로 구분하고 모둠마다 임의로 두 가지 중 하나를 정해 짝 토의를 하도록 했다. 그리고 토의 결과를 들은 후에 쉰들러와 괴트의 실제 얼굴 사진을 보여 주면서 그들의 삶을 들려주었다. 전쟁이 끝난 후 아몬 괴트는 전범으로 사형을 당했는데, 죽음의 순간에 "히틀러"를 외쳤다고 한다.

오스카 쉰들러와 아몬 괴트에 관한 이야기를 들려주고 '용기 있는 행동을 만드는 것'에 대해서 한 가지씩 자기 나름의 생각을 적어 보도록 하였다. 그리고 함께 이야기를 나누었다. 학생들은 다양한 생각을 이야기했다. 학생들의 생각을 범주화해 보니, '신중한 생각', '다른 사람의 입장에서 생각하기', '바른 판단', '실천' 등과 같은 단어가 칠판에 남았다. 여기에서 수업을 마치면 학생들은 큰 용기를 발휘한 쉰들러와 자신을 비교하기 때문에 바른 실천으로 연결되는 데 제한이 있을 수 있었다. 아이들이 쉰들러처럼 돈이나 권력을 가진 것은 아니기 때문이다. 그의 용기 있는 행동이 너무나 멀게만 느껴질 수 있다. 작은 용기도 괜찮다는 것을 알려 줄 필요가 있었다. 자신이 할 수 있는 작은 것부터 실천하는 것이 진정한 용기임을 알려 주는 것이 중요했다. 그래서 수업 전에 감정 기록장에 자신이 살아오면서 용기 있게 행동한 경험을 적어 오라고 하였다.

그중에 세 가지를 미리 골라서 모둠별로 각 사례를 하나씩 나누어 주고, 읽어 보도록 하였다. 다음 내용은 학생들이 적어 온 내용이다

그림 12 칠판 사용 모습. 사용한 자료는 생각의 흐름을 읽을 수 있도록 그대로 두었다.

〈사례1〉

태권도장에서 게임을 하다가 아웃이 되어서, 밖에서 친구들과 놀고 있었다. 그런데 갑자기 친구 두 명이 싸우기 시작했다. 내가 관장님께 말씀을 드리려고 마음을 먹었는데, 그렇게 하면 내가 일렀다고, 그 친구들이 나와 놀아 주지 않을 것 같아서 조금 망설여졌다.

하지만 친구들이 싸우다가 다칠 수도 있고, 싸우는 것은 옳지 않기 때문에 관장님께 말씀을 드려서 친구들은 싸움을 멈추었다.

〈사례2〉

저번에 피시방을 가다가 폐지를 줍는 할머니를 보게 되었다. 할머니는 싣고 가시던 폐지를 흘리셔서 힘들어하고 계셨다. 할머니를 도와 드릴까? 도와 드리지 않을까? 고민이 되었다. 할머니를 도와 드리면 약속 시간에 늦을 것 같다는 생각이 들었기 때문이다.

그래도 할머니를 도와 드리는 것이 옳다고 생각해서 할머니를 도와 드렸고, 할머니는 내게 고맙다고 말씀하셨다.

할머니를 도와 드린다고 약속에 조금 늦었지만 도와 드린 생각에 기분은 좋았다.

〈사례3〉

할머니 집에 갔을 때 일이다. 벌집이 있어서 벌이 많이 다니는 모습을 보고, 벌집을 떼어야겠다는 생각이 들었다. 같이 있던 다른 아이들은 떼지 못한다고 해서 내가 벌집을 떼었다. 벌이 5마리 정도 들어 있었다. 벌집을 떼니 벌이 없어서 기분이 좋았다.

모둠별로 사례를 읽고 진정한 용기인지 아닌지 생각하고 가치 수직선 토의를 해 보도록 하였다. '가치 수직선 토의'란 눈금이 그려진 수직선 위에 표시를 하여 자신의 가치판단을 나타내는 방법이다. 수직선 좌우측의 끝은 가치판단(옳다, 그르다)의 극점을 나타내고, 중간에 있는 눈금들은 가치의 변화 정도를 나타낸다. 그래서 자신이 생각하는 도덕적 판단을 조금 더 구체적으로 표현할 수 있다.

수업 시간에는 두 가지 종류의 스티커를 나누어 주었다. 처음 스티커는 자기 나름의 생각을 떠올렸을 때 붙이도록 하였다. 나머지 스티커는 친구들과 이야기를 나눈 다음에 생각의 변화가 있으면 그때 붙이도록 하였다. 가치 수직선 토의를 선택한 이유는 가치판단의 다양성을 존중해 주기 위해서였다. 그렇게 해서 학생

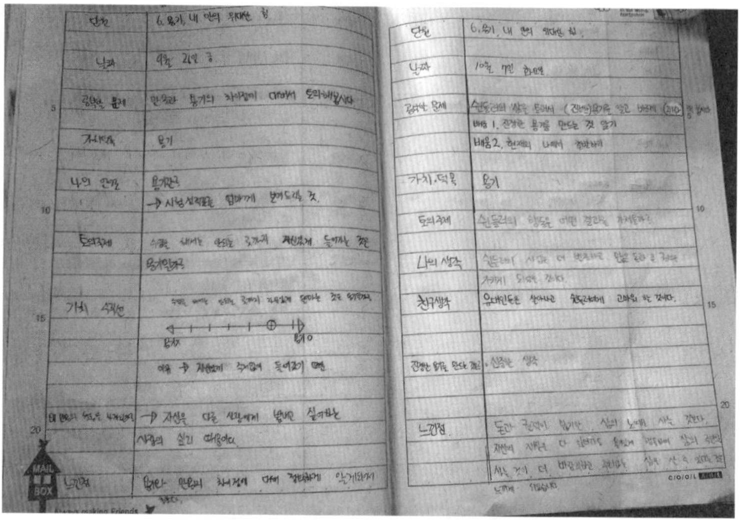

그림 13 가치 수직선으로 자신의 가치판단을 나타낸 공책 기록

들은 가치판단을 하였고, 모둠 토의 결과를 발표하였다.

수업의 마무리에서는 도입부에서 보았던 쉰들러의 무덤 사진을 다시 보고 누가, 왜 돌을 많이 올려 두었는지 이야기하도록 하였다. 대부분 쉰들러가 구해 준 유대인들이라고 답했다. 학생들에게 선택하도록 했다. 쉰들러처럼 '삶의 주인'으로 살아갈 것인지, 아니면 괴트처럼 '삶의 노예'로 살아갈 것인지 고민해 보도록 했다. 삶의 주인으로 살아가기 위해서는 용기가 꼭 필요하다고 알려 주었다.

05 '공포'라는 감정과 '용기'

오디세우스가 부딪힌 '두려움'

'두려움'이라는 감정은 책임 있는 행동을 가로막는 대표적인 감정이다. 책임뿐만 아니라 대부분의 도덕적인 행동을 가로막는 감정이라고 볼 수 있다. 그런 부정적인 감정을 극복해야만 우리는 책임 있는 행동을 할 수 있다. 그 책임 있는 행동은 개인 차원에서 그치면 안 되고 공동체를 위한 책임으로까지 번져야 한다.

책임 있는 행동은 개인을 위해서도 중요하지만 개인의 책임을 다하는 것만으로는 공동체의 발전을 기대할 수 없다. 개인의 책임은 공동체를 위한 책임으로, 공동체를 위한 책임은 개인의 책임으로 순환되지만 시야를 더욱 넓힐 필요가 있다. 왜냐하면 우리 사회에 무관심이 팽배해 있기 때문이다. 도움이 필요한 사람이 곁에 있어도 관심을 주지 않고 방치하는 경우가 많다. 공동체에 관심을 가지고 자신의 책임을 다하는 것, 그것이 공동체를 위한 책임의 첫걸음일 것이다. 책임 있는 행동의 중요성에 대해서 학생들이 절감할 필요가 있다. 자신의 책임, 나아가서는 공동체를 위한 책임을 다하지 않았을 때 얼마나 큰 비극이 발생할 수 있는지 실제 사례를 들려주면 효과적이다.

프로메테우스의 '확신'

'확신'이라는 감정에 대해서 조금 부정적으로 생각하는 경향이 있다. 상황은 언제나 바뀌기 때문에 확신하지 말고 신중하게 결정하라는 충고도 많이 듣는다. 물론 맞는 말이다. 하지만 바른 판단에 따른 확신이라면 머뭇거려서는 안 된다. 용기는 그런 확신에서 출발되기 때문이다.

영화 《명량》을 보면 이순신은 적은 수의 배와 두려움에 떨고 있는 조선 수군을 가지고 어떻게 일본군을 상대할 것인지 방법을 묻는 아들에게 다음과 같이 답한다.

"만일 그 두려움을 용기로 바꿀 수 있다면 말이다."

영화에서 이순신 장군은 "두려움은 아군과 적군의 구분 없이 찾아온다."고 하였다. 그래서 적의 두려움을 잘 이용하고 그것을 바탕으로 아군의 두려움이 용기로 바뀔 수 있다는 말이었다.

아들이 바다의 조류를 예측하였는지에 대해서 묻자, 이순신은 '천행'이었다고 대답한다. 그리고 백성들이 힘을 합쳐서 자신의 배를 바다 회오리에서 빠져나오도록 해 준 것도 천행이라고 이야기한다. 그러자 아들이 한 번 더 묻는다.

"그렇다면 백성을 가리켜 천행이라고 하신 겁니까?"

이순신 장군은 발걸음을 멈추고 다음과 같이 대답한다.

"네 생각에는 무엇이 더 천행인 것 같으냐?"

영화를 다 본 이후에도 그의 마지막 말은 여전히 가슴에 남는다. 믿음과 바른 판단은 용기 있는 행동으로 연결되며, 그런 판단이 행동으로 연결되도록 돕는 것도 믿음이라는 생각이 든다. 그 용기는 삶을 바꾸는 계기가 된다. 《미움받을 용기》로 새롭게 주목받는 알프레트 아들러(Alfred Adler)의 철학도 비슷한 시사점을 준다. 자신을 바꾸기 위해서는 자기가 가지고 있는 것에 굴복하지 않고, 자신이 가지고 있는 것을 이용해서 어떻게 할 것인지 고민하는 것이 중요하다. 그렇게 하기 위해서는 용기가 꼭 필요하다고 이야기한다. 이렇게 수업을 진행하고 나면, 다음 차시에는 이런 용기 있는 삶을 실제로 살았던 인물의 이야기를 교실로 가져와서 그가 왜 그런 판단과 행동을 하게 되었는지 살펴보면 효과적일 것이다.

메두사호 선장의 행동과 '책임감'

〈메두사호의 뗏목〉에 대해 수업을 진행하던 2014년 4월, 세월호 참사가 발생했다. 교사로서 어른으로서 부끄러움을 감추기 힘들었다. 다음 날 학교에 오니 학생들이 메두사호의 뗏목 사건과 너무나 비슷한 일이 일어났다면서 그것에 대해서 토의해 보자고 이야기했다. 아이들이 먼저 그런 말을 하니 흐뭇하면서도 한편으로는 씁쓸했다. 역사는 반복된다고 하지 않던가. 역사는 우리에게는 경고하고 그렇게 하면 안 된다고 알려 주지만 우리는 같은 실수와 잘못을 저지른다.

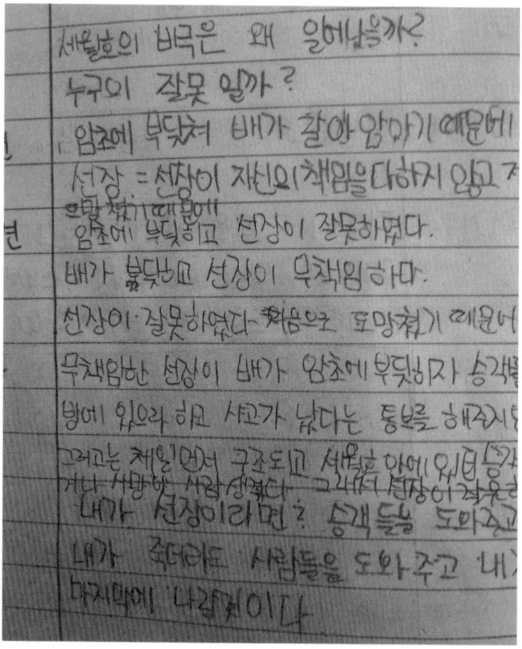
세월호의 비극은 왜 일어났을까?
누구의 잘못일까?
암초에 부딪쳐 배가 갈아앉았기 때문에
선장 = 선장이 자신의 책임을 다하지 않고
암초에 부딪히고 선장이 잘못하였다.
배가 부딪히고 선장이 무책임하다.
선장이 잘못하였다 처음으로 도망쳤기 때문에
무책임한 선장이 배가 암초에 부딪히자 승객들
방에 있으라 하고 사고가 났다는 통보를 해주지 않
그러고는 제일 먼저 구조되고 세월호 안에 있던 승객
거나 사망한 사람 생겼다 그래서 선장이 잘못은
내가 선장이라면? 승객들을 도와주고
내가 죽더라도 사람들을 도와주고 내가
마지막에 나갈 것이다.

그림 14 아이들의 자발적 요구에 의해 진행된 수업과 생각 기록.
세월호 침몰 원인에 대해서는 정부의 공식적인 발표를 근거하여 다시 설명하였다.

그다음 시간에는 학생들이 실제 생활에서 책임 있는 행동을 실천하고 그 결과를 감정 기록장에 적어 오도록 했다. 그리고 그 내용을 모둠원들과 나누도록 하였다. 그리고 학생들에게 또 강조했다. 사소한 것은 결코 사소한 것이 아니라고.

자기 삶의 주인이 되는 '용기'

2차 세계대전은 인류의 비극이었다. 그 후유증은 아직도 계속

되고 있다. 오스카 쉰들러와 같은 사람이 훌륭한 이유는 자신이 가지고 있었던 것을 과감히 포기할 수 있는 용기가 있었기 때문이다. 자신이 모았던 재산보다 사람들의 생명을 더 소중히 여긴 그의 마음은 아직도 많은 사람들에게 감동을 준다.

아몬 괴트를 만나기 전과 만난 이후의 쉰들러는 전혀 다른 사람이 된다. 이전의 쉰들러는 독일군 간부를 매수하여 재산을 불리기에 급급했다. 하지만 아몬 괴트가 유대인을 학살하는 모습을 지켜본 그는 다른 사람으로 바뀐다. 돈보다는 생명이라는 가치를 소중히 여기는 사람으로 말이다. 그런 전환점을 마련한 것이 바로 '용기'라는 덕목이라고 생각한다. 알프레드 아들러가 행복한 삶을 위해서 꼭 필요한 것이 '스스로 바뀌려는 용기'라고 이야기했던 것과 맥락을 같이한다.

만약 많은 재산을 모으고 호화로운 생활에만 빠져있었다면 쉰들러의 최후 역시 행복하지는 않았을 것이다. 그래서 용기는 삶의 주인으로 살기 위해서 꼭 필요한 가치 덕목이라고 생각한다. 각자 방식은 다를 수 있으나 바른 삶을 살기 위해서, 삶의 주인으로 살기 위해서 용기는 중요하다. 그래서 그다음 시간에는 학생들이 생활 속에서 작은 용기를 실천해보고 그 결과를 나누도록 하였다.

5장

전쟁과 평화

01 트로이전쟁: 아킬레우스의 분노와 동정

이 수업에서 다룬 중심 가치 덕목은 '평화'다. '평화'라는 단어와 함께 '전쟁'이라는 단어도 떠올렸다. '전쟁'과 '평화'라는 단어는 늘 함께 붙어 다닌다. 전쟁을 평화에 이르기 위한 과정이라고 합리화하는 경우도 있는데, 전쟁의 과정과 결과를 지켜보면 그것은 소수 사람들의 논리인 것 같다. 전쟁에서는 살인과 배신 등이 난무한다.

트로이전쟁에서 아킬레우스와 프리아모스의 이야기는 전쟁과 평화에 대해서 많은 생각거리를 담고 있다. 신화에서 아킬레우스는 아주 냉혹한 영웅으로 묘사되지만 자신이 죽인 헥토르의 아버지를 만난 이후 모습을 보면 인간적인 면모를 발견할 수 있다. 그런 아킬레우스의 마음은 어디에서 나온 것일까? 무엇이 그의 마음을 움직였을까? 다른 이의 슬픔에 대한 연민이 아니면 설명하기 어렵다. 증오와 용서 사이에서 일어나는 미묘한 감정인 '동정'에 대해서 생각해 볼 필요가 있었다.

아킬레우스의 분노를 이해하기 위해서는 파트로클로스라는 인물부터 알아보아야 한다. 아킬레우스는 그리스연합군 총사령관인 아가멤논과 크게 다투고 나서 트로이와의 전쟁에 참여하지 않겠다고 선언한다. 용장인 아킬레우스가 빠지자 전세는 금방 트로이 쪽으로 기운다. 이것을 알고 아킬레우스를 적극 설득한 사람이 바로 파트로클로스다. 파트로클로스는 아킬레우스와 어린 시절부터 함께 자라면서 친하게 지냈던 친척이다. 이 시대에는 동성 간의 사랑을 이성 간의 사랑보다 더 수준 높게 생각했기 때문에 그들의 우정 역시 남달랐다. 파트로클로스의 설득에도 단단히 화가 난 아킬레우스는 꿈쩍도 하지 않았다. 보다 못한 파트로클로스는 아킬레우스의 갑옷을 빌려 입고 아킬레우스 행세를 하고 전쟁에 뛰어들었다. 적진의 깊숙한 곳까지 가 버린 그는 트로이 왕자 헥토르에게 죽임을 당한다. 뒤늦게 그 사실을 안 아킬레우스는 분노를 금치 못하며 그의 복수를 다짐했다. 분노한 아킬레우스는 헥토르와 일전을 벌여 그를 죽인다.

그림 15 개빈 해밀턴, 〈파트로클로스의 죽음을 슬퍼하는 아킬레우스〉

그림 16 프란츠 마츠, 〈트로이 성문 앞에서 헥토르의 시신을 끌고 가는 아킬레우스〉

아킬레우스의 분노는 헥토르를 죽이는 것에서 그치지 않는다. 헥토르의 혁대를 풀어 시신의 두 발을 묶은 다음 전차 뒤에 매달고, 자신도 올라 말에 채찍질을 했다. 헥토르의 아버지 프리아모스는 애써 그 장면을 외면했다. 헥토르의 죽음과 아킬레우스의 행동을 들은 성 안의 백성들은 비명을 지르며 울부짖었다. 아킬레우스와 헥토르는 악연으로 만나서 처참하게 끝을 맺었다.

아킬레우스는 헥토르에 대한 원한이 쉽게 수그러들지 않아 그의 시신을 계속 욕보이고 방치했다. 보다 못한 신들은 회의를 소집하였고, 제우스가 나서게 된다. 헤르메스를 프리아모스에게 보내서 아킬레우스를 찾아가 아들의 시신을 돌려 달라고 간청해 보라고 충고했다. 프리아모스는 많은 보물을 마차에 싣고 아킬레우스의 막사에 도착했다.

프리아모스의 모습을 보고 아킬레우스는 무척 놀랐다. 프리아모스가 사정을 이야기하면서 무릎을 꿇고 아킬레우스의 무릎을 부여잡았다. 그리고 아들을 죽인 그의 손에 입을 맞추며 애원했다.

> 고귀한 아킬레우스여, 나와 동년배인 당신의 아버지를 생각해 나를 불쌍하게 생각해 주시오. 그분은 아무리 힘들어도 희망이 있소. 트로이에서 돌아올 아들, 당신이 있으니까 말이오. 그러나 나는 정말 불행한 사람이오. 내겐 많은 아들들이 있었지만 모두 잃고 마지막 남은 헥토르마저 최근에 당신 손에 죽고 말았소. 그러니 아킬레우스여, 당신 아버지를 생각하여 나를 제발 동정해 주시오. 아들을 죽인 사람 앞에 무릎을 꿇고 그의 손에 입을 맞추는 아버지의 심정을 좀 헤아려 주시오.[1]

프리아모스의 간절하고 눈물어린 부탁에 아킬레우스의 마음이 움직였다. 그는 헥토르의 시신을 프리아모스에게 넘겨주었다. 그

---

1. 김원익, 같은 책, p. 151.

그림 17 쥘 바스티앙 르파주, 〈아킬레우스의 발에 매달린 프리아모스〉

리고 12일 동안 휴전을 선포하여 헥토르의 장례를 도왔다.

이야기에서 아킬레우스의 감정 흐름을 살펴보면 헥토르에 대한 분노에서 프리아모스를 향한 동정으로 변화한다. 분노의 감정이 타인에 대한 이해로 변화하기 위해서는 중간에 매개체가 필요하다. 아킬레우스에게 그것은 자식을 잃은 프리아모스였고, 결국 그에 대한 동정으로 감정이 변한 것이다. 수업에서는 학생들에게 먼저 아킬레우스가 느꼈을 감정을 떠올려 보게 했다.

교사 파트로클로스가 죽었을 때 아킬레우스는 어떤 감정이 들었을까요?

학생1 화가 많이 났을 것 같아요.

학생2 소중한 사람을 죽인 사람에게 복수하고 싶은 마음이 들었을 것 같아요.

소중한 사람을 잃은 사람은 누구나 슬픔에 잠기게 마련이다. 그 죽음에 대한 책임을 가진 사람이 뚜렷하다면 슬픔은 그를 향한 분노로 바뀌게 된다. 헥토르는 전쟁에 참여하여 자신의 책임을 다한 것이지만 아킬레우스에게는 소중한 사람을 빼앗아 간 장본인으로 분노의 대상이 되어 버렸다. 학생들은 아킬레우스의 이야기를 듣고 분노라는 감정을 마주하게 된다. 그다음에 프리아모스와 대면한 아킬레우스의 감정 변화를 생각해 보도록 했다.

교사 자신을 찾아온 프리아모스를 보았을 때 아킬레우스는 어떤 생각이 들었을까요?

학생1 깜짝 놀랐을 것 같아요.

학생2 아들에 대한 복수를 하려고 왔다고 생각했을 수도 있을 것 같아요.

여기서 만남과 소통의 효과가 나온다. 프리아모스가 아킬레우스를 직접 찾아가지 않고 다른 사람을 시키거나 편지로 이야기를 전했다면 효과는 그렇게 크지 않았을 것이다. 직접 만나서 서로의 표정과 감정을 표현하는 만남은 사건을 새로운 국면으로 전환시킨다.

> 교사 프리아모스가 애원하는 모습을 보면서 아킬레우스는 어
> 떤 감정이 생겼을까요?
> 학생1 불쌍한 생각이 들었을 것 같아요.
> 학생2 왕이 직접 와서 무릎을 꿇고 그렇게 비는 모습을 보니
> 안타까웠을 것 같아요.

학생들은 불쌍함, 동정이라는 감정을 발견했다. 동정이라는 감정을 떠올렸으면, 그 감정에 대해서 생각할 차례이다. 스피노자의 설명을 빌려 본다.

> 동정이란, (타인의 행복을 기뻐하고) 다른 사람에게 일어난
> 안 좋은 일을 슬퍼하도록 만드는 다른 종류의 사랑이다.[2]

동정에 대한 스피노자의 정의에서는 타인의 행복을 기뻐하게 만드는 감정까지 포함되어 있다. 그 내용까지 이야기하면 학생들이 기존에 알고 있던 내용과 혼동이 될 듯하여 타인의 불행을 슬퍼하는 마음에 대해 집중적으로 설명했다.

동정의 감정도 결국 사랑과 연결된다. 다른 사람에 대한 분노가 용서와 사랑으로 변화되도록 징검다리를 놓아 주는 감정이 동정일 수 있다. 그래서 학생들에게 자신이 생각하는 동정이 무엇

---

2. B. 스피노자, 같은 책, p. 195.

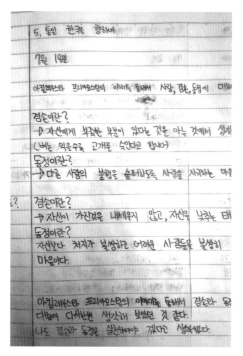

그림 18 사랑, 겸손, 동정에 대한 자신의 생각을 기록한 공책

인지 공책에 기록하고 친구들과 의견을 나누게 했다.

02 《레미제라블》: 관용과 박애

'박애'라는 가치 덕목은 참 어렵다. '세계 평화'와 같은 거창한 말과 함께 쓰이는 경우가 많기 때문에 다루기도 참 부담스럽다. 그래서 박애라는 말을 조금 더 쉽게 접근하는 방법을 고민하다가, 강신주의 《감정 수업》에 나와 있는 《레미제라블》에 대한 글에서 단서를 찾을 수 있었다.

> 매몰찬 사회에서 절망하던 장 발장은 이미 미리엘 신부의 박애에서 희망을 발견한 적이 있었다. 굶주리고 있는 일곱 조카들을 위해 빵 한 조각을 훔친 죄로 19년간 옥살이를 했던 장 발장의 마음은 사회와 사람들에 대한 분노로 얼음처럼 싸늘해져 있었다. 하룻밤 묵을 곳을 제공해 준 미리엘 신부의 은식기를 훔쳐 가지고 나온 것도 이처럼 마음이 냉담해져 있었기에 가능한 일이었다. 그렇지만 장 발장의 차갑게 얼어붙은 마음은 미리엘 신부의 사랑 앞에서 속절없이 녹아 버린다. 남루한 몰골에 은식기를 가지고 있는 것을 수상하게 여긴 경찰이 그를 미리엘 신부 앞에 데려와 대질시켰을 때의 일이다. 미리엘 신부는 경찰들 앞에서 은식기는 자신이 준 선물이라며 은촛대마저 장 발장에게 내주었던 것이다. 악을 선으로 갚은 것이다. 바로 이것이 장 발장의 마음을 다시 살아나게 만든 힘이었다. 결국 사람의 마음을 냉담하게 만드는 것도 사람이지만, 동시에 얼어붙은 마음을 녹이는 것도 사람이었던 셈이다.[3]

미리엘 신부의 이런 배려와 사랑이 장 발장을 새로운 사람으로 만들었다. 고통의 경험이 박애를 만났을 때 분노의 감정은 사랑의 감정으로 변한다. 그렇게 분노와 무관심은 박애가 된다. 자신과 타인을 위한 사랑은 공동체를 아름답게 만들어 간다. 장 발장은 자신이 받은 사랑에 대한 보답으로 평생 봉사하는 삶을 산다.

---

3. 강신주, 《감정 수업》, 민음사, 2013, p. 120.

코제트에 대한 그의 행동과 시장으로서 시민들을 대하는 그의 태도는 그것을 충분히 증명한다.

영화 《레미제라블》의 원작자 빅토르 위고가 전하고 싶었던 말은 무엇일까? "인간은 변할 수 있을까?"라는 물음이 아닐까 짐작해 본다. 그렇다면 그런 인간의 변화는 어떻게 일어나는 것일까? 그 답을 찾기 위해 《레미제라블》 이야기를 바탕으로 '박애'라는 가치에 대해서 생각해 보는 수업을 구상했다.

장 발장의 비극은 가난에서 출발한다. 추위에 떨며 굶주리고 있는 일곱 조카들, 그들을 위해 한 조각 빵을 훔친 그는 체포되어 19년 동안의 감옥 생활을 한다. 감옥에서 나온 그를 대하는 세상의 태도는 냉담했다. 그와 함께하려는 사람도, 도움을 베풀어 주려는 사람도 없었기 때문에 그의 마음은 점점 더 거칠게 변해 간다. 그러던 중 인생의 전환점을 맞이한다. 모두가 외면했던 그를 미리엘 신부만은 따뜻하게 맞아 주었다. 그는 고마움을 느꼈지만 당장 다음 날을 떠올리면 고마움보다는 배고픔이 먼저였다. 그래서 은식기를 훔쳐 달아나지만 미리엘 신부의 배려와 관용으로 그는 새로운 사람으로 태어나게 된다.

그 뒤에 이름을 바꾸어 마들렌이 된 장 발장은 튼튼한 체력과 강한 의지력으로 열심히 일하여 시장이 된다. 누구보다 처절한 가난을 경험한 그에게 가난하고 힘없는 사람들의 고통은 더 이상 남의 것이 아니었다. 가난으로 신음하는 사람들을 아낌없이 도와주었다. 그 바탕에는 미리엘 신부에게 받았던 도움을 다른 사람에게 돌려주려는 마음이 녹아 있었을 것이다. 그런 장 발장의 행복한 시절은 길지 않았다.

자베르 경관은 그로부터 의혹의 눈을 떼려 하지 않았다. 비슷한 시기에 엉뚱한 사람이 장 발장이라는 혐의를 받고 체포되어 재판을 받게 된다. 장 발장은 긴 시간 동안 숙고를 거듭한다. 하지만 양심을 저버리는 행동을 할 수 없었기 때문에 자수하여 다시 감옥에 갇히게 되었다. 그런데 예전에 그의 공장에서 일한 적 있는 불행한 여인 판틴과의 약속을 지키기 위하여 감옥에서 탈옥한다. 그에게 어린 딸 코제트를 부탁했기 때문이다. 그는 탈옥하여 자베르 경관의 눈을 피하며 코제트를 데리고 파리로 도피한다.

파리에서 장 발장은 정체를 숨기고 열심히 일한다. 재산도 많이 모으게 된다. 코제트는 성장하여 아름다운 아가씨가 되었고, 마리우스라는 젊은이와 서로 사랑하는 사이가 된다. 비슷한 시기에 6월 봉기가 일어난다. 자베르가 혁명군에게 붙잡혀 죽음의 위기에 몰렸을 때 장 발장은 그를 풀어 준다. 봉기에 뛰어들어서 열심히 싸우던 마리우스는 큰 상처를 입지만 장 발장은 추격해 오는 경찰을 피하여 그와 함께 집으로 돌아온다. 마지막에 장 발장을 체포할 기회를 얻지만 그의 행동과 인품에 감동받은 자베르는 스스로 강물에 몸을 던지면서 마지막 자존심을 지킨다. 장 발장은 마리우스와 코제트의 행복한 삶을 보면서 눈을 감는다.

소설에 등장하는 인물들은 많은 변화를 보인다. 장 발장은 범죄자에서 인자한 시장의 모습으로 변한다. 그리고 자상한 아버지가 된다. 자베르 경관은 냉혹한 사람으로 비치지만 마지막에는 장 발장의 삶의 태도를 보면서 자신이 믿었던 가치관과 정의에 대해서 고민한다. 이런 변화의 기저에는 다른 사람을 사랑하는 마음이 깔려 있다고 생각된다. 사랑은 진심이 담기지 않으면 전달되지 않는다. 가식과 위선이 넘쳐 나는 사회에서 상대방의 진심은 변화의 불씨이자 소통의 단초가 된다. 장 발장은 어렵게 얻은 시장이라는 지위와 부유한 생활을 과감히 포기한다. 사람의 생명을 살리기 위한 행동이었다. 그리고 어려운 상황에 처한 사람을 구하기 위함이었다. 약속을 지키기 위함이었다. 그런 판단과 행동은 자신이 경험했던 처절한 고통에서 나왔을 것이다. 고통을 극복하게 도와주었던 긍정적 경험에 대한 반영일 것이다.

긍정적 경험이 사랑이 되고 박애가 된다. 생명, 다른 사람의 고통, 약속과 같은 단어들이 별것 아닌 것처럼 치부되는 현대사회에서 장 발장의 행동은 큰 울림을 준다. 그가 그렇게 행동할 수 있었던 이유가 무엇인지에 대해서 생각해 본다면 박애에 대한 접근이 쉬울 것이다.

줄거리의 이해를 위해 학생들에게 빅토르 위고의 소설 《레미제라블》을 미리 읽어 오도록 하였다. 수업 시간에 그 내용을 다루기에는 내용이 너무나 길고 복잡하기 때문이다. 책을 읽어 오면 학생들은 등장인물과 전체적인 줄거리를 알기 때문에 사건의 결과가 아니라 과정과 판단에 집중할 수 있다.

수업에는 2012년 개봉된 뮤지컬 영화 《레미제라블》을 이용했다. 수업 도입부에 이 영화를 보여 주었다. 모두 보여 줄 수 없으니 장 발장이 미리엘 주교의 집에서 은식기를 훔치는 장면을 보여 주었다. 은식기를 훔친 장 발장을 대하는 미리엘 주교의 행동은 그의 인생을 송두리째 바꾼다. 미리엘 주교의 용서를 경험한 장 발장의 독백을 정리해서 보여 주면 더욱 효과적이다.

무슨 짓이야?
세상에, 뭘 한 거야?
밤 되니 천상 도둑
개만도 못한 놈아
끝없는 나락으로
떨어지고 싶나?
다 잃고 혐오스러운 내 모습만
어둠 속에 외치고 있구나!
새 인생, 새 출발, 이따위라니!
달리 갈 길은 있었나?
갈 길 잃은 건 20년 전
예전에 무너져 끝장난 인생
낙인찍힌 그날 난, 이미 시체
덫에 걸려 죽음 같은 삶
빵 한 조각을 훔친 죄로
ㄱ분 내게 했던 말들
내게 사랑을 가르치나?
날 사랑으로 대해 줬지.
그는 나를 믿고

형제라 했네.
날 위해 축복 빌었지.
가능할까?
난 이 세상 증오하고
세상이 증오하는 나

싸움과 복수로
세상과 부딪쳐
살아온 나의 인생
배운 것 그 하나
한마디면 다시 감옥
채찍질로, 살았겠지.
그 대신 받은 나의 자유
날 칼날처럼 찌른 수치심
내 영혼을 말하셨나?
어찌 알까?
내 인생 누가 이끌까?
거기 다른 인생 있나?

다가서면 멀어져
밤은 닫혀 가는데
아직 나를 붙잡는
죄악 가득하여라.

이 세상 떠나리.
장 발장을 떠나자.
장 발장은 죽었다.

새롭게 태어나리라.[4]

　이 독백에는 장 발장의 마음 변화가 잘 녹아 있다. 미리엘 주교의 용서와 사랑으로 장발장은 새롭게 태어난다. 이제 독백을 읽고 장발장이 어떻게 바뀌었는지 적어 보도록 하였다. 학생들은 세상에 대해서 적대적인 감정을 가졌던 장 발장이 자신의 잘못을 뉘우치고 새로운 사람으로 태어나려고 노력하는 변화를 읽었다. 그리고 그런 계기를 만들어 준 사람이 미리엘 주교라는 것을 다시 한 번 생각하게 되었다.

　다음으로 보여 준 장면은 어려운 상황에 처한 코제트를 구하는 장면이다. 경찰의 추격을 피해서 간신히 목숨을 구하는 장 발장은 끝까지 코제트를 지켜 낸다. 그 이후 코제트를 위한 삶을 살아간다. 이 사건 이전에는 자기 대신 처벌을 받을 뻔한 사람을 위해서 모든 것을 버리고 감옥에 갇힌다. 이런 장 발장의 행동은 예전의 삶과는 많은 것이 다르다. 다른 사람들에게 눈을 돌리고 봉사와 사랑을 실천하는 사람이 되었다. 그래서 학생들에게 다음의 주제에 대해서 생각해 보도록 했다.

　"토의 주제: 장 발장은 왜 다른 사람들에게 헌신하게 되었을까?"

　장 발장의 삶의 태도가 바뀐 시점에 대한 고민이 필요했다. 학생들은 미리엘 주교의 도움을 쉽게 떠올렸다. 하지만 그 사랑 때

---

4. 영화 《레미제라블》(Les Miserables, 2012).

문만은 아닐 것이다. 비슷한 고통을 겪어 본 사람들은 다른 사람의 고통이 자신의 고통처럼 다가올 것이다. 그래서 장 발장이 예전에 겪었던 고통들에 대해서도 생각해 보았다. 그런 고통에 대한 경험은 다른 사람에 대한 관심을 이끌어 내고 사람에 대한 관심과 사랑은 사람을 바꾸기에 충분하다.

　마지막으로 보여 준 부분은 죽을 위기에 처한 자베르를 장 발장이 살려 주는 장면이다. 자베르는 자신의 성장 배경 때문에 삐뚤어진 정의관을 가지고 있었다. 세상에는 '사회를 공격하려는 자'와 '사회를 지키려는 자', 이렇게 두 가지 종류의 사람들만 있다고 믿었고, 그는 경찰이 되어서 세상을 지키는 사람이 되고자 했다. 하지만 죄수였던 장 발장이 변하는 모습과 많은 청년들이 자신의 신념을 지키기 위해서 죽어 가는 당시 사회 모습을 보면서 자신의 가치관에 대해서 고민하게 된다. 그 고민은 자신의 목숨을 살려 주는 장 발장과의 사건을 겪으면서 더욱 커진다. 그는 마지막에 장 발장을 풀어 주고 스스로 강물에 몸을 던진다. 이 부분도 마찬가지로 독백을 정리해서 보여 주었다.

저잔 뭐지?
천산가? 악마인가?
날 죽여 운명 바꿀 마지막 기회를
지난 죄를 씻을 수 있었는데
칼 한 번만 휘두름 끝인데
복수 대신 돌려준 나의 인생

도둑놈에게 목숨 빚지다니

죄인놈을 놓아주었다니
난 법이다. 법을 조롱하나?
동정심 따위, 침이나 뱉자.
그놈과 난 함께 못 살아.
둘 중 하나, 장 발장 아님 자베르!

그가 날 어찌했기에
그놈 말에 무너지나.
구제불능 범죄자 놈이
날 구하다니! 자율 주다니!
내 인생 끝장내는 건
그의 정의
그날 죽지 못한 죄로
난 살아서, 지옥이다.

찢겨진 머릿속
믿어도 되는가?
그의 죄, 용서받나?
그 죗값 끝났나?
내 안에 시작된 의심
결코 의심 없던 확신

돌 밑은 이 심장 흔들더
나 살던 세상 다 의심한다.
놈은 천사 아님 악마?

놈도 모를걸.

그가 나를 살렸지만

결국 나를 죽이는 일
다가서니 벼랑 끝, 별도 빛을 숨기고

허공이 떠미는가?
별이 잡히지 않아!
도망 못 갈 이곳은 너의 세상, 장 발장!
더는 갈 곳 없구나.
이렇게 살 순 없다.[5]

　그동안 믿어 왔던 신념들이 송두리째 흔들리는 경험을 한 자베르의 마음의 변화를 읽을 수 있다. 신념에 대한 의심이 시작된다. 영화의 장면을 글로 정리해서 보여 주니 아이들은 그런 감정의 변화를 조금 더 확실하게 알 수 있었다. 학생들에게 자베르가 왜 이렇게 고민을 하게 되었는지 이유를 생각해 보도록 하였다. 이전까지 장 발장에 대해서 범죄자일 뿐이라는 확고한 신념을 가졌던 자베르가 흔들리게 된 이유에 대해서 생각했다. 자베르는 마지막에 장 발장을 체포할 기회를 잡지만 그를 풀어 준다. 그리고 자신의 신념이 영원한 것이 아님을 깨닫는다. 그런 자베르의 변화 역시 장 발장의 변화와 크게 다르지 않을 것이다.

---

5. 영화 《레미제라블》(Les Miserables, 2012).

03 〈소크라테스의 죽음〉: 민주주의와 준법

이 수업의 중심 가치 덕목은 '준법'이었다. '준법정신'을 다루기 위해 '소크라테스'를 선정했다. 보통 "악법도 법이다."라는 말로 독배를 마신 소크라테스의 행동을 준법정신의 표본으로 해석하고 그치는 경우가 많다. 사실 너무 뻔한 이야기일 수 있으나 나는 조금 더 구체적으로 접근하려고 했다. 소크라테스가 살았던 당시 상황에 대한 이해 없이 단순히 그가 젊은이들을 선동한 죄로 사형에 처하게 되었다는 식의 접근은 학생들에게 생각할 거리를 던져 주지 못할 것 같았다. 소크라테스가 왜 그런 선택과 행동을 하게 되었는지, 그의 주변에는 어떤 인물들이 있었는지, 그리고 그가 독배를 마시면서 어떻게 죽어 갔는지 자세히 조사하고 연구하였다.

프랑스 화가 자크 루이 다비드 작품 〈소크라테스의 죽음〉은 소크라테스의 최후를 이야기할 때 가장 자주 이용되는 그림일 것이다. 그림 가운데 앉아서 손가락으로 하늘을 가리키고 있는 사람이 소크라테스이다. 주변에서 슬픔에 잠겨 있는 사람들은 그를 따르던 제자들이다. 소크라테스는 평온하면서도 단호한 얼굴로 스스로를 제어하고 있다. 그러나 주변의 사람들은 절망적이고 슬픔에 빠져서 고통스러워한다. 침대의 위쪽 가장자리에 앉아서 슬퍼하고 있는 사람이 그의 제자인 플라톤이다.

소크라테스는 한 권의 저서도 남기지 않았지만 제자인 플라톤

그림 19 자크 루이 다비드, 〈소크라테스의 죽음〉

에 의해서 소크라테스의 철학은 지금까지 우리에게 전해지고 있다. 스승의 죽음을 그대로 지켜본 플라톤은 민주주의에 대한 한계를 알게 되고 그런 문제의식은 '철인정치'로 열매를 맺는다. 현명한 사람만이 정치를 해야 한다는 그의 사상은 스승을 죽음으로 몰고 간 사회에 대한 비판의 목소리다. 크리톤은 소크라테스의 무릎을 쥐고 있다. 그는 소크라테스를 구제하여 타지로 보낼 생각으로 그를 설득시키러 왔으나, 오히려 소크라테스는 죽음을 받아들이려 한다. 그는 왼손을 들어 천국을 가리키고 있다. 이것은 소크라테스의 참된 진실을 상징하는 것으로 신에 대한 경외와 죽음을 받아들이는 태도를 단적으로 표현해 준다.

소크라테스의 죽음에 대한 자료를 조사하다가 재미있는 자료를 발견했다. 바로 소크라테스가 독배를 마시고 최후를 맞이하는 순간에 대한 기록이었다. 존 캐리의 《역사의 원전》에 기록된 내용은 다음과 같다.

> 그때까지 얼굴을 덮고 있던 이불을 치우며 그분께서 말씀하셨다네. 이 세상에서 남기신 마지막 말씀이셨지. "크리토여, 우리가 이스쿨라피우스에게 수탉 한 마리 값을 치르지 않은 것이 있다네. 잊지 않고 갚아 주기 바라네." 크리토가 대답했지. "닭 값은 꼭 치르겠습니다. 또 다른 하실 말씀은 없으신지요?" 이 물음에는 대답이 없으셨고, 한참 있다가 그분의 몸이 한 차례 꿈틀 움직였다네. 집행인이 이불을 벗기니 선생님의 눈길이 굳어져 있었지. 이것을 본 크리토가 그분의 입과 눈을 닫아 드렸다네.[6]

이 장면에서 소크라테스가 마지막까지 죽음을 의연하게 받아들이는 모습이 나온다. 그리고 위대한 철학자이지만 마지막에 자신이 빚진 닭 한 마리 값을 부탁하고 떠나는 그의 모습은 많은 것을 생각하게 만든다. 실제 수업 시간에는 이 내용을 읽어만 주고 구체적으로 다루지는 않았다.

수업 도입부에 그림 〈소크라테스의 죽음〉을 보여 주었다.

교사 그림에서 사람들의 표정을 살펴보세요. 사람들의 표정이 어떻습니까?

---

6. 존 캐리 편저, 《역사의 원전》, 김기협 편역, 바다출판사, 2006, p. 37. 여기서 '크리토'는 소크라테스의 친구 '크리톤'을 말하는 것이다.

학생들 우울해요, 슬퍼 보여요.

교사 그림을 다시 한 번 자세히 보세요. 다른 표정을 가진 사람을 찾아보세요.

학생들 가운데 사람이요. 아주 당당한 얼굴을 하고 있습니다.

교사 그 사람이 소크라테스입니다.

소크라테스와 주변에 있는 사람들(친구들, 제자들)에 대해서 간단하게 설명해 주었다.

교사 여러분들이 보고 있는 이 그림은 그가 죽음을 맞이하고 있는 순간입니다. 지금부터 그의 이야기를 들려주겠습니다.

학생들에게 소크라테스의 삶에 대해 설명하기 위해 '삶'과 '죽음'이라는 두 가지 주제를 가지고 이야기를 구성해 보았다. 삶과 죽음을 이해하기 위해 짚고 넘어가야 할 내용을 정리한 프레젠테이션 자료로 이야기를 해 주었다. 먼저 소크라테스가 사회로부터 오해를 받게 된 상황을 설명해 주었다.

당시 아테네에서는 아테네 민주주의를 지켜야 한다는 민주주의자들과 스파르타를 모방하자는 귀족주의자들이 팽팽하게 대립하였는데, 전쟁을 기점으로 민주주의 세력이 힘을 얻게 되었다. 소크라테스는 사람들에게 스스로 생각하도록 하고, 현명한 사람만이 정치를 해야 한다는 이야기를 많이 하고 다녔기 때문에, 민주주의를 비난하는 것처럼 보였을 것이다. 결국 소크라테스는 사형을 선고받는다. 하지만 당시 상황에서는 돈만 주면 충분히 탈

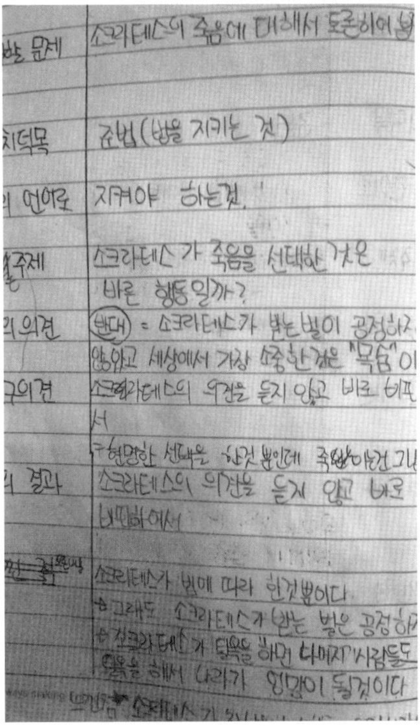

그림 20 반대 측 의견과 토론 과정 기록

옥이 가능했다고 한다.

　아이들에게 여기까지 설명하고, 찬반 대립 토론을 시작하였다. 토론 수업은 참 쉽지 않다. 토론 주제에 대한 명확한 이해와 사전 준비 없이는 실패하는 경우가 많기 때문이다. 나 역시 충분한 여건을 마련해 주지 못해서 학생들이 조금 어려워했던 수업으로 기억된다.

교사 찬성 측 입장부터 말해 볼까요?

학생1 법이 바른 판단을 하지 못했으나, 법을 지켜야 사회질서
가 유지된다고 생각합니다.

학생2 소크라테스같이 유명한 사람이 법을 지키지 않으면, 누
구도 법을 지키려고 하지 않을 것입니다.

교사 이제 반대 측 입장 말해 보세요.

학생3 잘못된 판단으로 사형이 정해졌기 때문에, 그 법은 따를
필요가 없습니다.

학생4 소크라테스 정도면 죽을 것이 아니라, 살아서 더 좋은 사
회를 만들어야 한다고 생각합니다.

내가 나서서 어설픈 결론을 내리려고 하지 않았다. 학생들이
반론하기 위해서 근거를 마련하고 토의하는 과정에서 충분히 진
지하게 판단하였을 것이라고 믿었다.

04 '증오'라는 감정과 '관용'

동정을 넘어 공감으로

동정(sympathy)의 감정에 대해서 부정적으로 생각하는 경우가
많다. 다른 사람의 불행을 자기 나름대로 해석하려는 의도가 깔
려 있는 경우도 있어서 불쾌감을 주기 때문이다. 그래서 동정의
감정에서 그쳐서는 안 된다. 동정의 감정은 더 큰 사랑과 배려와

용서의 감정으로 발전될 수 있다. '싸구려 동정'으로 지칭되는 말 역시 다른 사람을 그냥 불쌍하게 여기는 것에서 그치기 때문에 처음부터 그 싹을 자르려는 방어적인 말로 해석될 수 있다. 신영복은 《감옥으로부터의 사색》에서 동정에 대해 다음과 같이 적었다.

> 동정이란 것은 객관적으로는 문제의 핵심을 흐리게 하는 인정주의의 한계를 가지며, 주관적으로는 상대방의 문제해결보다는 자기의 양심의 가책을 위무(慰撫)하려는 도피주의의 한계를 갖는 것입니다. 뿐만 아니라 동정은 동정받는 사람으로 하여금 동정하는 자의 시점에서 자신을 조감케 함으로써 탈기(脫氣)와 위축을 동시에 안겨 줍니다. 이 점에서 동정은, 공감의 제일보라는 강변(强辯)에도 불구하고, 그것은 공감과는 뚜렷이 구별되는 값싼 것임에 틀림없습니다.[7]

동정보다 조금 더 포괄적인 감정이 '공감(empathy)'이다. 공감은 다른 사람의 좋은 일은 함께 기뻐해 주고, 다른 사람의 슬픔도 함께 슬퍼해 주는 것이다. 여기에는 일체의 자의적인 해석도 없다. 사실을 있는 그대로 보고 상대방이 느끼는 감정을 함께 느껴 주는 것이다. 그것이 진정한 위로라고 생각한다. 굳이 해결책을 제시하지 않아도 공감을 해 줌으로써 많은 상처가 치유된다.

동정의 감정에 대해서 알아보았으면 박애의 감정도 함께 생각

---

7. 신영복, 《감옥으로부터의 사색》, 돌베개, 2010, p. 244.

해 보면 좋다. 그리고 분노의 감정, 적의의 감정이 통제되지 않을 때 어떤 일이 일어나는지에 대해서 실제 사례를 함께 보여 주면 효과적일 것이다. 동정을 넘어서 공감이 충만해지는 사회가 되기를 바란다.

자신과 타인을 변화시키는 '반성'

소설 《레미제라블》에는 많은 인물이 등장한다. 빅토르 위고는 탁월한 감각으로 그들을 적재적소에 배치해서 갈등과 해결을 이끌어 낸다. 그중에서도 자베르라는 인물에 집중해 볼 필요가 있다. 장 발장은 미리엘 신부를 만나고 이전의 삶과는 완전히 다른 사람이 된다. 변화의 시간이 짧다고 볼 수 있다. 미리엘 신부와의 결정적 만남이 그에게 짧은 시간에 많은 것을 바꾸도록 만들었다. 그에 비해서 자베르는 변화의 시간이 길다. 오랜 시간 장 발장을 추적하고 수많은 단서를 수집한다. 그 과정에서 보여지는 진실을 외면하고 자신의 신념을 계속 굳혀 나간다. 장 발장이 미리엘 신부를 만났던 것처럼 그런 결정적 인물을 만나지도 못했다. 그러나 마지막에 자베르는 자신의 신념을 뒤집는다. 자베르는 사람의 본성은 변하지 않는다고 믿었다. 범죄를 저지르는 사람은 평생 그런 삶을 살아가기 때문에 자신은 사회를 지키려는 수호자의 역할을 끝까지 수행하려고 했다. 그래서 소설 속 그의 모습은 악역이라기보다는 자신의 신념을 지키려는 올곧은 경찰

관의 모습으로 비친다. 그런 자베르를 변하게 만드는 사람이 장 발장이다. 자신을 희생해서라도 다른 사람의 행복을 지키려는 장 발장의 모습은 충격이었을 것이다. 자신을 죽일 수 있는 상황에서 그를 살려 준 장 발장의 모습은 억지로라도 머릿속에서 지워 버렸을 수 있다. 하지만 다른 사람에게도 똑같이 박애를 실천하는 장 발장의 모습은 자베르에게 스스로의 모습을 돌아볼 기회를 주었다. 그런 자신과의 진실한 대면은 신념의 변화를 이끌어 내기에 충분했다.

이 소설은 인간의 변화에 대한 메시지를 담고 있다. 그리고 신념에 대한 물음을 던진다. 스스로 생각했던 신념이 과연 옳은 것인지 생각해 보아야 한다. 왜냐하면 신념은 가치를 반영하고 도덕적 판단과 행동에 영향을 주기 때문이다. 니체는 도덕규범을 지배계층이 서민들을 규제하기 위해서 만들어 낸 도구적 장치라고 말한다. 그래서 시대적 상황을 반영하고 수시로 변하며 절대적 가치를 지닐 수 없다고 설명한다. 니체의 설명에서 도덕규범에 대한 부정적 접근보다는 규범의 시대적 상대성에 주목해야 한다. 시대를 관통하는 가치도 시대를 반영하듯 신념 역시 시대의 필요성을 반영할 수밖에 없다. 절대적 신념은 있을 수 없으며, 그것이 바른 것인지에 대한 끊임없는 반성이 필요하다. 그런 반성은 사람을 만나고 대화하고 소통하는 과정에서 이루어져야 할 것이다,《레미제라블》은 그런 변화의 가능성과 필요성에 대해서 말하고 있으며, 그런 변화는 박애와 같은 사랑으로 실현될 수 있다는 것을 웅변하고 있다.

민주 사회의 원칙: 법 앞에 평등하다

모든 사람은 법 앞에서 평등하다. 그런 평등은 준법이라는 의
무와도 연결된다. 이런 법의 기능을 이해하기 위해서는 유가(儒
家)와 한비자의 사상에 대해서 생각해 볼 필요가 있다. 공자가 주
장한 '인(仁)사상'은 맹자의 '의(義)사상'으로 발전된다. 그다음 순
자의 '예(禮)사상'으로 발전한다. 그러나 이러한 도덕적 규범으로
는 나라를 유지하는 데 한계가 있었다. 한비자는 순자의 제자였
다. 순자는 예를 통한 공동체 의식 형성과 윤리적 행동의 가능성
을 주장했다. 하지만 한비자를 비롯한 그의 제자들은 그런 예치
사상의 한계점에 대해서 알고 있었다. 그래서 나온 것이 법가(法
家)사상이다.

법은 사회질서를 유지한다. 사회질서 유지의 측면에서 보았을
때 소크라테스의 말은 단순히 준법을 강조하는 것 이상의 의미를
지닌다. 소크라테스가 민주주의를 비판한 것처럼 보이지만 사실
그가 비판한 것은 바르게 민주정치를 하지 못하는 사회 현실일 것
이다. 그래서 자신의 나라가 더욱 굳건한 민주정치의 기반을 다지
기를 바라며, 그는 자신만의 방식으로 젊은이들의 무지를 일깨우
고 자신의 철학을 펼쳤다고 볼 수 있다. 그래서 그의 말에는 자신
의 나라를 지키고 싶은 간절한 마음이 녹아 있는 것은 아닐까?

6장

자긍심과 부끄러움

01 《노인과 바다》: 시련에서 성장하는 자존감

우리는 살아가면서 많은 시련에 부딪힌다. 그 시련은 우리를 성숙하게 만들기도 하지만 쓰러뜨리기도 한다. 시련에 당당하게 맞서기 위해서 가장 필요한 것은 무엇일까? 많은 것이 있겠지만 그중에서도 스스로를 믿고 자기를 지켜 나가는 감정인 '자존감'을 빼놓을 수 없다. 자존감은 시련을 견뎌 내는 방패이자 내적 성장을 도모하는 중요한 가치이다. 자존감은 시련 속에서 빛을 발하고 시련은 자존감을 성장시키기도 한다. 그래서 자존감을 이야기하기 위해서는 시련도 함께 다루어야 한다.

어니스트 헤밍웨이의 중편소설 《노인과 바다》를 택해 자존감에 대해 아이들과 이야기를 나누어 보고자 했다. 《노인과 바다》

는 분량도 적당하고 어린이를 위한 번역본도 많이 나와 있기 때문에 아이들이 접하기가 쉽다. 마초적 어부인 산티아고와 그를 따르는 소년 마놀린, 며칠에 걸친 청새치와의 사투, 상어 떼 공격으로 물고기 뼈만 앙상하게 남겨서 돌아온 노인과 반복적으로 꾸는 사자 꿈. 《노인과 바다》를 읽어 본 사람이라면 그 제목만 들어도 강렬한 이 문학작품의 이야기가 머릿속에 그려질 것이다.

작품을 찬찬히 들여다보면 아이들과 이야기 나눌 거리가 아주 많다. 그중에서 먼저 산티아고라는 등장인물을 짚고 넘어가지 않을 수 없다. 산티아고는 마놀린이 자신을 따라서 낚시를 나가겠다고 하지만 부모님의 말을 듣고 다른 어부를 따라서 가라고 선을 긋는다. 그리고 스스로가 정한 계획과 규칙을 지키려고 노력한다. 마초적이지만 지켜야 할 규범은 반드시 지키는 이런 산티아고의 성향을 김욱동은 《노인과 바다를 다시 읽다》에서 "규범적 주인공"이라고 해석한다. "규범적 주인공"의 특징은 헤밍웨이의 소설 전반에 걸쳐서 공통적으로 나타나는 특성 중의 하나이기 때문에 눈여겨서 살펴볼 필요가 있다.

다음으로 이야기 나눌 수 있는 것은 '노인'과 '바다'의 관계이다. 이 소설의 주요 인물은 산티아고와 마놀린이다. 등장인물의 비중과 스토리의 전개를 보아서는 제목이 '노인과 소년'이어도 될 법하지만 헤밍웨이는 '노인과 바다'로 지었다. 제목으로 미루어 보아 이 소설에 등장하는 바다는 단순히 공간적 배경 이상의 의미를 가진다. 김욱동은 헤밍웨이가 바다를 공간적 배경으로 삼은 이유를 "시인들이 삶을 흔히 항해에 빗대듯이 바다는 인간이 삶을 영위하는 터전에 대한 더할 나위 없는 좋은 은유"라고 분석했다. 바다는 시련을 안겨 주는 장소이면서 동시에 그것을 극복해 내는 삶의 장소로서 의미가 크다. 바다에서 온갖 시련과 마주하지만 그 안에서 해결 방법을 찾아내듯이 바다는 노인에게 삶의 일부분이다.

또 눈여겨볼 만한 부분은 마놀린과 사자 꿈의 의미이다. 산티아고는 청새치와의 싸움에서 점점 지쳐 간다. 그러면서 자신을 언제나 따랐던 소년 마놀린을 생각하며 "그 애가 있었으면 얼마나 좋았을까?"라는 독백을 반복한다. 낚시를 떠나기 전과 낚시에서 돌아온 후에 마놀린과 산티아고가 나누는 대화를 읽어 보면 훈훈한 감정이 느껴진다. 그 바탕에는 서로에 대한 믿음과 의존이 깔려 있어서일 것이다. 그런 마음은 소설의 전반에 걸쳐서 쉽게 찾아볼 수 있다. 꿈속에 사자가 나타나는 부분도 다양한 해석이 있지만 믿음과 의존의 인간관계라는 측면에서 비슷한 맥락으로 해석이 가능하다. 김욱동은 같은 책에서 노인의 꿈속에 사자가 떼를 지어 등장하는 점, 소설의 마지막 장면에서 마놀린과 사자 꿈이 같이 등장하는 점에 근거하여 그 의미를 "인간의 연대의식과 상호의존 정신"으로 해석했다.

이 외에도 소설을 통해서 아이들과 이야기할 부분은 아주 풍부하다. 헤밍웨이의 삶만 가지고도 몇 시간은 이야기 나눌 수 있을 것이다. 인문학 수업을 하면서 문학작품을 다룰 때 작가의 삶도 함께 다루면 효과적이다. 작품에는 작가의 삶과 가치관이 반영되기 때문에 작가에 대한 이해 없이는 작품을 바르게 이해했다고 보기 힘들다. 앞에서 이야기한 내용을 모두 수업 시간에 다루기에는 무리이다. 그래서 헤밍웨이의 삶과 의미 있게 생각해 볼 부분은 소설을 읽으면서 부연 설명을 해 주고, 수업 시간에는 산티아고와 마놀린의 관계, 산티아고의 행동을 통해서 '자존감'이라는 가치에 대해서 알아보는 수업을 구상했다.

소설을 읽으면서 '자존감'을 발견할 수 있는 부분에 주목하였다. 노인의 독백과 기억, 그리고 마놀린과의 대화에서 노인은 자신에 대한 믿음을 강하게 나타낸다. 그 믿음이 청새치, 상어와 벌이는 사투를 버텨 낸 원천이 되었을 것이다. 소설의 흐름에 따라서 몇 가지만 발췌해 본다. 먼저 산티아고와 마놀린이 그들의 고기잡이에 대한 신념에 대해 이야기하는 부분이다.

> "아빠는 신념이 별로 없거든요."
> "그래."
> 노인이 소년을 바라보면서 눈을 껌뻑였다.
> "그러나 우리에게는 신념이 있어. 안 그러니?"
> "네. 그럼요."
> 소년은 맞장구치면서 말했다.[1]

여기서 신념은 고기잡이에 대한 신념이자 서로에 대한 믿음이

---

1. 어니스트 헤밍웨이, 《노인과 바다》, 민우영 옮김, 휘닉스, 2004, p. 24.

다. 이 믿음은 둘의 관계를 지탱시켜 주는 원천이자 자존감의 뿌리일 것이다. 마놀린이 산티아고에게 낚시에 필요한 정어리를 구해다 주겠다는 대화에서도 노인이 낚시에 대해서 가지고 있는 자신감을 읽을 수 있다. 오랜 기간 고기를 잡지 못한 노인은 낚시를 포기할 수도 있었다. 하지만 끝까지 포기하지 않고 언젠가 큰 고기를 잡을 수 있다는 희망을 버리지 않는다. 정어리는 그런 희망의 표현이다.

> "정어리를 좀 구해 드릴까요? 미끼 네 개쯤은 구해 드릴 수 있어요."
> "오늘 쓰고 남은 것들이 있어. 소금통에 절여 통속에 넣어 두었단다."
> "그럼 하나만 구해 오렴."
> 노인은 그렇게 지금까지 희망과 자신감이 노인의 마음속에서 한 번도 떠나 본 적이 없었다. 그 희망과 자신감은 미리 미풍이 일듯 다시 되살아나고 있었다.[2]

낚시에 대한 희망을 놓지 않는 노인과 그런 노인을 끝까지 응원하고 도와주는 마놀린의 대화가 인상적이다. 노인이 낚시를 나간 다음의 내용에서도 자존감을 읽을 수 있는 부분이 많았다. 젊은 시절 흑인과의 팔씨름에서 이겼던 일을 다음과 같이 회상했다.

---

2. 어니스트 헤밍웨이, 같은 책, p. 27.

새벽이 되자 돈을 건 사람들이 무승부를 주장하고, 심판까지 고개를 살래살래 흔들었다. 바로 그때 노인은 있는 힘을 다해서 검둥이의 손을 점점 눌러 테이블에 닿게 만들었다.[3]

이런 추억 역시 노인에게는 청새치와 싸우는 자신의 상황을 긍정적으로 받아들이게 하는 힘이 된다. 거대한 청새치와의 사투가 길어지자 노인은 힘이 빠지고 정신까지 혼미해져 간다. 그런 상황에서 포기하지 않고 자신의 능력을 믿고 스스로를 다독이는 모습이 자주 나온다.

"이봐 늙은이, 자네나 무서워 말고 자신을 가져야 해."
노인은 중얼거렸다.[4]

다시 한 번 해 보자. 노인은 온갖 고통과 자신의 남아 있는 힘과 과거의 긍지를 한데 모아 고기의 마지막 고통과 맞서고 있었다.[5]

청새치를 잡았지만 배에 싣지 못하고 묶어서 이동하다 보니 청새치의 피 냄새를 맡은 상어들의 공격이 시작된다. 노인은 작살과 노를 가지고 필사적으로 저항해 보지만 역부족이었다. 초반에 몇 마리는 해치울 수 있었지만 뒤로 갈수록 떼로 밀려오는 상어

---

3. 어니스트 헤밍웨이, 같은 책, p. 94.
4. 어니스트 헤밍웨이, 같은 책, p. 107.
5. 어니스트 헤밍웨이, 같은 책, p. 117.

들을 감당하지 못한다. 그렇게 지쳐 가던 노인은 체념 섞인 사색에 빠진다.

> 다만 자부심 때문에 그리고 내가 어부이기 때문에 죽인 것이다. 너는 고기가 살았을 때에도 그놈을 사랑했고 죽은 후에도 역시 사랑했다.[6]

노인은 상어의 습격으로 뼈만 앙상하게 남은 청새치를 매달고 돌아온다. 청새치와의 힘겨운 싸움도, 상어와의 싸움도 힘들었지만 그는 모두 견뎌 냈다. 마놀린과의 대화에서 노인은 스스로를 졌다고 표현했지만 그는 힘든 시련을 이겨 냈다. 그것의 원동력은 자신의 낚시 실력과 어부로서의 경험을 믿는 자존감일 것이다. 수업을 하기 한 달 전에 아이들에게 《노인과 바다》를 읽도록 하였다. 작품을 읽으면서 궁금한 부분을 물어 오면 헤밍웨이의 삶과 함께 설명해 주었다.

수업 도입부에서 아이들의 경험을 물어보았다.

> 교사 힘든 일이 있을 때 어떻게 하면 기분이 풀리나요?
> 학생1 맛있는 것을 먹으면요.
> 학생2 운동을 하면 풀려요.
> 교사 그럼 힘든 상황을 이겨 낼 때 도움을 주었던 것은 무엇이 있나요?

---

6. 어니스트 헤밍웨이, 같은 책, p. 130.

학생1 친구의 응원이 도움이 되었어요.

학생2 부모님의 도움으로 이겨 낸 적이 많아요.

교사 다른 사람의 도움이 아닌 스스로 이겨 낸 적은 없었나요?

학생들 있었어요.

교사 어떤 경험인지 이야기해 줄 수 있나요?

아이들은 각자의 경험을 솔직하게 이야기했다. 어른이 들으면 대수롭지 않게 여겨지는 시련과 고통이겠지만 아이들에게는 어른의 무게만큼이나 무거웠다. 하지만 그런 경험이 그렇게 많지는 않았다. 아직까지 스스로 결정할 일이 적고, 문제가 생겼을 때 도움을 받는 경우가 더 많아서일 것이다. 이제 내면으로 눈을 돌려 산티아고의 행동을 주목해 보기로 했다.

교사 산티아고가 청새치를 잡기 위해서 오랜 시간 고생을 하는 모습을 보니 어떤 생각이 들었나요?

학생들 불쌍해 보였어요.

교사 산티아고는 오랜 시간 물고기를 잡지 못했습니다. 그런데도 낚시를 포기하지 않은 이유는 무엇일까요?

학생들 언젠가는 낚시에 꼭 성공할 수 있을 거라고 믿었기 때문인 것 같습니다.

교사 그런 부분을 어디에서 찾을 수 있죠?

학생들 마놀린과 낚시를 준비하는 부분에서 찾을 수 있습니다.

교사 네. 지금부터는 모둠 친구들과 산티아고가 청새치를 끝까지 포기하지 않는 부분을 찾아서 서로 이야기 나누어 보세요.

아이들은 각자 읽은 부분에서 산티아고가 청새치와 힘겹게 싸우는 모습과 끝까지 포기하지 않는 태도가 나와 있는 부분을 찾아서 이야기를 나누었다.

> 교사 산티아고가 끝까지 청새치와의 사투를 포기하지 않은 이유는 무엇일까요?
> 학생1 낚시에 성공할 수 있다고 믿었기 때문입니다.
> 교사 누구를 믿었을까요?
> 학생1 자기 자신을 믿었습니다.
> 학생2 예전에 수많은 낚시를 성공했었기 때문에 그 경험을 믿은 것 같습니다. 소설에서도 그런 부분이 많이 나옵니다.
> 교사 그런 자신에 대한 믿음과 낚시에 대한 자신감이 없었다면 산티아고는 어떻게 했을까요?
> 학생들 청새치를 포기했을 것입니다.

학생들의 생각이 이 정도에 이르자, 칠판에 '자존감'이라는 말을 적었다. 그리고 지금까지 우리가 이야기한 산티아고의 감정을 자존감이라고 설명해 준다.

> 교사 우리에게 힘든 일이 닥쳤을 때 자존감은 우리를 어떻게 도와줄까요?
> 학생1 용기를 주는 것 같습니다.
> 학생2 힘든 일을 이겨 낼 수 있는 힘을 줍니다.
> 교사 네. 자존감은 우리에게 닥치는 시련을 이겨 낼 수 있는 바탕이 되는 감정이므로 소중한 가치라고 생각합니다.

상어에 물어뜯기는 청새치를 포기하지 않고 항구로 가져오는 산티아고의 행동을 주목하면서 자존감의 의미를 넓혀 나가면 아이들의 생각이 더 커질 수 있을 것이다.

02 윤동주 〈서시〉 : 부끄러움을 통해 성장하는 도덕적 반성

윤동주의 작품 〈서시(序詩)〉는 워낙 유명한 시이기 때문에 많은 사람들이 알고 있다. 그래서 학생들이 이런 훌륭한 시를 접하는 시기가 조금 늦어지는 것에 아쉬움이 늘 있었다. 예전에는 시를 암송하는 것 자체가 하나의 재주이고 멋이고 풍류였으나, 지금은 아이돌 음악이나 힙합에 밀려서 시라는 문학이 설 곳이 줄어드는 것 같다. 그래서 아이들에게 우리의 훌륭한 시를 미리 접할 수 있게 해 주는 것도 좋다는 생각이 든다. 문학 시간에 따로 배우는 것이 아니라, 평소에 암송하고 의미를 생각하는 시가 몇 편 있다면 그것만으로 훌륭한 인문 소양 교육이 될 수 있다. 우선 윤동주의 작품 〈서시〉를 만나 보자.

서시

윤동주

죽는 날까지 하늘을 우러러
한 점 부끄럼이 없기를,
잎새에 이는 바람에도
나는 괴로워했다.
별을 노래하는 마음으로
모든 죽어 가는 것을 사랑해야지
그리고 나한테 주어진 길을
걸어가야겠다.

오늘 밤에도 별이 바람에 스치운다.

이 시는 그의 유고 시집 《하늘과 바람과 별과 시(詩)》(1948)에 수록되어 있다. 시집에 있는 '하늘', '바람', '별'은 이 시에도 그대로 투영된다. 전체적 흐름을 본다면 '하늘-부끄럼', '바람-괴로움', '별-사랑'의 흐름으로 전개된다. 그중에서도 나는 '부끄러움'과 '사랑'이라는 흐름에 집중했다. 초반에는 '부끄러움'이 시를 이끌어 간다면 후반에는 '사랑'이라는 말이 등장한다. '부끄러움'의 감정에서 '사랑'이라는 감정으로의 변화가 나타난다. 부끄러움을 극복하고 새로운 내일을 기약하는 그의 마음은 아련한 감동을 자아낸다. 그렇다면 그의 시에서 의미하는 사랑은 무엇일까? 심상환의 설명에 귀를 기울여 보자.

"별을 노래하는 마음으로/모든 죽어 가는 것을 사랑해야지."
별을 노래하는 마음이란 인간으로서 꿈꿀 수 있는 가장 높은
이상을 열망하는 마음이다. 그러므로 윤동주의 시에서 사랑은
단순히 타자에 대한 관심이나 보살핌으로 그치지 않는다. 사랑
은 여기서도 공자의 사랑처럼 숭고한 도덕적 이념에 대한 자각
과 그에 기초한 무한한 자기 도야의 열정과 맞물려 있다.[7]

부끄러움으로 그쳐서는 성장과 발전이 없다. 부끄러움은 반성
으로 연결되고, 반성은 이타적인 시선으로 발전되어야 한다. 이
타적인 마음과 태도는 타인에 대한 사랑이자 자신에 대한 사랑으
로 돌아오게 된다. 그래서 부끄러움은 사랑이 필요하고 사랑은
부끄러움이 필요하다.

이처럼 시의 흐름에 대한 접근은 시에 대한 이해를 높일 수 있
지만 아이들과 시의 내용에 대해서 해부하듯 접근하면 지루해할
수 있다. 그래서 일단 일주일 동안은 시를 암송하도록 한다. 그리
고 수업 시간에는 시에 나타난 '부끄러움'과 '사랑'이라는 개념에
대해서 생각할 시간을 준다. 시에 대한 자연스러운 접근을 위해서
윤동주의 삶부터 이야기를 시작하는 것도 좋은 방법일 수 있다.

수업 도입부에 윤동주의 사진을 보여 주었다. 아이들은 그동안
암송하던 시를 지은 사람의 모습을 직접 보니 감회가 다른 것 같
았다. 시인에 대해서 궁금했던 아이들 중에는 인터넷에서 사진을
검색해 본 경우도 있어서, 사진을 띄워 주면 "저 사진 봤어요."라

---

7. 김상환, 〈부끄러움에 대하여〉, 문화의 안과 밖 에세이 시리즈, 열린연단, 2014.

고 이야기했다. 시를 암송하면서 궁금했던 점이나 느낀 점에 대해서 들어 보았다.

> 학생1 시의 말들이 아주 아름다웠습니다.
> 학생2 시인이 왜 부끄러움을 느끼게 되었는지 궁금했어요.
> 학생3 왜 그렇게 괴로움을 느끼게 되었는지 궁금했어요.

　윤동주가 살았던 시대상과 지식인으로서 고뇌, 그리고 그의 죽음에 대해서 설명해 주었다. 일제강점기를 살아간 시인이자, 28세의 젊은 나이로 생을 마감한 그의 삶은 많은 안타까움을 남긴다. 지식인으로서 그런 암울한 시대를 살아가야 하는 고민과 눈물의 기록이 〈서시〉일 것이다. 시대적 상황과 시인의 안타까운 죽음을 설명해 주자 아이들은 그동안 맞추지 못했던 퍼즐들을 어렴풋이 맞춰 가는 표정을 지었다.

> 교사　여러분은 부끄러움을 느꼈던 적이 있나요? 자기 경험을 이야기해 볼까요?
> 학생1 친구들이 노래를 부르라고 했을 때 부끄러웠어요.
> 학생2 친구에게 거짓말을 했다가 나중에 들켰을 때 부끄러웠습니다.
> 교사　네. 선생님도 비슷한 경험이 있어요. 부끄러움은 다양한 상황에서 느낄 수 있지만, 이번 시간에는 잘못을 했을 때 느끼는 부끄러움에 집중해서 생각해 봅시다. 그런 부끄러운 감정이 들었을 때 어떤 생각이 들었나요?
> 학생1 친구를 피하고 싶었어요.

학생2 미안한 생각이 들었어요.

교사 부끄럽지 않으려면 어떻게 해야 할까요?

학생1 양심에 어긋나지 않게 행동해야 할 것 같아요.

학생2 친구에게 진심으로 사과해야 할 것 같아요.

교사 진심으로 사과하지 않으면 어떻게 될까요?

학생1 말하는 것을 들어 보면 알잖아요. 진심이 느껴지지 않으면 사과를 받아 주지도 않을 것 같아요.

아이들과 함께 '부끄러움'이 우리의 행동을 어떻게 바꿀 수 있는지 생각해 보았다. 바르지 않은 행동을 했을 때 부끄러움을 느꼈다면 다시는 그런 행동을 하지 않을 것이다. 부끄러움이라는 불편한 감정은 도덕적으로 바른 행동을 하기 위한 기본적인 감정이기 때문이다. 그래서 부끄러운 감정이 들면 그것을 피하기보다는 당당하게 맞서서 자신의 마음과 행동을 고치는 것이 중요하다고 이야기해 주었다.

교사 시의 마지막 부분에 '모든 죽어 가는 것을 사랑해야지'라는 구절이 나옵니다. 시인은 왜 이런 말을 했을까요?

학생1 자신 주변에 있는 모든 것을 사랑하고 싶다는 마음인 것 같습니다.

학생2 다른 사람에게 진심으로 대하고 싶다는 마음인 것 같습니다.

교사 네. 지금의 부끄러움을 자신이 할 수 있는 진정한 사랑으로 극복하려는 마음으로 이해할 수 있을 것 같습니다.

시는 짧지만 아이들의 생각은 짧지 않았다. 시의 함축성은 많은 것을 담고 있기 때문에 해석의 자유, 이해의 자유, 감상의 자유를 안겨 줄 수 있어서 좋았다.

03 《니코마코스 윤리학》: 자신의 판단과 행동을 위한 '숙고'

도덕적 판단을 위해서 가장 필요한 것이 무엇일까? 도덕적이며 올바른 판단을 내리는 것의 중요성은 어릴 때부터 배우지만 그런 판단을 내리지 못하는 경우가 많다. 사실 도덕적인 것이 무엇인지는 대부분의 사람들이 알고 있다. 학교에서 이루어지는 도덕 교육 역시 대부분 인지적 차원에서 이루어지기 때문에 학생들이 도덕적 판단을 할 수 있는 지적 재산은 풍부하다. 그런데 사람들은 왜 도덕적 판단을 하지 못할까?

나는 그것을 '판단의 조급성'에서 찾는다. 판단이라는 것은 주변의 상황과 환경을 충분히 분석하여 숙고하여 이루어져야 하는데, 바쁜 현대사회는 그런 숙고의 시간을 주지 않는다. 준다 하더라도 대부분의 사람들이 숙고에 쓰지 않고 스마트폰이나 단편적인 의사소통으로 소비하고 있다. 그런 숙고의 부재는 사회적으로 많은 문제를 일으킨다. 숙고는 장기적인 시각과 맥락을 같이한다. 충분히 고민하지 않은 판단은 단기적인 해결책에 그치기 쉽다. 단기적인 시각은 문제를 근본적으로 해결해 주지도 못하고 개인적인 삶에도 도움이 되지 못한다. 하지만 더 큰 문제는 숙고에 대한 오해에 있을 것이다.

흔히 '숙고'라고 하면 가만히 앉아서 생각만 하는 것으로 착각한다. 그런 정적인 생각 중심의 판단은 숙고가 아니다. 탁상공론과 같은 시간을 숙고의 시간으로 착각하기 때문에 많은 정책의 실효성이 떨어진다. 숙고란 가만히 앉아서 생각만 하는 것이 아니라, '경험'과 연결되는 개념이다. 그래서 숙고는 아이들의 도덕적 판단과 행복한 삶을 위해서 꼭 필요한 역량이다.

이런 숙고를 수업에서 다루기 위해 택한 책이 아리스토텔레스의 《니코마코스 윤리학》이다. 이 책에는 '행복(eudaemonia)', '탁월성(arete)', '실천적 지혜(phronesis)'와 같이 매력적인 개념이 가득하다.

아리스토텔레스는 인간이 숙고할 수 있는 것에 대해서 다음과 같이 적었다.

우리는 우리에게 달린 것, 그리고 우리의 행위에 의해 성취 가능한 것에 관해 숙고한다. 이것들이 지금까지 언급되지 않고 남아 있던 것이다. 본성과 필연과 우연(tyche)이 원인들인 것으로 보이지만 지성 또한 원인이며, 인간의 힘으로 이루어지는 모든 것 역시 원인으로 보이기 때문이다. 이런 인간들 각자가 자신의 행위에 의해 성취될 수 있는 것들에 관해 숙고하는 것

이다.[8]

숙고는 "우리를 통해 이루어지지만 언제나 같은 방식으로 일어나지는 않는 것들, 바로 이런 것들의 관계이다."라고 정의한다. 그러면서 숙고의 본질 중에서 중요한 부분을 다음과 같이 언급한다.

> 우리는 목적들이 아니라 목적들에 이바지하는 것들에 관해서 숙고한다. 의사는 병을 치료해야 할지에 대해서 숙고하는 것이 아니며, 연설가는 설득을 해야 할지에 대해서 숙고하는 것이 아니다.[9]

숙고는 목적에 대한 선택이 아니라 목적을 합리적으로 달성하는 방법을 고민하는 과정이라 할 수 있다. 그렇다면 진정한 숙고란 무엇일까? 지식만 있으면 바른 숙고가 가능할까? 생각만으로 바른 숙고가 가능할까? 바른 숙고를 위해서는 경험이 포함되어야 한다. 조대호 교수의 설명을 빌리면 다음과 같다.

> 아리스토텔레스에게 있어서 '숙고'는 보다 엄밀한 뜻에서 '주어진 목적을 실현하는 데 필요한 수단들을 탐색하는 사고 과정'을 가리킨다. 그가 이런 뜻의 숙고를 기술하면서 끌어들이

---

8. 아리스토텔레스, 《니코마코스 윤리학》, 이창우 외 옮김, 이제이북스, 2006, pp. 89~90.
9. 아리스토텔레스, 같은 책, p. 90.

는 전형적인 사례는 의사가 질병을 치료하기 위해 치료계획을 세우는 과정이다. 누구나 인정하듯이, 환자를 어떻게 치료할지 생각하는 의사에게는 그가 실현하려는 한 가지 목적이 분명하게 주어져 있다. 환자의 병을 치료하는 것이다. 따라서 병의 치료 여부 자체는 숙고의 전제이지 대상이 아니다. 의사가 숙고하는 것은 병의 치료 여부가 아니라 병의 치료 방법이다. (중략) 이런 사유 과정을 거쳐 진행되는 숙고는 '지금 여기서' 할 수 있는 일을 선택함으로써 끝난다. 그다음에는 실제 치료 과정이 이어진다. 이런 뜻의 숙고를 잘하기 위해 의사에게 일차적으로 필요한 것은 물론 의학 지식이다. 하지만 지식은 숙고의 필요조건일 뿐 충분조건은 아니다. 의사에게 지식만큼 중요한 것은 경험이다. 환자 한 사람 한 사람마다 병의 양상이 다르고 똑같은 치료의 효과도 다르게 나타날 것이기 때문에, 의사는 자신이 가진 의학 지식을 어떻게 환자 개개인에게 효과적으로 적용할 수 있을지를 생각해야 하는데, 이것은 경험이 없이는 할 수 없는 일이다. 지식과 경험이 의사의 치료 능력을 결정한다고 말할 수 있다. (중략) 결국 숙고와 실천적 지혜는 경험을 통해서 경험을 넘어서는 셈이다.[10]

책상에 앉아서 고민하고 결정된 생각은 진정한 숙고일 수 없다. 현장의 목소리와 경험을 무시한 숙고는 결국 공허한 탁상공론에 그칠 수밖에 없다. 현상을 자료화하고 그것을 정리하여 종이 위에 데이터화시킨 통계만을 근거로 이루어지는 회의와 숙고는 결코 대책이 될 수 없다. 그래서 숙고는 현장에서 이루어져야

---

10. 조대호, 〈니코마코스 윤리학 강연 원고〉, 문화의 안과 밖 강연 시리즈, 열린연단, 2015.

한다. 자신이 발 딛고 있는 현실의 상황을 바르게 인지하고 종합적으로 판단해야 한다. 그래서 경험이 중요하다. 자신의 경험도 마찬가지고 다른 이의 경험도 숙고를 위한 소중한 자양분이 된다. 직접경험도 도움이 되겠지만 책에 적힌 이야기들도 숙고의 좋은 소재가 될 것이다. 과거의 경험과 현재의 경험이 만나고 거기에 지적 판단이 더해진다면, 경험은 경험을 뛰어넘게 된다. 그래서 내가 생각하는 숙고의 모습은 로댕의 '생각하는 사람'보다는 천하를 주유하는 '공자의 모습'에 가깝다.

수업을 시작하면서 아이들에게 최근에 가장 생각을 많이 했던 적이 언제인지 물어보았다. 대부분의 아이들이 어떤 것을 구입할 때라고 이야기했다.

학생1 용돈을 모아서 후드티를 구입할 때 어떤 것을 살지 오랫동안 고민했어요.
학생2 휴대폰을 어떤 것으로 바꿀지 생각하는 데 시간이 오래 걸렸습니다.

아이들의 생각이 한쪽으로 몰리는 것 같아서 나의 경험을 들려주었다. 연구회 모임에서 발표가 잡혀 있는데 갑자기 다른 약속이 생겨서 고민을 하고 있다고 이야기해 주었다. 발표에 빠지면 그날 공부 모임에 참여하는 다른 분들이 시간을 허비하게 될 것이고, 다른 약속도 빠지기가 어려워서 계속 생각이 맴돈다고 했다. 나의 고민을 이야기하자 아이들은 진심어린 조언을 해 주었다. 흐뭇한 마음을 뒤로하고 고민의 주체를 나에서 아이들로 돌렸다. 나와 비슷한 경험이 있거나 섣불리 결정을 내려서 후회했던 경험을 친구들과 이야기하도록 하였다. 아이들은 모둠별로 각자의 경험을 자유롭게 이야기했다.

교사 어떤 결정을 할 때 제대로 고민하지 않고 결정을 내리면 어떤 문제점이 있을까요?

학생1 나중에 후회하게 되는 경우가 많은 것 같아요.

학생2 저 위주로 생각해서 결정하는 경우가 많아서 다른 사람의 마음을 아프게 했던 것 같아요.

교사 네. 그래서 제대로 고민하고 판단하는 것이 중요하답니다. 여러분은 양치를 할 때 어떻게 양치할지 고민하나요?

학생1 아니요.

교사 그럼 젓가락질을 할 때 어떻게 젓가락질을 할지 고민하나요?

학생들 당연히 안 하죠.

교사 네. 양치질이나 밥을 먹는 것처럼 늘 하는 것에 대해서는 그 방법에 대해서 고민하지 않습니다. 그럼 언제 고민을 하게 될까요?

학생들 평소에 일어나지 않는 일이 일어나면 고민이 됩니다.

교사 네. 평소의 일이 아니라 새롭게 생각할 일이 생길 때 우리는 고민을 하게 됩니다. 어떤 결정을 내려야 하기 때문에 고민을 하는 것이죠. 그런데 문제를 해결하기 위해서 생각만 한다고 해결이 될까요? 여러분의 경험을 떠올리면서 생각해 보세요.

아이들은 물건을 살 때 직접 물건을 비교하기 위해서 여러 가게를 다녔던 경험, 예전에 친구와 다퉜던 경험, 부모님이나 책에서 읽었던 것들을 바탕으로 결정을 내렸던 경험을 이야기했다. 이제 칠판에 '숙고'라는 뜻을 설명해 주었다. 숙고의 사전적 의미는 "곰곰이 잘 생각함 또는 그런 생각"이라고 설명해 준다. 숙고는 도덕적이고 합리적인 판단을 하는 과정이고, 느긋하게 충분히 생각하는 과정이라고 이야기해 주었다. 하지만 이 설명은 도덕적 판단을 위한 숙고로는 부족하다. 그래서 다음과 같이 질문을 던졌다.

교사 곰곰이 생각만 잘하면 숙고라고 할 수 있을까요? 여러분은 바른 결정을 하기 위해서 생각만 했습니까?
학생1 아니요. 사고 싶은 물건을 비교하기 위해서 여러 가게로 가 보았습니다.
학생2 친구에게 비슷한 경험이 있는지 물어보고 도움을 받았습니다.

이어서 나침반 질문을 칠판에 적었다.
"토의 주제: 숙고와 경험은 어떤 관계가 있을까?"
아이들은 바른 판단을 위해서 경험이 중요하다는 것을 알아 갔다. 지식은 중요하게 생각하지만 경험을 중요하지 않게 생각하는 태도의 위험성도 같이 이야기를 나누었다. 도덕적 판단을 위해서는 절대로 조급하게 판단해서는 안 되는 이유에 대해서도 생각해 보았다. 바른 판단을 위해서 '조급한 결정'의 반대말인 '숙고'의 중요함에 대해서 다시 한 번 강조했다. 정리에서는 내가 생각하는 숙고의 뜻을 이야기해 주면서 수업을 마무리했다.

"숙고는 '과거의 나, 현재의 나, 미래의 나가 끊임없이 의견을 주고받는 과정'이라고 생각합니다. 즉, 숙고는 '현재의 상황에서 가장 바른 선택을 하기 위해 과거의 경험과 현재의 지식을 총동원하여 멀리 보고 종합적으로 판단을 하는 것'이라고 볼 수 있습니다. 그래서 숙고를 위해서는 지식보다는 지혜가 더 필요합니다."

04 개인의 자의식과 자주성

불안을 이겨 내는 자긍심

헤밍웨이의 삶은 파란만장하다. 그의 삶을 소개한 자료를 찾다가 눈에 쏙 들어오는 글을 발견했다. 출판사는 《헤밍웨이 걸작선》에서 저자인 헤밍웨이를 다음과 같이 소개했다. 다른 글보다 압축적이고 쉽게 읽혀서 그대로 옮겨 본다.

사고뭉치였던 유년 시절, 어머니와의 오랜 갈등, 네 차례의 참전, 복잡한 여자 관계, 스페인에서의 스파이 활동, 명성과 쇠퇴, 마침내 권총 자살, 소설만큼이나 극적인 인생을 살았던 헤

밍웨이는 한마디로 사나이였다.[11]

　간략하지만 그의 삶의 흐름이 그랬다. 특히 헤밍웨이 소설에 등장하는 주인공들의 공통점인 마초적 모습은 그의 삶을 떠올리게 한다. 헤밍웨이는 화려한 삶과 달리 죽음의 공포에 집착했다고 한다. 최홍규는 위의 글에 이어서 다음과 같이 적었다.

　　하지만 죽음의 공포를 이기려고 일부러 모험을 추구했던 불안한 성격의 소유자이기도 했다. 어머니로부터 기질과 예술적 재능을, 아버지로부터 뛰어난 외모와 운동 능력을 물려받은 헤밍웨이는 기름기를 뺀 하드보일드 터치로 기막힌 남성 세계를 그려 냈다. 그런 그가 남달리 위험과 죽음에 집착했던 것은 자신의 약점을 감추기 위한 행위였고, 심지어 불을 밝히지 않고서는 잠들지 못했던 불안 심리는 사나이 중의 사나이인 그에게서 애처로움마저 자아내게 만든다.[12]

　그런 공포와 불안의 근원은 무엇일까. 앞에 옮겼던 헤밍웨이의 삶과 연결되었다.

　　마초 기질로 통하는 헤밍웨이식 남성다움은 유년 시절로 거슬러 올라간다. 누이의 옷을 그에게 입히곤 했던 어머니에 대한 기억 (중략) 그의 아버지 역시, 자살로 생을 마감한다. 그런

---

11. 어니스트 헤밍웨이, 《헤밍웨이 걸작선》, 최홍규 옮김, 평단, 2006, 출판사 리뷰.
12. 같은 곳.

아버지를 헤밍웨이는 비겁자라 부르기를 주저하지 않은 데다 군인이었던 할아버지와 자기를 동일시하는 버릇도 생겼다. 피와 죽음의 냄새는 생애 내내 그림자처럼 헤밍웨이를 따라다녔다. 아프리카에서 사자나 코끼리를 사냥하고 권투와 낚시 등 남성적 스포츠에 몰입하며 모험을 찾아 끊임없이 떠돌던 헤밍웨이의 강고한 모습은 이미 오래전 예견된 것이나 다름없었다. 인간이 남길 수 있는 최고의 작품이 그의 손끝에서 탄생되었다는 이러한 역설은 피할 수 없는 인간 조건의 단면이기도 하다.[13]

이 글은 헤밍웨이의 삶과 그의 작품을 이해하는 데 풀리지 않았던 궁금증을 해결하는 데 도움이 되었다. 특히 그의 삶을 이야기할 때 '명성'과 '쇠퇴'라는 단어를 빼놓기 어렵다. 헤밍웨이는 《누구를 위하여 종을 울리나》(1940)를 출간한 이후에 이렇다 할 작품을 내놓지 못한다. 10년 넘게 작품을 내놓지 못하는 그에게서 대중의 관심은 점점 멀어져 갔다. 1950년에 《강을 건너 숲 속으로》라는 장편소설을 출간하지만 독자들의 반응은 차가울 뿐이었다. 그로부터 몇 년 후에 출간된 《노인과 바다》는 그의 명성을 회복시켜 준 작품이자 그동안 움츠러들었던 작가로서의 자긍심을 다시 일으켜 준 고마운 소설이었다. 소설 속에 산티아고가 오랜 시간 낚시에 성공하지 못하지만 끝까지 희망의 끈을 놓지 않는 모습은 작가의 모습과 별반 다르지 않다. 《노인과 바다》를 읽

---

13. 같은 곳.

고, 그것을 바탕으로 수업을 준비하면서 스스로 반문해 보았다. 바다를 표류하는 우리는 어디로 가고 있으며, 어디로 가야 할 것인가? 많은 것을 생각하게 만들어 주는 소중한 작품임에 틀림없다.

자신의 잘못에 당당히 마주하는 용기

부끄러움을 상실한 시대이다. 잘못한 행동을 했는데도 모르쇠로 일관하는 사람들의 모습을 보고 있으면 보는 사람의 얼굴이 더 화끈거린다. 그야말로 반성과 성찰의 부재이다. 부끄러움을 느낀다는 것은 마음이 불편하다는 증거이다. 그 불편함은 도덕적 반성과 자기 도야를 이끌어 주는 계기가 된다. 그런 부끄러움이 사라지면 도덕적 성장 역시 기대하기 어렵다. 부끄러움의 상실을 대변하는 말을 떠올리자면 "목소리 큰 사람이 이긴다."라는 말이 생각난다. 들을 때마다 불쾌한 말이 아닐 수 없다. 합리적으로 따지지 않고 무조건 우기다 보면 안 될 일도 된다는 식의 논리이다. 자신의 허물을 한 번만 생각한다면 얼굴이 빨개져서 그런 큰 목소리는 나오지도 않을 것이다.

'부끄럽다'의 뜻을 국어사전에서 찾아보면 "일을 잘 못하거나 양심에 거리끼어 볼 낯이 없거나 매우 떳떳하지 못하다."라고 나와 있다. 이 말을 살펴보니 부끄러움이라는 것은 '관계(볼 낯)'와 '존재(떳떳하지)'의 의미를 함축하고 있는 듯하다. 누군가에게 잘못을 했을 때는 그의 낯을 제대로 쳐다보지 못한다. 상대방에 대한 미안함 때문일 것이다. 이것은 타인과의 관계를 생각한 반응이다. 그리고 떳떳하지 못하다는 생각을 가진다는 것은 스스로의 존재에 대한 반성과 질책의 결과라고 볼 수 있다. 부끄러움을 느끼는 것이 중요하지만 그 상태로 머물러서는 안 된다. 다시 도덕적으로 당당한 존재로 거듭나야 한다.

그렇다면 떳떳하지 못하고 부끄러운 존재에서 당당하고 자신 있는 존재로 거듭나기 위해서는 어떻게 해야 할까? '반성'을 해야 한다. 그리고 진심으로 '소통'해야 한다. 이것만이 사람과의 관계를 다시 회복시켜 주기 때문이다.

우리는 살아가면서 많은 실수와 잘못을 저지른다. 내가 의도하지 않았지만 경험이 모자라서, 상대방의 마음을 알아채지 못해서, 때로는 너무 성급해서 잘못을 하게 된다. 그런 잘못을 반성하고 곱씹으며 우리는 다시 신뢰의 관계를 회복해야 한다. 나아가서 서로 믿고 어울리는 사회를 추구해야 한다. 그러기 위해서 꼭 필요한 것이 '부끄러워할 줄 아는 자세'라고 생각한다. 부끄러움은 도덕적 행동의 기초이면서 인간관계 회복의 윤활유이기 때문이다.

부끄러움이 어떻게 도덕적 행동의 기초가 되는지 잠시 생각해 보자. 김상환은 그의 에세이에서 부끄러움은 "도덕적 자기의식의 단초"라고 이야기했다. 그의 설명은 다음과 같다.

부끄러움으로 대변되는 도덕적 감수성은 가르칠 수 있는가? 가르칠 수 있다면 어떻게 가르쳐야 하는가? 윤동주의 시와 공자의 철학은 유사한 답변을 제시하고 있다. 그 답변의 핵심은 올바른 사회적 관계의 자각이 없다면 부끄러움을 느끼는 것이 불가능하거나 무의미하다는 데 있다. 왜 그런가? 그것은 부끄러움이 단순히 타인의 시선 앞에서 개인이 갖게 되는 주관적 심리 상태에 그치는 것이 아니기 때문이다.[14]

부끄러움이라는 것은 "사회적 관계에 대한 자각"이 있어야 일어나는 감정이라는 말이다. 거꾸로 이야기하면 사회적 관계에 대한 자각이 없으면 부끄러움이 없는, 한마디로 뻔뻔한 사람이 되는 것이다. 자기 존재에 대한 인식만 있고 다른 사람의 입장을 생각하지 않는다면 그 사람은 뻔뻔한 사람이 된다. 서로 어울리는 사회를 위해서는 부끄러움이 꼭 필요하다. 그는 수치심과 죄의식의 관계에 대해서도 다음과 같이 설명을 덧붙인다.

수치심은 타인과의 관계에서 일어나는 불균형한 자기감정이다. 여기서는 이미 깨어진 내면적 총체성의 균형이 다시 자리를 잡기까지 잠재적 가능성의 크기를 기르는 잠복의 시간이 필요하다. 반면, 죄의식은 타인과의 관계에서 일어나는 채무의식이다. 여기서는 공평한 원리에 따른 정확한 계산, 그리고 실천에 의한 검증이 필요하다. (중략) 그럼에도 불구하고 수치심이 죄의식에 앞서는 도덕 감정이라는 사실에는 아무런 변함이 없

---

14. 김상환, 같은 글.

다. 인간은 수치심 속에서만 비로소 선악을 구별할 수 있고, 따라서 죄의식을 느낄 수 있다. 수치심은 양심이나 법칙에 대한 존경감이 성립하기 위해서 먼저 있어야 하는 최초의 도덕적 감정이다.[15]

결국 수치심은 인간이 사회적 존재로서 존재하고 건강한 인간관계를 유지하기 위해서 필수적인 감정이다. 죄의식이 양심적 행동과 도덕적 행동을 만드는 출발점이라면 죄의식 이전에 부끄러움이라는 감정이 있다는 것이다. 그래서 '부끄러움'이라는 감정에 대해서 진지하게 마주하는 용기가 필요하다. 부끄러움이 왜 필요하고 그것이 우리를 어떤 존재로 변화시켜 주는지에 대한 고민을 해야 한다. 부끄러움이 불편하다고 해서 외면하거나 건너뛰지 않고 그것을 당당히 마주할 때 도덕적 자아로 존재할 수 있다.

윤동주의 시는 부끄러움을 정면으로 마주하는 그의 태도 때문에 더 큰 감동을 준다. 부끄러움을 어떻게 타개할지 고민하는 모습까지 녹아 있다. 현대인들의 모습과는 많이 다르다. 요즘은 부끄러움을 피하는 것이 상책인 것처럼 보인다. 그래서 대중은 부끄러움을 피하는 이들의 모습이 불편해 분노한다. 잘못을 저지른 개인이나 단체가 뉴스에 보도되면 사회적으로 많은 질타를 받는다. 기자부터 사설단체까지 모두 달라붙어서 그들의 잘못과 행적을 낱낱이 밝히기 시작한다. 그런 도중에 더 큰 사회적 이슈가 터

---

15. 김상환, 같은 글.

지는 경우가 있다. 이렇게 되면 전에 질타를 받던 사람들은 더 큰 문제를 일으킨 사람이나 단체에 가려져 대중의 관심에서 잊힌다. 그래서 온갖 질타를 받을 때는 모든 잘못을 뜯어고칠 것처럼 하다가도 사람들의 시선에서 벗어나는 순간 고치던 시늉을 멈춘다. 책임을 나몰라라 하며 구렁이가 담을 넘듯 아주 보드랍고 유연하게 넘어간다. 사실을 왜곡하고 덮기 바쁘며, 또는 다른 사람 잘못으로 돌려 버린다.

자신의 잘못에 대해 진지하게 마주하지 못하고, 잘못이 있어도 더 큰 잘못에 의해 묻히고 있는 지금의 우리 모습이 아슬아슬하다. 문제를 저지른 사람들도, 그것을 지켜보는 대중도 더 큰 잘못이 그 문제를 덮어서 문제가 해결되었다고 착각하고 있는 듯하다. 부끄러움이 필요한 때이다. 작은 잘못부터 참회하는 마음으로 진심으로 부끄러워하고 반성해야 한다.

이런 시점에 윤동주의 시는 우리에게 많은 울림으로 다가온다. 그 안에는 시대를 살아가는 고뇌와 반성과 부끄러움이 고스란히 녹아 있기 때문이다. 시를 잊은 우리에게 그의 시들은 그래서 의미가 크다.

본질을 깨달아 가는 과정

숙고는 본질을 보기 위한 과정이라고 생각한다. 본질을 보지 못하고 주변의 곁가지들을 보기 시작하면 판단이 흐려진다. 그래서 숙고를 위한 첫걸음은 눈과 귀를 흐리는 곁가지를 덜어 내는 것이다. 《장자》 〈제물론〉에 보면 곁 그림자가 그림자에게 타박을 하는 장면이 나온다. 전호근의 해석을 빌리면 다음과 같다.

> 곁 그림자가 그림자에게 물었다.
> "조금 전에는 그대가 걸어가다가 지금은 멈추고, 또 조금 전에는 앉아 있다가 지금은 일어서 있으니, 어찌 그다지도 일정한 지조가 없는가?"
> 그림자가 말했다.
> "나 또한 무언가 의지하는 것이 있어 그리된 것인가? 내가 의지하고 있는 것은 또 다른 무언가에 의지하여 그리된 것인가? 나는 뱀의 비늘이나 매미의 날개 같은 것에 의지하는가? 어떻게 그런 줄 알겠으며, 어떻게 그렇지 않은 줄 알겠는가?"[16]

그림자는 곁으로 가면 흐려진다. 그 옅어진 그림자를 곁 그림자라고 한다. 그 곁 그림자의 입장에서는 그림자가 이리저리 움직이니 짜증이 났을 것이다. 그래서 힘들다고 불평을 늘어놓는 장면이다. 그러자 그림자는 나 역시 내 마음대로 움직이는 것이 아니고, 무엇이 시키는 대로 움직이고 있다고 이야기한다.

장자 특유의 우언이자 지금 우리에게 던지는 질문이다. 곁 그림자는 그림자가 본질이라 생각하겠지만 그림자를 있게 한 원래 물체는 따로 있다. 그런데 사람들은 그 본질은 보지 못하고 그림

---

16. 전호근, 《장자 강의》, 동녘, 2015, pp. 184~185.

자, 또는 곁 그림자만을 보고 본질이라고 착각한다. 그림자가 흔들리면 곁 그림자도 함께 흔들리는 격이니 도대체 감을 잡기 어렵다. 그래서 판단을 흐리는 곁가지들을 걷어 내는 것이 숙고의 시작일 수 있다.

장자의 우언은 접근이 쉽고 해석을 자유롭게 할 수 있기 때문에 교실에서 한 번쯤 활용해 보아도 좋다. 바른 숙고를 하려면 판단을 흐리는 것부터 없애는 것도 좋은 방법인데, 아이들에게 이 우화로 설명해 주면 훨씬 잘 이해할 것이다.

7장

삶의 다양성과 존중

01 빈센트 반 고흐의 그림을 도운 조력자들

이 수업의 중심 가치 덕목은 '배려'이다. 배려는 나와 다른 사람이 함께 행복해지는 방법이다. 나의 행복만을 추구하면 이기적인 것이 되고, 다른 사람을 위해서 희생만 해서는 나의 행복을 포기해야 한다. 그 적정선을 찾는 것이 공부요, 삶의 지혜가 될 수 있다. 도덕 지도서에 "배려는 '따뜻함'이 기반이 되어야 한다"는 말이 나온다. 그 '따뜻함'이란 무엇일까?

《반 고흐, 영혼의 편지》라는 책을 통해 접근해 볼 수 있다. 그 책에는 빈센트 반 고흐와 그의 동생 테오 반 고흐가 주고받은 편지 수십 통이 고스란히 담겨 있다. 그 안에는 형을 위한 동생의 정신적 · 물질적 지원에 대한 내용과 형에 대한 존경과 사랑이 그대로 녹아 있었다. 빈센트 반 고흐의 조력자들 중에는 화방 주인 탕기도 있었다. 그래서 빈센트 반 고흐와 그를 도와준 사람들의 삶을 통해서 진정한 배려란 무엇인지 학생들 스스로 생각해 보도록 하였다.

동생 테오는 빈센트 반 고흐가 그림에 입문할 때부터 죽을 때까지 그의 곁을 끝까지 지켜 준 사람이다. 그는 빈센트 반 고흐와 편지 수십 통을 주고받으면서 형의 정신적 버팀목이 되어 주었고, 매달 정기적으로 돈을 보내 경제적인 도움도 주었다.

또 다른 조력자인 화방 주인 탕기 영감은 빈센트 반 고흐에게 돈 대신 그림을 받고 그림을 그리는 데 필요한 재료를 주었다. 고흐에게 예술가도 많이 소개해 주었다. 이런 주변 사람들의 따뜻한 배려는 정신 질환으로 힘들어하는 고흐가 작품 활동을 계속할 수 있었던 원동력이었다.

수업 도입부에서는 지난 시간에 공부한 '사랑', '공감', '상대방 입장', '고마움'과 같이 배려와 관련된 핵심 단어를 칠판에 붙였다. 그리고 고흐의 그림 〈해바라기〉, 〈별이 빛나는 밤〉을 보여 주었다. 학생들에게 고흐의 그림을 보여 주니 단번에 "그 그림 봤어요."라는 말이 나왔다.

교사 이 그림을 보고 어떤 느낌이 드나요?
학생들 별이 아주 예뻐요, 해바라기 색이 아름다워요.

그리고 고흐의 실제 삶에 대한 이야기를 시작했다. 고흐의 화려한 그림과 달리 그는 물감 살 돈이 없어서 한 달 동안 드로잉만 한 적도 있었다. 그리고 평생 정신 질환에 시달려서 일찍 생을 마감한다. 그래서 다른 화가들과는 달리 실제 그림을 그린 기간이 10년 정도밖에 되지 않는다. 고흐의 어려웠던 삶에 대해 간단하게 설명해 주고 다음과 같이 물었다.

교사 고흐가 평생 동안 남긴 그림은 몇 점 정도 될까요?
학생1 100점 정도 될 것 같습니다.
학생2 300점 정도 될 것 같습니다.

대부분의 학생들이 500점도 안 되는 그림 수를 이야기했다. 학생들의 숫자를 들은 다음에 실제 고흐가 남긴 그림의 수를 알려 주었다.

교사 고흐가 남긴 그림은 무려 879점이라고 합니다.

이야기를 해 주니 학생들은 놀랐다.

교사 다른 화가들과 달리 그림을 그린 시간이 10년 정도밖에 되지 않고, 가난해서 물감 살 돈도 제대로 없었던 고흐가 어떻게 그렇게 많은 그림을 그릴 수 있었을지 생각해 보세요.
학생들 누군가가 도와주었을 것 같아요.
교사 이번 시간에는 빈센트 반 고흐를 도와주었던 사람들에 내 해서 알아보겠습니다.

그림 21 빈센트 반 고흐, 〈자화상〉, 1889

　이제 빈센트 반 고흐의 삶을 들여다보기 시작했다. 그가 자신을 그린 자화상을 먼저 보여 주고, 숨은 후원자였던 동생 테오의 자화상을 칠판에 붙였다. 칠판에 붙어 있는 인물이 누구인지 추측하도록 했다.

　빈센트 반 고흐의 자화상을 보자 학생들은 단번에 빈센트 반 고흐인 것을 알아보았다. 빈센트 반 고흐가 동생 테오를 그린 초상화를 보여 주고 누구인지 추측해 보라고 하자 다양한 이야기가 나왔다.

그림 22 빈센트 반 고흐, 〈테오 반 고흐의 초상〉, 1887

그래서 이 사람은 빈센트 반 고흐의 친동생 테오라고 이야기
해 주었다.

수업 시간에 학생들에게 빈센트 반 고흐와 테오가 주고받은 편
지 내용을 보여 주고자 했다. 《반 고흐, 영혼의 편지》를 학생들에
게 보여 주고, 그중 배려가 잘 나타난 12통을 추려서 학생들에게
모둠별로 읽어 보도록 하였다. 편지를 나누어 주고 그 안에서 배
려가 나타난 부분을 찾도록 하였다. 가능하면 원래 내용을 그대
로 전달하기 위해서 무리한 편집은 하지 않았다. 수업 시간에 학

생들에게 나누어 준 편지 중에서 여섯 통을 옮기면 다음과 같다.[1]

동생 테오에게

편지와 50프랑 고맙게 받았다.

너의 짐이 조금이라도 가벼워지기를, 될 수 있으면 아주 많이 가벼워지기를 바란다. 아무리 생각해도 나에겐 우리가 써버린 돈을 다시 벌 수 있는 다른 수단이 전혀 없다. 그림이 팔리지 않는 걸……

그러나 언젠가는 내 그림이 물감 값과 생활비보다 더 많은 가치를 가지고 있다는 걸 다른 사람도 알게 될 날이 올 것이다. 지금 원하는 건 빚을 지지 않는 것이다.

사랑하는 동생아, 너에게 진 빚이 너무 많아서 그걸 모두 갚으려면 평생 열심히 그림을 그려야 될 것 같다.

언젠가 내 그림이 팔릴 날이 오리라는 건 확신하지만, 그때까지 너에게 기대서 아무런 수입도 없이 돈을 쓰기만 하겠지. 가끔씩 그런 생각을 하면 우울해진다……

형 빈센트 반 고흐 씀

빈센트 형에게

형 편지를 보니 건강도 별로 좋지 않은 데다 아주 많이 고민

---

1. 빈센트 반 고흐, 《반 고흐, 영혼의 편지》, 신성림 옮기고 엮음, 예담, 2005.

하고 있다는 생각이 들었어. 이번 기회에 형에게 확실하게 말해 두고 싶은 게 있어. 난 돈 문제와 내가 형의 그림을 파는 문제, 그리고 형이 돈이 없어서 나에게 돈을 빌리는 것은 별로 중요하지 않다고 생각해.

형은 내게 빚진 돈 얘기를 하면서 내게 갚고 싶다고 말하는데, 그런 말은 나에게 하지 않아도 돼. 내가 형에게 원하는 것은 형이 아무런 근심 없이 지내는 거야. 내가 돈을 벌기 위해서 일을 해야 한다는 것은 맞아. 우리 둘 다 가진 게 별로 없으니 너무 무리해서 서로를 도와줄 필요는 없다고 생각해. 하지만 내가 우리 가족을 돌보지 않을 정도로 형을 도와주는 것은 아니니 걱정하지 않아도 돼. 그러니 앞으로도 계속 이렇게 형을 도와줄 수 있을 거야. 형의 그림이 팔리지 않아도 말이지.

형이 원한다면 날 위해 중요한 일을 해 주길 바라. 그건 예전부터 형이 잘할 수 있는 일을 계속해 주는 거야. 우리 주변에 예술가들, 친구들이 모여들게 하는 일 말이야. 나로서는 결코 해낼 수 없는 일이거든.

형의 몸이 빨리 회복되면 좋겠어…….

동생 테오 씀

소박한 사람들에게 말을 거는 그림

동생 테오에게

물감과 멋진 조끼 보내 주어서 정말 고맙다. 넌 내게 얼마나 친절한지. 그래서 난 너욱너 훌륭한 그림을 그릴 수 있기글 바라게 된다. 배은망덕한 사람이 되고 싶지 않구나. 물감은 정말 적절할 때 도착했다. 저번에 쓰던 것이 거의 바닥이 나고 있었거든.

내가 더 이상 그림을 그리지 않는다면, 도대체 뭘 할 수 있을까? 아아, 유화물감보다 값이 싸면서도 더 오래 지속되는 간편한 그림 도구를 만들어 내야 한다.

거창한 전시회보다는 소박한 사람들에게 말을 거는 그림을 그리는 게 더 나을 것이다. 밀레의 작품처럼 사람들에게 교훈이 될 그림이나 복제화를 자기 집에 걸어 둘 수 있도록 말이다.

형 빈센트 반 고흐 씀

드디어 형의 그림이 팔렸어!

빈센트 형에게

형, 나를 아주 기쁘게 한 소식을 전할까 해. 몽티셀리 그림을 석판화로 제작하고 있는 로제 씨가 우리 집에 찾아왔었어. 우리가 가진 몽티셀리 그림을 보려는 거였지.

그런데 가장 그의 마음에 들었던 게 뭔지 알아? 그건 바로 형의 그림들과 스케치들이었어. 세상에! 형, 그 사람이 형의 그림을 이해하더라고! 형의 그림은 정말 가치가 있다고 생각해. 우리 함께 희망을 갖기로 하자. 이제 형에게는 행복한 일만 있을 거야.

그는 오래전에 탕기 영감의 가게에서 형의 그림을 본 적이 있대. 그는 내가 가진 그림을 모두 보고는 정말 기뻐했어. 스케치 중에서 떨어진 사과를 줍는 그림을 어찌나 좋아하던지 그걸 그에게 선물했어.

그런데 다음 날 그가 다시 가게로 찾아와서는 다른 스케치도 한 점 가질 수 없겠냐고 묻더군. 형이 예전에 그린 그림을 말이야. 그는 형의 스케치를 빅토르 위고의 스케치들보다 훨씬 더 훌륭하다고 말했어.

동생 테오 씀

요즘 많이 힘이 들구나

동생 테오에게

확실히 최근 생활은 슬펐다.

여기저기로 옮겨 다니고 가구들을 모두 치우고 네게 보낼 그림들을 싸고…….

하지만 그중에서도 가장 슬펐던 것은 그토록 따뜻한 우애로 이 모든 것을 베푼 네게, 그토록 오랜 기간 항상 나를 지지해 준 유일한 사람이었던 네게, 다시 이렇게 힘든 이야기를 꺼내니 마음이 많이 좋지 않구나.

아~ 내 느낌을 그대로 표현하기가 힘들구나. 하지만 네가 내게 보여 주었던 선량함은 결코 지워지지 않을 것이다. 네가 그런 아름다운 것을 가졌고 그것은 너에게서 사라지지 않을 거야.

너의 그런 선량한 모습을 유지한다면 너에게는 더욱더 많은 것이 남게 될 거야.

형 빈센트 반 고흐 씀

빈센트 형에게

형, 어제 받은 편지를 읽고 무척 마음이 아팠어. 형은 지극히 당연한 일을 너무 크게 걱정하고 미안해하는 것 같아.

형의 사랑과 작품들로 이미 몇 배나 나에게 되돌려주었다는 사실은 생각하지도 않고 말이야. 그런 것들이야말로 내가 가질 수 있었던 돈을 다 합친 것보다 훨씬 더 소중한 것 아니겠어?

형이 아직도 건강이 좋지 못하다니 정말 마음이 아파.

형은 나와 주변 사람들에게 피해를 줄까 봐 형 혼자 있고 싶어하는 것 같은데, 그러지 않았으면 좋겠어.

동생 테오 씀

배려가 잘 나타난 부분을 지난 시간에 공부한 핵심 단어인 '사랑', '공감', '상대방 입장', '고마움'을 단서로 하여 찾도록 하였다. 참고로, 테오의 자화상에서 조금 어색한 부분이 발견되지 않는가? 저런 양복에는 밀짚모자가 아닌 중절모자를 쓰는 것이 보통이다. 테오가 쓰고 있는 모자는 빈센트 반 고흐가 즐겨 쓰던 밀짚모자이다. 이것은 나중에 테오 부인의 증언을 토대로 알게 된 사실이라고 한다. 그리고 빈센트 반 고흐의 자화상 중에서 중절모자를 쓰고 있는 것이 있는데, 그것은 동생 테오의 것이라고 한다.

아이들은 그렇게 자신이 찾은 내용을 친구들과 비교해 보았다. 학생들은 그 편지의 내용을 읽고 깊은 감동을 받은 듯했다.

이제 다음 인물로 넘어갔다. 탕기 영감이다. 탕기 영감은 화방

그림 23 빈센트 반 고흐, 〈탕기 영감의 초상〉, 1887

가게 주인이고, 주변에 많은 예술가들이 있었다고 이야기해 주었
다. 그리고 자신이 탕기 영감이라면 빈센트 반 고흐에게 어떻게
배려를 실천할 것인지 토의해 보도록 하였다.

　"토의 주제: 내가 탕기 영감이라면 빈센트 반 고흐를 어떻게 도
와줄 수 있을까?"

　다양한 의견이 나왔다. 대부분 실제 사실과 맞는 내용이었다.

　학생1 돈 대신 고흐의 그림을 받고 고흐에게 물감을 빌려 주겠
　　습니다.

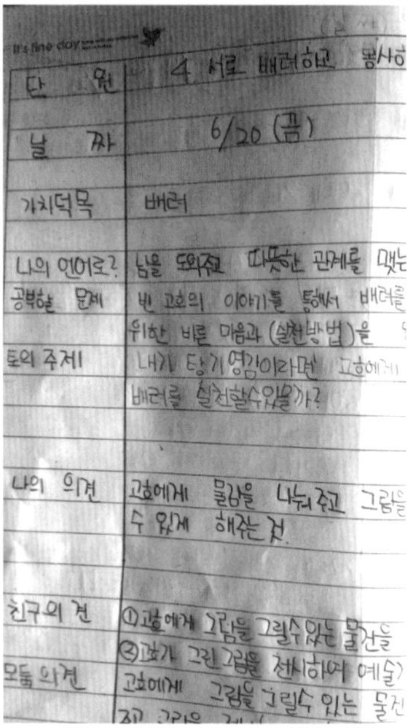

단원	4. 서로 배려하고 봉사하
날짜	6/20 (금)
가치덕목	배려
나의 언어로? 공부할 문제	남을 도와주고 따뜻한 관계를 맺는 빈 고흐의 이야기를 통해서 배려를 위한 바른 마음과 (실천방법)을
토의 주제	내가 탕기 영감이라면 고흐에게 배려를 실천할수있을까?
나의 의견	고흐에게 물감을 나눠주고 그림을 수 있게 해주는 것.
친구의견	①고흐에게 그림을 그릴수 있는 물건을 ②고흐가 그린 그림을 전시하여 예술
모둠의견	고흐에게 그림을 그릴수 있는 물건

그림 24 고흐를 도울 수 있는 방법에 대해서 구체적으로 적었다.

학생2 그의 그림을 전시해 주겠습니다.

학생3 주변의 예술가들을 소개시켜 주어서 고흐가 활발한 교류를 할 수 있도록 도와주겠습니다.

아이들의 의견을 다 들은 후 학생들이 미처 말하지 못한 사실도 덧붙여 주었다. 탕기는 혼자 사는 빈센트 반 고흐를 위해서 집에서 따뜻한 식사도 자주 대접했다고 한다. 참고로, 어떤 사람들은 탕기가 빈센트 반 고흐의 천재성을 이용해서 많은 그림을 착취했다고 평가하는 입장도 있지만, 빈센트 반 고흐의 그림은 탕기 영감이 죽은 후에 발견되었기 때문에 굳이 그렇게 해석할 필요는 없다고 생각한다. 이 부분은 논란이 있을 수 있기 때문에 수업 시간에 다루지 않았다.

그리고 학생들과 생각하고 넘어가야 할 부분이 있어서 다음과 같이 물었다.

> 교사 만약 고흐 주변에 이런 사람이 없었다고 하면 어떻게 되었을까요?
>
> 학생들 그림을 제대로 그리지 못했을 것입니다.
>
> 교사 그렇다면, 테오가 자신의 가족은 돌보지 않고 형만 돌보았다면 어떻게 되었을까요?
>
> 학생1 테오의 가족이 힘들었을 것 같습니다.
>
> 학생2 테오가 힘들어하는 모습을 보면서 빈센트 반 고흐도 마음이 편하지 않았을 것 같습니다.
>
> 교사 네. 그래서 진정한 배려는 나와 다른 사람이 함께 행복해지는 것입니다.

다음으로 '우리 반 가치 실천 사전 만들기'를 하였다. 자기가 실생활에서 배려를 구체적으로 어떻게 실천할 것인지 문장으로 적어 보는 것이다. 이 수업을 하기 전에 주변에서 배려를 실천하는 사람들의 모습을 발견해서 감정 기록장에 적어 오도록 하였다. 무심코 지나치던 일상의 모습도 배려를 생각하면서 세상을 보면 그때부터 배려가 눈에 보이기 때문이다. 그중에서 몇 편을 읽어 주고 스스로 실천할 내용을 적어 보도록 하였다. 그리고 자신이 실천할 배려의 내용을 사전의 형식으로 적었다. 그 내용을 나누면서 수업을 마무리했다.

02 《도덕경》: 최고의 덕은 자연스러움에 있다

지속가능발전교육(ESD)의 개념을 살펴보면 그 안에 '공존'이라는 화두가 있다. 우리가 사는 세대만 행복을 누리는 것이 아니라 다음 세대까지도 그 발전과 행복을 유지시키는 데 그 목적이 있다. 그래서 '공존'과 '함께하기'는 이제 우리 사회를 유지하기 위한 중요한 키워드로 자리 잡았다. 그런 공존은 상대방에 대한 배려와 이해가 전제되지 않으면 애초에 생기기 어렵다. 특히 세대를 아우르는 공존이 필요한 이런 시기에 '효도', '존경', '예절'과 같은 덕목들은 중요하다.

하지만 예절을 가르치기 전에 먼저 존중하는 마음이 들도록 하는 것이 순서인 것 같다. 존중하고 공경하는 마음이 생기면 예절은 그다음에 자연스럽게 이어진다. 그러나 허례허식으로 대표되는 꾸밈과 보여 주기 중심의 예절을 너무 강조하다 보니, 정작 본질인 공경의 마음과 태도는 발견하기 어려워진 것이 지금의 현실이다. 예절을 가르쳐서 존경의 마음을 가지도록 하는 것이 아니라, 먼저 존경하는 마음을 가지도록 하는 것이 순서라고 생각된다. 본질을 왜곡하는 허례허식은 하는 사람도 보는 사람도 피로감이 들게 만든다. 예절도 물론 중요하지만 그것은 존경을 표현하기 위한 방법일 뿐이며 그 전에 진심어린 마음이 더 중요하다.

사실 존경의 마음이라는 것이 억지로 강요한다고 되는 것은 아니다. 국민의 믿음과 희망으로 선출된 대표들과 사회 지도층 인사들의 온갖 비리를 보고 있자면 우리나라에 존경할 만한 어른은 과연 계신가라는 의문이 들 때가 한두 번이 아니다. 그러나 그렇게 겉으로 드러나는 유명 인사들만 평가해서는 안 된다. 주변에 자신의 일을 묵묵히 하면서 살아가는 어른들이 훨씬 더 많다는 사실을 아이들이 알 수 있도록 해야 한다.

가장 가까이에 계신 분이 바로 우리의 부모님들이 아닌가. 그래서 '부모님에게서 배우는 삶의 지혜'라는 주제로 가족 토의 시간을 마련하고 토의 결과를 친구들과 나누었다. 그런 과정을 통해서 학생들이 실천할 예절과 효도는 거창한 것이 아니고 나의 주변 사람들부터, 그리고 진심으로 실천하는 것임을 생각해 보는 것이었다. 예절도 필요하지만 그 이전에 존경의 마음가짐이 먼저임을 깨닫고, 허례허식보다는 진심어린 태도로 꾸준히 실천하는 것이 중요했다. 이에 대해 《도덕경》에서 살펴보면 좋을 것이다.

개인적으로 노자와 장자의 철학을 좋아한다. 그들의 책을 통해 '과잉'이 넘쳐 나는 현대사회가 '본질'로 회귀할 수 있는 메시지를 발견할 수 있기 때문이다. 불필요한 것을 걷어 냈을 때의 담백함의 미덕은 자연 풍경에만 적용되는 것이 아니다. 우리 삶에도 필요한 부분이다. 노자의 《도덕경》에서 전하는 것이 바로 그런 '본질 추구'의 중요성이었다. 학생들과 함께 읽어 보고 싶은 대목은 18장의 내용이었다.

> 大道廢 有仁義 큰 도가 가려지면 어짊이나 올바름이 생겨나고
> 慧智出 有大僞 지혜를 받들면 큰 거짓이 생겨난다.
> 六親不和 有孝慈 가족이 화목하지 못하면 효와 인자함이 생겨
> 　　　　　　　　나고
> 國家昏亂 有忠臣 나라가 어지러워지면 충신이 생겨난다.[2]

　노자는 일체의 인위적인 것을 배제한다. 그래서 스스로 그러하게 되는 자연스러움을 최고의 덕으로 삼았다. 대표적인 것이 우리가 알고 있는 상선약수(上善若水), 물이다. 최고의 선은 물과 같다는 것이다. 위의 내용에 해석을 조금 덧붙이자면 이렇다. 가족이 화목하지 못하다는 것은 자식이 부모를 공경하지 않고 효를 행하지 않는다는 것이다. 그러나 반대로 생각해 보자. 만약 모든 나라의 자식들이 부모에게 마땅히 가져야 할 존경의 마음을 가지고 그에 마땅한 행동을 한다면 '효'라는 말이 생기지 않는다. 그 사회에 '효'라는 가치가 상실되었기 때문에 등장하는 것이 효의 개념이고, 그것의 보상이 '효자'라는 칭호인 것이다.
　수업 시간에는 먼저 효도가 무엇을 뜻하는지 생각해 보도록 하였다. 칠판에 적으면서 그 뜻에 대해서 정리했다.

---

2. 한상영, 《도덕경 삶의 경계를 넘는 통찰》, 지식공감, 2012, p. 154 내용을 참고하여 풀어 적었다.

교사 효도가 무엇을 뜻하는 말일까요?
학생1 부모님의 말씀을 잘 듣는 것입니다.
학생2 부모님을 잘 모시는 것입니다.

대부분의 학생들이 효를 부모님에 대한 것으로만 생각하고 있었다. 그러나 조금 더 넓은 의미에서 살펴보았을 때는 부모, 스승, 어른에 대한 사랑과 공경의 정신으로 생각할 수 있다. 효도는 광의의 개념으로서 인간과 자연, 자신이 맡은 일을 사랑하고 공경하며 섬기는 것이다.

《도덕경》 18장에 나와 있는 구절을 적어 주고 무슨 뜻인지 생각해 보도록 했다. 처음 읽으면 도대체 말이 안 된다는 느낌을 받을 것이다. 그래서 이해를 돕기 위해 필요한 것이 학생들이 배웠던 것과 연결 짓는 것이다. 앞에서 배웠던 인물인 이순신과 유성룡, 그리고 간신들의 이야기를 떠올려 보도록 하였다. 그랬더니 효와 충 이전에 생각해야 할 것들에 대해 조금 더 쉽게 이해하였다. 학생들은 생각보다 더 잘 생각하고 이해했다. 그리고 토의 주제를 적었다.

"효도를 할 때 중요하게 생각해야 하는 것은 무엇일까?"

학생들은 자신의 생각을 기록했다. 모둠별로 이야기하면서 나왔던 내용을 칠판에 적어 범수화시켜 보니 '공성', '마음', '신심'과 같은 단어들이 나왔다. 거기에 더해서 효도는 특정한 날이나 일이 있을 때 거창하게 준비해서 한 번으로 끝내는 것이 아니라, '꾸준히 실천하는 것'이 중요함을 같이 생각해 보았다. 그리고 이 단원을 공부하고 떠올린 '나의 나침반'을 적어 보도록 하였다.

03 《장자》: 인권과 '차이를 존중하는 삶'

인권은 인간의 내재된 권리를 말한다. 인간으로서 마땅히 누려야 할 권리로서 빼앗거나 양도할 수 없다. 인권이 침해되는 사례를 보면 그 밑에는 '우월감'이라는 잘못된 인식이 깔려 있다. 차이를 다름으로 인정하는 것이 아니라 틀림으로 받아들이는 순간 우월감이 생긴다. 우리 주변에는 다름이 있을 뿐, 틀림이란 없다. 인종, 피부색, 성별, 언어, 종교, 정치적 견해, 출신 국가, 재산, 출생 등 많은 부분에서 다양한 사람들이 서로 어울려 살아가는 것이 사회요, 국가요, 공동체이다. 이런 공동체에서 차이를 인정하지 않고 설득하고 바꾸려는 교정적 시각을 가지고 있으면 인권은 제대로 보장되지 않는다. 그래서 인권을 이야기할 때 '차이'와 '존중'이라는 개념을 함께 생각하는 것이 필요하다.

인권이 우리의 권리라면 인권을 침해하지 않는 것은 우리의 책임이 된다. 인권에 대한 바른 인식은 사람들 각자를 존중하고 다른 사람의 권리를 침해하지 않도록 만든다. 예를 들어 인종차별을 받기 싫어하는 사람이라면 그 역시 다른 인종에 대해 차별하면 안 되는 것이다. 이렇게 인권은 책임과도 연관되어 있다.

역사를 살펴보면 인권 보장을 위한 투쟁의 역사는 처절하다. 차이를 다름이 아닌 틀림과 차별로 인지하는 경우 그 대립은 치열해진다. 전쟁은 인권이 침해되는 대표적인 사례라고 볼 수 있다. 전쟁에는 평소에 통용되던 기본적인 인권이 침해당하며 잔혹한 행위가 암묵적으로 이루어진다. 나와 다른 것을 있는 그대로 받아들이는 태도가 인권을 위한 출발점이 될 수 있다.

차이를 존중하는 삶에 대해 생각했을 때 가장 먼저 떠오르는 것이 장자이다. 장자가 살았던 시대는 전국시대였다. 자고 일어나면 주변 사람들이 죽어 나가던 살육의 시대를 살았던 그는 전쟁의 참상을 늘 가까이에서 지켜보았을 것이다. 전쟁의 원인은 많지만 그중에서도 '차이를 인정하지 않음'을 빼놓을 수 없다. 차이가 조화로 나아가지 못하고 제거의 대상이 되었을 때 전쟁과 같은 비극이 일어난다. 장자의 사상에서도 '다양성의 존중'은 자주 다루어진다. 그는 시대적 문제점에 천착하여 모두가 함께 어울리면서 살아가는 상생의 사회를 추구하였다. 그래서 《장자》를 읽어 보면 차이를 인정하는 것의 중요성을 다룬 우화가 많다.

장자는 자신의 생각을 직설적으로 말하지 않고 우화를 통해서 전달한다. 그것이 장자 철학의 위대함이라 볼 수 있다. 전호근은 장자의 이런 특성에 대해서 다음과 같이 설명한다.

장자는 자신의 이야기를 그런 시대적 배경(사상을 직설적으로 이야기했을 때 자칫하면 목숨을 부지하기 힘든 전국시대) 하에서 '우언'의 방식으로 남겼습니다. 그런데 말씀드린 것처럼 우언은 이렇게도 이해할 수 있고 저렇게 이해할 수도 있기 때문에 장자의 의도가 정확히 어디에 있는지 알기 어렵습니다. 하지만 다행스럽게도 장자는 같은 이야기를 반복하는 경우가 많습니다. 한마디만 하고 끝내면 알 수 없는데, 같은 이야기를 두 번, 세 번 반복해서 다루고 있기 때문에 우언의 방식을 취했더라도 자세히 읽으면 장자의 의도를 짐작할 수 있습니다. [3]

우화를 재미있게 읽다 보면 그 안에 담긴 의미를 어렴풋이 짐작할 수 있다. 우화는 해석의 다양성 역시 보장되기 때문에 접근이 쉽고 교실에서 활용하기에 적절하다. 딱딱한 철학적 내용이 아니라, 다양한 등장인물과 재미있는 이야기로 구성된 《장자》의 우화는 많은 내용을 담고 있어서 아이들이 친근하게 접근할 수 있다. 다양성의 중요성을 이야기하는 우화가 많지만 여기서는 '학 다리' 이야기를 소개한다.

오리 다리가 비록 짧지만 억지로 늘리면 걱정거리가 된다. 학 다리가 비록 길지만 일부러 자르면 슬퍼하기 마련이다. 본래부터 긴 것은 끊을 것이 아니요, 본래부터 짧은 것은 늘릴 것이 아니다. 생긴 대로 두면 걱정이 없다. [4]

강상구는 위의 글에 대해서 다음과 같은 해석을 붙였다.

---

3. 전호근, 같은 책, p. 24.
4. 강상구, 《그때 장자를 만났다》, 흐름출판, 2014, p. 167.

학은 학대로 다리가 긴 이유가 있고, 오리는 오리대로 다리
가 짧은 이유가 있다. 이걸 그저 보기 안 좋다고, 또는 어설프
게 상대를 위해 준답시고 기어이 자르거나 늘려 주겠다고 덤비
는 사람들이 있다. 세상 모든 다리가 똑같은 길이가 되어야 할
이유가 뭐가 있나. 학은 학대로 다리가 길어 좋고, 오리는 오리
대로 짧아 좋다.[5]

나의 잣대로 다른 사람들의 모습과 생각을 바꾸려는 것은 위험
하다. 그런 행동은 나의 판단과 기준만이 바른 것이라고 믿는 착
각에서 출발한다. 누구도 틀린 삶은 없다. 그냥 다른 삶이 존재
할 뿐이다. 각각의 삶을 다르게 인정하지 않는다면 결국 나의 틀
에 다른 사람들까지 맞추려고 할 것이다. 그런 끼워 맞추는 과정
에서 다른 사람의 권리를 침해하고 획일화하려는 마음이 생긴다.
나의 생각대로 다른 사람을 설득시켜서 나와 같게 만들려고 하는
편견은 차이를 보지 못하고 존중을 만들지 못한다.

옳고 그른 시비를 떠나고 편견에 사로잡힌 시선을 거두면 모두
가 함께하는 공존의 세계로 나아갈 수 있다. 인권 존중 역시 그런
시비와 편견을 걷어 낸 공존의 세계와 함께 가야 하는 것이다. 차
이를 인정하는 장자의 철학은 우리에게 많은 메시지를 준다.

아이들에게 이 수업 전에 다루었던 히틀러의 삶, 제2차 세계대
전, 홀로코스트(나치의 유대인 대학살)에 대해서도 떠올려 보도
록 했다. 나와 다른 민족에 대한 잘못된 인식이 큰 비극을 불러올

5. 강상구, 같은 책, p. 167.

수 있다는 것을 히틀러와 전쟁을 통해서 살펴보았던 시간이었다.

그다음 수업 시간에는 인권을 존중하고 함께 어울리는 사회를 구현한 이야기로 시작하면 좋을 것 같았다. 그래서 수업을 시작할 때 인재를 고루 등용한 세종대왕과 그런 사회에서 능력을 마음껏 발휘할 수 있었던 장영실에 대한 이야기를 들려주었다.

"누구나 알고 있듯이 장영실은 노비 출신이죠. 하지만 워낙 기술과 재능이 뛰어나서 일찌감치 이름을 떨쳤습니다. 그런 장영실의 능력과 재능을 알아챈 세종은 그에게 별좌(別坐)의 관직을 내리고 장영실은 관노의 신분을 벗어나서 궁정기술자로 활약하게 되었어요. 하지만 그런 세종의 생각이 처음부터 실현되지는 못했어요. 세종이 장영실에게 관직을 내리려고 할 때 주변의 반대가 아주 심했답니다. 당시 사대부들 입장에서 노비 신분이었던 장영실이 관리가 되는 것은 용납할 수 없는 일이었습니다. 하지만 세종은 주변 대신들의 의견을 물어서 결국, 그를 관리로 등용시킵니다. 장영실은 별좌에서 머문 것이 아니고 정4품 벼슬인 호군(護軍)의 관직까지 오르게 됩니다. 이 과정에서도 여러 대신들의 반대가 있었지만, 훌륭한 안목이 있는 황희 정승과 같은 사람들의 도움에 힘입어 호군의 관직에 오를 수 있었답니다."

교사 세종은 신하들의 반대에도 불구하고 왜 노비 신분이었던
　　　장영실을 관리로 등용했을까요?
학생1 장영실의 능력을 인정했기 때문입니다.
학생2 세종은 장영실의 신분보다 능력을 중요하게 생각했기 때

문입니다.

교사 세종의 그런 태도를 본 장영실은 어떤 마음이 들었을까요?

학생들 최선을 다해서 일을 해서 보답해야겠다는 생각을 했을
것 같습니다.

교사 세종의 이런 존중의 태도는 장영실뿐만 아니라 다양한 사
례에서도 비슷한 모습을 보입니다. 세종은 인물의 출신이 아
니라 그 재능과 가능성을 인정했기 때문입니다. 출신을 크게
보았다면 결코 등용하지 않았겠죠. 세종에게 출신은 그저 차
이일 뿐, 그것이 결코 인물의 능력과는 연결될 수 없는 것이
었습니다. 세종의 사람을 뽑는 방법과 존중의 태도는 조선
사회를 어떻게 변화시켰을까요?

학생1 조선 사회가 평화롭고 발전할 수 있도록 만들었습니다.

학생2 장영실과 같은 사람들이 백성의 생활에 도움이 되는 것
들을 개발했으며, 그것은 백성의 생활에 도움이 되었습니다.

교사 신분에 따라서 차별하지 않고 누구나 존중받는 사회에서
는 개인의 재능을 펼치기가 쉽고, 그 결과는 사회 구성원 개
개인의 행복과 연결될 수 있습니다.

이제 '다른 것'과 '틀린 것'의 차이에 대해 알아보기 시작했다.
'다르다'와 '틀리다'를 칠판에 적었다. '다른 것'과 '틀린 것'을 혼동
해서 사용하는 경우가 많다. 일상생활에서 사용하는 말속에도 그
런 것이 쉽게 녹아 있다. 그래서 그런 경험을 떠올려 보도록 했
다. 그리고 서로 다른 것을 있는 그대로 받아들여서 좋았던 경험
을 이야기해 보았다. 그런 경험들이 발전되면 존중이 된다고 말
하고 토의 주제를 적었다.

"인권과 '차이를 존중하는 삶'은 어떤 관련이 있을까?"

> 교사 자기 생각을 이야기해 볼까요?
> 학생1 차이를 그대로 받아들여야 다른 사람의 권리도 존중할
> 수 있을 것 같습니다.
> 학생2 차이를 존중하지 않으면 다른 사람의 권리를 침해할 수
> 있습니다.

학생들은 이전 차시에 인권의 뜻에 대해서 공부를 했기 때문에 차이를 존중하는 것이 다른 사람의 권리를 존중해 줄 수 있는 중요한 시작점이라는 것을 알게 되었다. 단원 공부를 마치고 '나의 나침반 적기'를 했다. 아이들은 다른 사람의 인권과 차이를 존중하는 삶의 중요성에 대해서 공부하고 느낀 점을 바탕으로 각자의 나침반을 적어 나갔다.

04 경청의 힘으로 신뢰를 쌓는다

아이들에게 다른 사람의 말을 잘 들으라는 말을 참 많이 한다. 하지만 누구도 말을 왜 잘 들어야 하는지 구체적으로 설명해 주지 않는다. 그냥 무턱대고 잘 들으라고 윽박지른다. 잘 듣지 않으면 상대방의 마음을 이해하지 못하고 이해하지 못하니 서로 다른 말만 늘어놓게 된다.

현대사회는 '말을 잘함'에 대한 열망이 높다. 같은 조건이라면 말을 잘하는 사람이 능력 있는 것처럼 보인다. 말을 하는 것은 더 좋은 것을 쟁취하는 수단이자 자신의 능력을 뽐내는 방법이다. 그래서인지 말을 하지 않음에 대한 불안이 있는 것 같다. 말을 하지 않으면 무엇인가를 빼앗길 것 같고 소극적인 사람으로 비칠 것 같다. 할 말이 없어도 말하기를 강요하는 듯하다.

말하는 것보다 듣는 것이 왜 중요할까? 듣는 것도 그냥 흘려듣지 않고 주의를 기울여서 듣는 경청이 중요한 이유는 무엇일까? 경청은 듣기만 하는 것이 아니다. 경청은 말하는 사람에 대한 집중의 표현이자 공감의 수단이다. 그래서 경청은 말하는 사람이 듣는 사람을 신뢰하게 만든다. 상대의 말을 경청하고 내 말을 하면 서로 신뢰 관계가 형성되기 때문에 무턱대고 말하는 것보다 훨씬 영향력이 생긴다.

경청은 말을 잘하도록 도와준다. 상대방이 하는 말을 집중해서 들으면 말의 요지가 무엇인지 알게 된다. 요지를 파악해서 이야기의 흐름에 맞는 말을 떠올리고 마음속으로 정리한 다음에 말을 하면 논리적이고 담백한 말하기가 된다. 말을 많이 한다고 말을 잘하는 것이 아니다. 필요한 말을 시의적절하게 하는 것이 중요하다. 경청은 그것의 시작이다.

경청은 대화에만 도움이 되는 것이 아니라 강의나 연설과 같은 대중에게 하는 말하기에도 도움이 된다. 다른 사람의 말을 잘 들어 놓으면 그들이 원하는 것이 무엇인지 알게 된다. 그것을 분석해 놓았다가 말을 하면 훨씬 집중력 있게 전달할 수 있다. 그래서 경청을 잘하는 사람은 대인관계에서 주도권을 잡기 쉽다. 말을 많이 해서 주도권을 잡는 것이 아니라, 잘 들어서 주도권을 잡는 경청은 과잉이 넘쳐 나는 요즘 시대에 꼭 필요한 역량이다. 이렇게 경청이 가진 힘에 대해서 구체적으로 소개한 책이 있다. 래리 바커와 키티 왓슨의 《마음을 사로잡는 경청의 힘》이다.

이 책은 경청의 실용적인 효과에 대해 알뜰하게 적어 놓았다. 경청이 중요하니 무조건 잘 들으라는 주먹구구식의 태도가 아니라 "경청을 하면 이득이 된다."는 논리다. 이런 실용적인 부분을 아이들에게 설명해 주면 경청의 중요성에 대해 더 쉽게 이해할 수 있을 것이다. 저자는 경청이 대화의 과정에서 신뢰를 쌓기 때문에 상대방을 우호적으로 만들 수 있는 좋은 방법이라고 설명한다.

> 경청은 대화의 과정에서 신뢰를 쌓을 수 있는 최고의 방법이다. 경청할 때 상대방은 자신의 감정이 인정받았다는 안도감을 갖게 되고, 혹시 있을지도 모르는 위협감이나 위화감을 해소해 준다. 사람에게는 누구나 생존 본능이 있다. 이 본능이 위협받을 경우 어떤 상호작용도 적대적일 수밖에 없으며, 상대방에게 어떤 형태로든 저항하게 된다. 경청은 이 날카로운 본능을 조용히 누그러뜨리며 상대방이 편안히 말할 수 있도록 해 준다.[6]

경청은 결코 듣는 것으로 그치지 않는다. 잘 듣는 것은 상대방

---

6. 래리 바커, 키티 왓슨, 《마음을 사로잡는 경청의 힘》, 윤정숙 옮김, 이아소, 2006, p. 25.

과 신뢰의 관계를 형성하기 때문에 내가 잘 말할 수 있는 통로를 확보하는 것과 같다.

> 경청은 결코 남의 말만 들어 주는 바보 같은 짓이 아니다. 경청을 통해 당신은 상대방에게 당신의 말로 메시지, 감정을 아주 쉽고 효과적으로 전달할 통로를 확보하게 된다. 당신이 경청하는 만큼 상대방은 당신을 신뢰하기 때문이다. 자기 말을 들어 주는 사람을 싫어하는 이는 세상에 없다.[7]

말하지 않는 것에 대한 두려움에 대해서도 설명하고 있다.

> 대부분의 사람들은 '침묵-말하지 않는 것'에 대한 두려움을 갖고 있다. '듣는다' 혹은 '경청한다'는 것은 '말하지 않는 것'을 뜻한다고 여기기 십상이다. 이런 인식은 부분적으로는 우리 세대가 성장했던 환경과도 연관이 있다. 우리들 대부분은 '웅변'과 '달변'이 대접받는 환경에서 성장했다. 거대한 이상과 이데올로기가 만연했고, 지시와 복종이 세상을 움직였다.[8]

거대한 이상과 지시와 복종 중심의 사회에서 '웅변'과 '달변'이 중요했을 수도 있겠지만, 지금처럼 소통과 창의성이 중요한 사회에서 더 이상 일방적인 '말 잘함'은 한계가 있다. 오히려 경청이 훨씬 도움이 많이 되는 듯하다. 이런 경청을 위한 마음가짐에 대

---

7. 래리 바커, 키티 왓슨, 같은 책, pp. 25~26.
8. 래리 바커, 키티 왓슨, 같은 책, p. 31.

해서는 다음과 같이 적었다.

> 경청이란 먼저 아무런 사심 없이 듣고 그다음에 판단하는 것
> 이다. 하지만 대개의 사람들은 먼저 정보가 믿을 만한 것인지
> 를 결정한 다음 그 중요성을 평가한다. 속도의 효율성이라는
> 강박관념에 시달리고 있기 때문이다.[9]

상대방의 말을 들으면서 그것의 효과나 신뢰성을 따지기 시작
하면 경청을 하기 힘들다. 그냥 들어 주면 된다. 사심 없이 진심
을 다해 듣고 판단은 나중에 하라는 조언이다. 책에는 경청을 방
해하는 최대의 적으로 '내부의 속삭임'에 대해서도 설명한다. 상
대방의 말을 듣다 보면 집중력이 흐려진다. 그때 온갖 잡념이 떠
오르면서 상대방이 하는 말이 하나도 기억나지 않을 때가 있다.
그런 시련을 이겨 내야 경청이 된다. 그래서 경청도 연습이 필요
하다.

경청을 하면서 가장 중요한 것으로 '피드백'에 대해서도 이야기
한다. 말을 들으면서 고개를 끄덕이는 것과 같은 피드백은 말하
는 사람에게 상대방이 나의 말에 집중하고 있다는 안도감을 주기
때문에 신뢰관계 형성에 도움이 된다. 하지만 그런 피드백에 대
해 훈련받거나 배우는 경험은 많지 않다. 그래서 저자는 "듣는 사
람은 정확하고 시의적절한 피드백을 제공해야 한다. 그러나 불행

---

9. 래리 바커, 키티 왓슨, 같은 책, p. 44.

히도 대다수 사람들은 피드백 하는 방법을 훈련받지 못했다."고 지적한다. 이렇게 경청의 실제적 효과와 방법에 대해서 생각하는 시간은 아이들이 신뢰할 수 있는 인간관계를 형성하는 데 많은 도움이 될 것이다.

수업에서는 처음부터 '경청'에 대해 이야기하면 지루할 수 있어서, 아이들이 좋아하는 엠시 유재석에 대해 먼저 생각해 보는 시간을 가졌다. 말을 잘하는 사람이 말을 할 때가 아니라, 들을 때 어떻게 듣는지 생각하면 좋기 때문이다. 유재석이 말을 잘하는 것은 타고난 능력일 수도 있겠지만, 같이 방송하는 사람의 이야기를 잘 듣는 것도 중요한 요인이 된다. 패널이나 게스트가 편안하게 말할 수 있도록 분위기를 만들어 주고, 그들이 말을 할 때 온몸으로 경청하는 그의 모습은 말하기가 아닌 듣기의 중요성에 대해 생각해 보기에 좋다.

교사   유재석처럼 말을 잘하기 위해서는 어떻게 해야 할까요?
학생1   지식이 많아야 할 것 같아요.
학생2   경험이 많으면 좋을 것 같아요.
교사   유재석은 같이 방송하는 사람들을 어떻게 대하죠?
학생1   배려를 많이 해 주는 것 같아요.
학생2   재미있는 말로 긴장을 잘 풀어 주는 것 같습니다.
교사   유재석은 엠시이기 때문에 질문도 많이 하죠? 그가 들을 때는 어떻게 하던가요?
학생1   리액션을 하면서 듣습니다.
학생2   고개를 끄덕이고 웃어 주면서 들어요.

교사 그런 유재석의 태도는 말하는 사람을 어떻게 만들어 줄까
요?

학생들 편안하게 만들어 줍니다.

교사 유재석에게 어떤 마음이 들까요?

학생1 고마운 마음이 들 것 같아요.

학생2 믿는 마음이 생길 것 같아요.

교사 네. 그래서 잘 듣는 것은 잘 말하는 것만큼 중요한 것입니
다. 이번 시간에는 잘 듣는 경청이 우리에게 어떤 도움을 줄
지에 대해 생각해 보겠습니다.

칠판에 '경청'이라는 말을 적었다. 국어사전의 뜻을 빌려서 "귀
를 기울여 들음"이라고 이야기해 주었다. 그리고 앞서 이야기했
던 것을 떠올리면서 경청이 우리에게 어떤 도움을 줄지에 대해서
적어 보라고 하였다.

학생1 말하는 사람에게 믿음을 줄 수 있을 것 같아요.

학생2 말하는 사람이 어떤 말을 하고 있는지 잘 이해할 수 있
어요.

교사 네. 그래서 경청은 상대방이 어떤 말을 하는지 이해할 수
있고 상대방이 원하는 것이 무엇인지 알 수 있게 해 줍니다.
이렇게 경청을 하면 말을 할 때 어떤 도움을 줄까요?

학생1 상대방이 내 말을 잘 들어 줄 것 같아요. 나도 잘 들어 주
었으니 상대방도 잘 들어 주겠죠.

학생2 상대방이 궁금해하는 내용에 대해서 정확히 말해 줄 수
있을 것 같아요.

학생3 상황에 어울리는 말을 할 수 있을 것 같아요. 다른 사람

말을 잘 듣지 않으면 엉뚱한 말을 하기 쉽잖아요.

교사 여러분의 생각처럼 경청은 말을 잘하기 위한 시작이자, 상대방과 신뢰를 쌓기 위한 좋은 방법이라고 볼 수 있겠네요. 그래서 경청은 단순히 듣기만 하는 과정이 아닙니다. 내가 경청해 주면 다른 사람은 나에 대한 호감과 믿음이 생기기 때문에 내가 말을 할 때 더 잘 들어 줍니다. 그래서 대화의 주도권을 잡을 수도 있고, 많은 사람들 앞에서 말을 할 때도 요점을 정확하게 전달할 수 있죠.

이렇게 경청과 말하기의 관계에 대해 생각한 다음에는 경청을 하는 방법에 대해 구체적으로 생각해 보았다. 그중에서도 고개 끄덕이기, 웃어 주기, 공감해 주기 등과 같은 적절한 피드백에 대해 집중적으로 생각해 보았다.

05 '다르다'는 감정과 '소통'

예술혼과 배려

'배려'는 우리가 일상생활에서 아주 많이 사용하는 말이다. 하지만 정작 배려를 찾기는 쉽지 않다. 배려를 실천할 때 가장 많이 갈등하는 것이 나와 다른 사람에 대한 비중일 것이다. 배려를 실천하면 내가 손해를 보는 것 같고, 배려를 실천하지 않으려니 이

그림 25 수업 자료 모음

기적인 것 같다. 그런 고민은 우리가 살아가는 동안에 늘 직면하는 가장 근본적인 고민일 수 있다. 그렇기 때문에 배려와 관련된 실제 사례가 필요하다.

빈센트 반 고흐에게 보내는 동생 테오의 편지를 읽어 보면 형에게 적극적인 지원과 배려를 하지만, 그의 말에는 무한한 행복과 존경이 녹아 있다. 배려는 우리를 행복하게 만들어 줄 수 있는 좋은 방법이 될 수 있다. 테오와 빈센트 반 고흐의 편지를 읽다 보면 또 다른 것을 발견하게 된다. 그것은 빈센트 반 고흐의 '예술혼'이다. 편지에 자주 등장하는 빈센트 반 고흐의 말은 힘들어서 그림을 포기하고 싶다는 것이다. 그러나 그는 곧 자신의 그림에 대해 동생에게 조언을 구하고 끊임없이 고민하는 예술가의 모습을 보인다. 결국 빈센트 반 고흐 그림의 완성은 주변 사람의 배려와 그의 예술혼의 결합이라고 생각해도 될 듯하다.

실생활에서 효도

《도덕경》에서는 "도를 도라고 말하는 순간 도가 아니다(道可道非常道)"라고 했다. 본질적인 것은 그것을 언어의 세계로 옮기는 순간 상대적인 것이 되어 버리고 본질을 잃는 경우가 많다. 상대적인 것은 분별을 만들어 내고 그 분별은 사람마다 다르고 상황마다 다르기 때문에 본질을 제대로 보여 주지 못한다. 그래서 경계해야 할 대상이다.

《도덕경》에서는 도의 상태를 비유한 대상이 많이 나온다. 우리가 가장 많이 아는 것이 '물'이다. 물은 위에서 아래로 흐른다. 아래라는 곳은 어려운 곳을 상징한다. 위에 있으려고 고집부리지 않고 스스로 어려운 곳에 있기를 자처하는 태도, 그것이 물의 미덕이다. 물 외에도 도의 상징으로서 여인, 어머니, 통나무, 계곡, 어린아이와 같은 대상에 대한 이야기가 나온다. 그중에 어린아이에 대한 해석이 참 마음에 든다. 어린아이는 유연한 사고를 가졌기 때문에 그 자체로 가치가 있는 것이다. 그런 유연함을 점점 잃어 가는 것이 어른이 되는 과정이라면 말 그대로 씁쓸하기 그지없다. 아이들의 유연함에서 배울 것이 많다.

이런 아이들을 늘 대하고 있는 것이 초등교사이다. 그래서 교사는 더욱 생각을 유연하게 가져야 하고, 아이들이 자신의 삶을 바르게 가꿀 수 있도록 도와주어야 한다. 따라서 부단히 연구할 필요가 있으며, 그중 아이들에게 고전을 통해서 선인들의 지혜를 들여다볼 기회를 제공해 주는 것도 좋은 방법이 될 것이다.

학생들이 효도에 대해서 생각해 보았으면 그것을 실생활에서 구체적으로 어떻게 실천할 것이지 적어 보는 활동이 이어지면 좋다. 그리고 그것을 어떻게 실천했는지, 느낀 점은 무엇인지 이웃과 나누는 과정은 더욱 중요하다.

다양성의 죽음

차이를 인정하고 다름을 존중하는 것의 중요함은 세계 역사의 흐름에서 쉽게 찾아볼 수 있다.

먼저 중국 진시황의 '분서갱유'부터 살펴보자. 말 그대로 책을 불태우고 선비들을 파묻은 진시황 때의 이야기다. 상앙과 한비자로 대표되는 법가정치는 획일적인 통치를 우선시하였다. 그런데 전국에 있는 다양한 사상과 유생들의 요구는 진시황의 중앙집권적 통치에 방해가 되었다. 진시황은 철저한 법가로 일관한 승상 이사(李斯)의 도움에 힘입어 사상 서적을 불태우고 선비들을 땅에 묻었다. 사상은 책에 적혀 있으니 책만 태우면 되는데 선비까지 묻었다. 사상보다 무서운 것이 사람이기 때문일 것이다. 분서갱유를 학문적 단절의 큰 요인으로 보는 이도 많다.

분서갱유는 하나의 사건이고 그 사건의 이면에 있는 의미를 살펴야 한다. 바로 '다양성의 죽음'이다. 당시는 다양한 생각을 수용하지 못하고 나와 다른 생각은 버려지는 시대였다. 그냥 인정하지 않으면 될 것인데, 그것을 불태우는 사건을 통해서 다양성에 대한 경고를 한 셈이다. 거기에 다른 사람에게 생각을 전하고 사상의 발전을 이끄는 유생들까지 죽였다. 그런 행동의 목적은 단하나, 권력의 독점이었다. 다양성의 억압을 권력 유지의 수단으로 활용했으니 분서갱유는 여러 가지 생각거리를 던져 준다.

이제 시각을 조금 더 넓혀 보자. 중국은 화약과 같은 신기술을 먼저 발명했는데도 주도권을 유럽에 넘겨주게 된다. 그 원인을 어디서 찾을 수 있을까? 재레드 다이아몬드(Jared Diamond)는 그의 저서 《총, 균, 쇠》에서 중국이 패권을 유지하지 못한 이유에 대해 다음과 같이 설명한다.

> 중국은 통일되어 있을 때가 많았고 유럽은 언제나 분열되어 있었는데, 두 경우 모두 역사가 깊다. 오늘날 중국에서 가장 생산성 높은 지역들은 B. C. 221년에 처음 정치적으로 통합되었고, 그때부터 대체로 그 상태를 유지했다. 중국에서는 문자가 처음 생길 때부터 문자 체계라고는 하나뿐이었으며, 장장 2000년 동안이나 문화적 통일성을 지켜 왔다. 그러나 유럽은 먼발치에서조차 정치적 통일을 바라본 적이 없었다. (중략) 그러므로 중국이 정치적 기술적 위치를 유럽에 빼앗긴 일을 제대로 이해하려면, 우선 중국의 만성적 통일과 유럽의 만성적 분열부디 이해해야 한다. (중략) (중국의 경우)어느 한 폭군의 결정은 당장 혁신을 중단시킬 수 있었고, 또 실제로 그 같은 일이 자주 일어

낳기 때문이다. 그와 대조적으로 유럽의 경우 지리적 분할 상
태를 서로 경쟁하는 수십 또는 수백 개의 독립 소국과 혁신의
중심지들을 만들어 냈다.[10]

    그는 중국의 만성적 통일에서 중국이 힘을 잃은 원인을 발견했
다. 다양한 생각을 수용하고 펼칠 기회를 갖는 것이 힘을 유지하
고 발전의 원동력이 된다는 것을 이야기하고 있다. 다름의 인정
은 조화의 시작이다. 다름을 강조한다고 해서 분열과 평행선을
의미하는 것은 아니다. 각자의 존재를 인정하면서 새로운 방향으
로 나아가야 한다. 꽃들이 올망졸망 모여 있는 모습에서 서로 존
재하면서 섞이는 방법을 발견할 수 있다. 자연이 만든 것은 어느
하나도 같은 것이 없다. 같은 줄기에서 나온 꽃들도 하나하나 자
세히 들여다보면 모두 조금씩 다르다. 색과 모양이 알듯 모를 듯
달라서 보고 있으면 어쩜 저렇게 피어났는지 기가 막히다. 같은
것 같지만 자세히 보면 조금씩 다르다. 그런 부분들이 모여서 꽃
이라는 아름다운 완성체가 된다. 그런 서로의 아름다움을 있는
그대로 지켜보고 함께 어울려 나가는 것이 인권 교육의 지향점일
것이다. 그리고 다른 존재를 있는 그대로 인정하는 것을 넘어서
적극적으로 서로 교류하는 어울림의 사회가 되어야 한다.

---

10. 재레드 다이아몬드, 《총, 균, 쇠》, 김진준 옮김, 문학사상, 2005, pp. 604~607.

일방적 소리가 아니라 어울림의 대화

내향적인 사람에게 외향적 태도를 강요하는 경우가 많다. 실적을 바탕으로 자신의 능력을 표현해야 하는 요즘 사회에서 자신의 실력을 인정받기 위해서는 더욱더 목소리를 높여야 한다. 그러나 여전히 내향적인 성격은 그 나름대로 강점이 충분하다. 단편적인 의사소통에 그치는 소모적인 인간관계를 추구하지 않고 내면적 사색을 추구하기 때문이다. 다른 사람과 어울린다는 것은 그 사람의 이야기를 많이 들어 주는 쪽에 가깝다. 많이 들어 주면 많이 배우고 나 역시 생각의 깊이가 깊어진다.

사람들과 만남에서 나의 이야기를 많이 하려고 하면 서로 소진적 관계에 그치고 만다. 차라리 그런 관심을 나에게 돌려서 나부터 돌아보는 시간을 가지는 것은 어떨까? 내가 누구인지, 나의 정체성은 무엇인지 충분히 고민하고 생각하는 시간을 가져 보면 어떨까? 그런 내면적 성찰과 알아 감의 시간이 다른 사람과의 어울림과 만날 때 의미 있는 섞임과 조화로 나타날 것이다.

조용하고 혼자 있기 좋아하는 성격이라고 해서 크게 걱정할 필요는 없다. 그 내면의 힘은 단편적인 외향의 힘보다 충분히 가치 있기 때문이다. 내면과 만나기 위해서 필요한 '심심함'에 대해 생각할 필요가 있다.

8장

욕망과 절제

01 《무소유》: 갖는 것과 얽매이는 것

지금의 우리 사회는 과잉의 사회다. 필요 이상으로 많이 소유하려고 하고 능력을 넘어선 성취를 추구한다. 그런 과잉 추구는 본질의 결핍을 낳는다. 본질을 생각하지 않고 자꾸 더 담으려는 태도는 많은 것을 불안하게 만든다. 그것의 중심에 있는 것이 불필요한 소유욕이다. 어떤 것을 갖고 싶어 하지만 그것을 가진 다음에 무엇을 하고 싶은지 물어보면 고개를 갸우뚱거리는 사람들이 많다. 그냥 갖고 싶단다. 그냥 갖고 싶은 마음이 왜 생기는 것일까? 다른 것은 생각하지 못하고 소유욕 외에는 모든 감각이 마비된 듯 행동하는 사람들을 쉽게 찾아볼 수 있다. 홈쇼핑이나 인터넷 쇼핑이 일반화되어서 물건의 구매와 소유가 쉬워진 요즘에는 소유의 본질에 대해 생각하지 않으면 소유 자체에 매몰되기 십상이다. 그래서 소유의 본질에 대해 알아보고 가치 있는 소유란 무엇인지 생각하는 수업을 구상하였다.

불필요한 것의 소유를 경계하고 필요한 것을 가치 있게 사용하는 생활태도에 대해 생각하는 수업이 필요했다. 주제가 조금 어려울 수 있기 때문에 쉬운 글로 접근하면 좋을 것 같았다. 특히 자신의 경험이 녹아 있는 글이라면 학생들의 공감을 이끌어 내기 쉽다. 그렇게 선택한 책이 법정 스님의 수필《무소유》이다.

법정 스님의 글은 참으로 담담하다. 그분의 글이 공감을 이끌어 내는 것은 그분의 삶이 그대로 글에 녹아 있기 때문일 것이다. 많은 지식인들이 이상적이고 가치 있는 삶을 주장하지만 그대로 살아가는 사람은 찾아보기 힘들다. 훌륭한 인물일수록 더욱 그러한 것 같다. 자신이 뱉은 말이 많기 때문에 그것을 다 지키기도 어려울 것이다. 그래서 참회록과 같은 것을 적는 것 같다. 반면에 법정 스님은 글이 삶이고 삶이 글이기 때문에 읽는 동안 담담한 몰입이 가능하다. 아이들도 마찬가지였다. 《무소유》를 아이들과 함께 읽었다.

수필의 내용은 선물로 받은 난초에 대한 걱정 때문에 거기에 얽매이기 시작하는 자신을 발견하고, 난을 다른 이에게 주면서 편안함을 느끼게 된다는 이야기다. 수필의 초반부에 '갖는 것'과 '얽매이는 것'의 관계에 대한 이야기가 나온다.

우리들이 필요에 의해서 물건을 갖게 되지만, 때로는 그 물건 때문에 적잖이 마음이 쓰이게 된다. 그러니까 무엇인가를 갖는다는 것은 다른 한편 무엇인가에 얽매인다는 뜻이다. 필요에 따라 가졌던 것이 도리어 우리를 부자유하게 얽어맨다고 할 때 주객이 전도되어 우리는 가짐을 당하게 된다. 그러므로 많이 갖고 있다는 것은 흔히 자랑거리로 되어 있지만, 그만큼 많이 얽혀 있다는 측면도 동시에 지니고 있다.[1]

필요하다고 생각했지만 그것 때문에 얽매인다면 그것이야말로 주객전도일 것이다. 그런 소유욕에 따른 문제점이 다음과 같이 적혀 있다.

인간의 역사는 어떻게 보면 소유사(所有史)처럼 느껴진다. 보다 많은 자기네 몫을 위해 끊임없이 싸우고 있다. 소유욕에는 한정도 없고 휴일도 없다. 그저 하나라도 더 많이 갖고자 하는 일념으로 출렁거리고 있다. 물건만으로 성에 차질 않아 사람까지 소유하려 든다. 그 사람이 제 뜻대로 되지 않을 경우는 끔찍한 비극도 불사하면서, 제 정신도 갖지 못한 처지에 남을 가지려 하는 것이다.[2]

소유사의 비극은 물건에 대한 욕심을 넘어서 사람에게까지 번지고 있다. 참으로 무섭지만 그것이 현실이다. 그래서 법정 스님은 소유사에서 무소유사로의 전환을 제안한다. 수필의 마지막 문

---

1. 법정, 《무소유》, 범우사, 1999, p. 24.
2. 법정, 같은 책, p. 26.

단을 옮겨 본다.

"크게 버리는 사람만이 크게 얻을 수 있다."는 말이 있다. 물건으로 인해 마음을 상하고 있는 사람들에게는 한번쯤 생각해 볼 말씀이다. 아무것도 갖지 않을 때 비로소 온 세상을 갖게 된다는 것은 무소유의 또 다른 의미이다.[3]

그래서 무소유는 아무것도 갖지 않는다는 것이 아니다. 욕심을 버리고 가질 것을 가치 있게 가진다는 말에 더 가까울 수 있다. 수업 시간에는 수필을 다 읽고 그중에서 난초와 관련된 부분에 집중해서 이야기를 풀어 나가면 아이들이 가치 있는 소유에 대해 조금 더 쉽게 이해할 수 있을 것이다.

수업은 《무소유》를 같이 읽는 것으로 시작하였다. 5쪽 정도의 분량이기 때문에 읽는 데 시간이 많이 걸리지 않았다. 글을 읽고 나서 난초와 관련된 부분은 한 번 더 읽어 보도록 하였다.

교사 스님은 왜 애지중지하던 난을 다른 스님에게 주었을까요?
학생1 난초에 마음이 많이 쓰였기 때문입니다.
학생2 지독한 집착이 생겨서입니다.
교사 그 부분을 다시 한 번 읽어 보겠습니다.

나는 이때 온몸으로 그리고 마음속으로 절절히 느끼게 되었

---

3. 법정, 같은 책, p. 27.

다. 집착이 괴로움인 것을. 그렇다 나는 난초에게 너무 집념한 것이다. 이 집착에서 벗어나야겠다고 결심했다. 난을 가꾸면서 산철(승가의 유행기)에도 나그네 길을 떠나지 못한 채 꼼짝을 못했다. 밖에 볼일이 있어 잠시 방을 비울 때면 환기가 되도록 들창문을 조금 열어 놓아야 했고, 분을 내놓은 채 나가다가 뒤미처 생각하고는 되돌아와 들여놓고 나간 적도 한두 번이 아니었다. 그것은 정말 지독한 집착이었다.[4]

교사 스님이 아끼시던 난을 다른 분에게 줄 때 마음이 어땠을까요?

학생1 서운하고 허전했을 것 같습니다.

학생2 글에 나와 있듯이 후련했을 것 같습니다.

교사 그렇다면 스님은 난을 다른 사람에게 주었기 때문에 잃기만 했을까요?

학생들 아닙니다. 얻은 것도 있을 것 같습니다.

교사 네. 그렇다면 토의 주제를 적고 거기에 대해서 생각해 봅시다. 토의 주제, "스님은 난을 주고 무엇을 얻었을까?"

학생1 시간을 얻은 것 같습니다. 난을 돌보는 시간만큼 다른 일을 할 수 있을 것 같습니다.

학생2 편안한 마음을 얻은 것 같습니다. 난에게 집착했던 마음을 내려놓고 편안함을 찾은 것 같습니다.

교사 다른 생각이나 보충할 친구 있나요?

학생3 다짐을 얻었습니다. 글에 보니 "나는 하루에 한 가지씩 버려야겠다고 스스로 다짐했다."라고 적혀 있습니다.

---

4. 법정, 같은 책, p. 25.

여기까지 생각이 이르렀으면 우리가 어떤 물건을 소유하고 싶을 때 생각해 보아야 할 것들을 다루면 좋다. 수필의 마지막 부분에 나와 있는 내용이 어려울 수도 있겠지만 조금만 도와주면 아이들은 충분히 그 뜻을 헤아릴 수 있다.

> 교사 수필의 마지막에 "크게 버리는 사람만이 크게 얻을 수 있다."는 말이 나옵니다. 물 잔에 새로운 물을 채우려면 원래 있던 것을 비워야 하죠? 비우지 않으면 채울 수 없습니다. 가지고 있는 것에 대한 욕심을 버려야 더 의미 있는 것을 가질 수 있다는 말로 이해하면 될 것 같아요. 그렇다면 새로운 물건을 소유할 때는 어떤 점을 생각해 보아야 할까요?
>
> 학생1 자신에게 꼭 필요한 물건인지 생각해 보아야 합니다.
>
> 학생2 그 물건을 구입해서 어떻게 사용할 것인지도 생각해 보아야 합니다.

수업의 마무리에서는 수필의 제목인 '무소유'라는 말에 대해 함께 생각해 보았다. 무소유는 '아무것도 가지지 않는 것'이 아니라 '불필요한 것을 소유하지 않는 것'이라는 의미로 이해하는 것이 더 바람직하다고 설명해 주었다. 불필요한 것을 소유하지 않고 필요한 물건을 가치 있게 사용하는 것, 그것이 바로 '가치 있는 소유'이다.

02 이황: 화기환과 절제

수업의 중심 가치 덕목은 '절제'이다. 절제는 책임과도 관련되며 예절과 연결되는 중요한 덕목이다. 절제에 대해 이해하기 위해 조선 시대 선비의 삶을 생각해 볼 수 있다.

조선 시대 선비의 유형은 크게 두 가지로 구분할 수 있다. 과거에 응시하여 관리가 되는 출사형 선비와 재야에서 학문을 연구하고 후학을 양성하는 은둔형 선비로 나눌 수 있다. 이황은 조식과 함께 은둔형 선비의 대표라고 할 수 있다. 출사형 선비의 대표로는 율곡 이이를 들 수 있다. 이들의 삶의 방식은 은둔과 출사로 대별되듯이 많은 차이를 보인다. 그런 차이는 사상의 차이로도 확인할 수 있다. 출사하여 관리가 되고 많은 사람들 앞에 서야 하는 사람은 자신의 의지가 조금 약해지더라도 주변의 보는 눈이 많고 자신의 권력 유지와 관련이 있기 때문에 언제나 말과 행동을 조심할 수밖에 없다. 하지만 재야에 있는 선비는 조금 상황이 다르다. 나를 보는 눈이 많이 없고 권력과도 떨어져 있기 때문에 스스로를 잘 다스리지 않으면 삶이 나태해지기 쉽다. 그래서 이황과 조식처럼 스스로를 바로잡고 절개를 지킨 선비들은 자기 관리와 절제의 표상으로 많이 언급된다.

수업에서는 학생들과 함께 이황의 삶을 들여다보고 그의 삶을 통해서 절제의 중요성에 대해 이야기하는 시간을 갖고자 했다. '화기환(和氣丸)'을 통해서 자신의 분노를 다스리고 절제하는 삶을 살았던 그의 삶은 학생들에게 많은 것을 생각하게 해 줄 것이다. 이황의 삶을 살펴보면 다음과 같다.

인물의 삶 들여다보기

[출생과 어린 시절]

퇴계 이황은 1501면 경상도 예안현 온계리(溫溪里: 지금의 경상북도 안동시 도산면 온혜리)에서 좌찬성 이식의 7남 1녀 중 막내아들로 태어났다. 12세에 작은아버지 이우로부터 《논어》를 배웠고, 14세경부터 혼자 독서하기를 좋아해, 특히 도잠(도연명)의 시를 사랑하고 그 사람됨을 흠모하였다. 18세에 지은 〈야당(野塘)〉이라는 시는 그의 가장 대표적인 글의 하나로 꼽히고 있다.

[급제와 낙향]

1534년 문과에 급제하고 승문원부정자(承文院副正字)가 되면서 관계에 발을 들여놓게 되었다. 중종 말년에 조정이 어지러워지자 먼저 낙향하는 친우 김인후를 한양에서 떠나보냈다. 이 무렵부터 관계를 떠나 산림에 은퇴할 결의를 굳힌 듯하다. 1543년 10월 성균관사성으로 승진하자 성묘를 핑계 삼아 사가를 청해 고향으로 되돌아갔다.

[퇴계]

을사사화 후 병약함을 구실로 모든 관직을 사퇴하고, 1546년 고향인 낙동강 상류 토계(兎溪)의 동암에 양진암(養眞庵)을 얽어서 산운야학(山雲野鶴)을 벗 삼아 독서에 전념하는 구도 생활에 들어갔다. 이때에 토계를 퇴계(退溪)라 개칭하고, 자신의 아호로 삼았다.

[은둔의 길]

명종은 예를 두터이 해 자주 그에게 출사를 종용하였으나 듣지 않았다. 그 뒤 이황을 자헌대부(資憲大夫)·공조판서·대제학이라는 현직(顯職)에 임명하며 자주 초빙했으나, 그는 그때마다 고사하고 고향을 떠나지 않았다. 그러나 1567년 명나라 신제(新帝)의 사절이 오게 되자, 조정에서 이황의 내경(來京)을 간절히 바라 어쩔 수 없이 한양으로 갔다. 명종이 돌연 죽고 선조가 즉위해 그를 부왕의 행장수찬청당상경(行狀修撰廳堂上卿) 및 예조판서에 임명하였다. 하지만 신병 때문에 부득이 귀향하고 말았다.

[《성학십도》 저술]

이황의 성망은 조야에 높아, 선조는 그를 숭정대부(崇政大夫) 의정부우찬성에 임명하며 간절히 초빙하였다. 그는 사퇴했지만 여러 차례의 돈독한 소명을 물리치기 어려워 마침내 68세의 노령에 대제학·지경연(知經筵)의 중임을 맡고, 선조에게 〈무진육조

소(戊辰六條疏)〉를 올렸다. 노환 때문에 여러 차례 사직을 청원하면서 왕에 대한 마지막 봉사로서 필생의 심혈을 기울여《성학십도(聖學十圖)》를 저술하여 어린 국왕 선조에게 바쳤다.

[선비의 죽음]

1569년 이조판서에 임명되었으나 사양하고, 번번이 환고향(還故鄉)을 간청해 마침내 허락을 받았다. 환향 후 학구에 전심하였으나, 다음 해 11월 종가의 시제 때 무리를 해서인지 우환이 악화되었다. 그 달 8일 아침, 평소에 사랑하던 매화분에 물을 주게 하고, 침상을 정돈시킨 후, 일으켜 달라 해 단정히 앉은 자세로 역책(易簀: 학덕이 높은 사람의 죽음)하였다.[5]

아이들에게 인물의 삶을 수업 시간에 그냥 말로 설명하거나 읽어 주면 지루해한다. 그래서 어린 시절, 주변 사람들, 업적, 죽음을 내용으로 하여 몇 개의 실마리를 준비했다. 실마리를 준비할 때는 실마리에 해당하는 사진도 같이 준비했다. 그리고 인물의 사진도 인쇄해서 실제 인물의 얼굴과 모습을 볼 수 있도록 했다. 그런 실마리와 사진을 바탕으로 한 자료는 학생들이 호기심을 가지고 수업에 적극적으로 참여하도록 도와주었다.

---

5. 〈이황(李滉)〉, 한국민족문화대백과, 한국학중앙연구원 참조.

실마리1. 병약한 어린 시절

먼저 이황의 어린 시절 이야기를 해 주었다. 그는 태어난 지 일곱 달 만에 아버지를 여읜다. 어머니를 생각해서 늘 예의 바르게 행동하였고 글공부를 좋아하였다. 소년 시절부터 시를 지었으며 스무 살에는 《주역》을 홀로 탐구했다. 유홍준의 《나의 문화유산 답사기 3》에 보면 유홍준 교수와 퇴계 전문가인 이광호 교수가 나눈 이황의 젊은 시절에 대한 대화가 나온다. 그 대화를 참고하여 아이들에게 설명해 주면 퇴계가 건강을 해친 이유에 대해 이해하는 데 도움이 된다.

"퇴계 선생이 왜 그렇게 몸이 골골했냐?"
"공부를 급히 하다가 체했어. 밥 먹고 체한 것은 약이 있지만, 공부하다 체하면 약도 없나 봐. 퇴계가 19세 때 《성리대전(性理大全)》을 처음 빌려 보았는데 전 30책 중 첫 책과 마지막 책만 보게 된 거야. (중략) 이걸 보고 나니까 《주역》의 원리만 알면 우주와 인생의 모든 문제가 당장 다 풀릴 것 같았던 모양이야. 그래서 20세부터 침식을 잊고 《주역》을 공부하다가 얹힌 거지. 이때부터 평생을 고생하는 병에 걸렸어요.[6]

이런 이유로 이황은 공부를 하면서도 몸을 건강하게 만드는 방법에 대해 많이 고민하였다. 그의 성장 배경과 지병, 학구열에 대

---

6. 유홍준, 《나의 문화유산 답사기 3》, 창비, 2014, p. 206.

한 설명은 다음에 이어지는 이황의 삶을 이해하는 바탕이 된다.

> 교사 이황이 《주역》을 읽은 이유는 무엇인가요?
> 학생들 《주역》을 읽으면 그동안 자기가 고민해 오던 문제들이
> 다 해결될 것 같아서입니다.
> 교사 네. 이황은 어릴 때부터 그런 다양한 문제의식을 가지고
> 있었습니다. 그런 문제를 해결하기 위한 단서를 《주역》에서
> 발견하고자 했으나 《주역》 공부에 깊이 빠져서 몸을 돌보지
> 않았습니다. 그래서 병을 얻게 됩니다. 이렇게 그의 병은 앞
> 으로 그의 삶의 태도에 많은 영향을 미치게 됩니다. 그는 마
> 음을 다스리는 방법에 대해서 끝없이 연구하게 됩니다. 그는
> 스스로 건강을 돌보기 위하여 중국의 《구선활인심법》이라는
> 책을 필사(베껴 쓰기)해 둔 것을 해설하여 《활인심방》이라는
> 실천적인 의학서를 만들기도 합니다.

실마리2. 퇴계와 제자

이황은 관직을 고사하고 자신의 고향으로 내려와서 토계를 퇴
계로 바꿔서 자신의 호로 짓는다. 퇴계라는 말의 뜻은 '강가로 물
러나다'라고 해석할 수 있다. 그는 그곳에서 제자들을 가르치는
일에 전념하였다. 그의 제자 중에서 학봉 김성일과 서애 유성룡
에 대해 살펴보면 인물과의 연결에 도움이 될 수 있을 것이다.

김성일은 황윤길과 임진왜란 전 일본의 동태를 살피러 간다.

일본의 상황을 살피고 돌아온 둘은 서로 다른 의견을 주장했다. 황윤길은 "반드시 왜군의 침입이 있을 것"이라고 보고하였고, 김성일은 자신의 판단에 더해서 민심이 흉흉해질 것을 우려하여 "그렇지 않다"고 하였다. 임진왜란이 발발하자 선조는 그에게 사형을 내리지만 유성룡의 천거로 명령이 철회되고 경상도 초유사로 임명된다. 이후 경상도로 내려가 격문을 지어 흩어진 백성을 불러 모으고 이미 어지러워진 군율을 바로 세우는 데에 몰두한다. 관군이 궤멸된 상황에서 곽재우·김면·정인홍 등이 의병을 일으키자 그들을 의병장으로 삼아 서로 협동하게 하고, 용맹한 자를 선발하여 수령이 없는 고을의 행정을 관장하도록 하였다. 또 각지를 순행하면서 의병을 모집하는 격문을 뿌리고 군량으로 쓸 양곡을 모집하기도 하였다. 이후 1593년 제2차 진주성 전투에서 병사했다.

　서애 유성룡은 임진왜란이 일어났을 때 백성의 삶을 보살피고 군인들이 전쟁을 잘 치를 수 있도록 체계적인 지원을 했던 재상이었다. 특히 그가 생애 후반에 기록한 《징비록》은 전쟁의 참상과 전쟁에 대비했던 과정이 자세히 적혀 있다. 임진왜란과 같은 비극이 다시는 후대에 되풀이되지 않아야 함을 기원하는 그의 바람이 담겨 있다고 볼 수 있다. 그렇기 때문에 《징비록》은 사변적이고 이론적인 서적이 아니다. 기존에 제시되어 있던 이론적인 방법들을 실제 현장에서 실천 및 적용한 과정과 결과의 기록이다. 그의 백성을 위하는 마음과 나라를 위한 충(忠)의 태도는 후대에 좋은 귀감이 되었다.

실마리3. 화기환

화기환은 종이에 '참을 인(忍)'이라는 한자를 적은 것이다. 이황은 만병의 근원은 마음에 있음을 깨닫고 마음이 갑자기 답답하고 부글부글 화가 날 때 먹을 수 있는 약으로 개발했다. 마음에 화가 날 때 이것을 입에 넣고 말을 하지 않고 침으로 녹여서 꼭꼭 씹어 먹었다고 한다. 화기환을 먹는 방법은 도덕 교과서에 설명되어 있다.

> 이 약은 참아야 할 때 먹는 것이다. 사람의 병은 자신의 마음에서 생긴 화를 참지 못해 생긴 것이 많다. 이 약을 먹을 때에는 말을 하지 말고, 입을 꼭 다물고 침으로 녹여서 천천히 씹어서 먹어야 한다.[7]

여기까지 설명하고 화기환이 무엇인지 도덕 교과서에서 찾아보라고 하였다.

> 교사 화기환의 뜻이 무엇인지 교과서에서 찾아보세요.
> 학생들 기운(氣)을 조화(和)롭게 하는 약이라는 뜻입니다.
> 교사 그런데 화기환은 눈에 보이는 약이었나요?

---

7. 《5학년 도덕 교과서》, 교육부, 2015.

학생들 아닙니다. 종이에 '참을 인(忍)' 자를 적어 놓은 것입니다.

교사 화기환에 왜 참을 '인'자가 적혀 있는지 생각하며 '인'자가 어떤 한자로 구성되어 있는지 살펴보세요.

학생들 마음(心)과 칼(刀)의 글자가 합쳐져 있습니다.

교사 (칠판에 풀어서 적으면서) 그렇다면 '인'자는 어떤 뜻을 포함하고 있을까요?

학생들 마음을 차분하게 하지 못하면 위에 있는 칼이 심장을 찌르게 되는 모습을 나타낸 글자인 것 같습니다.

교사 이황 선생은 왜 자신의 마음을 다스리는 것을 중요하게 생각하셨을까요?

학생들은 자기 나름의 생각을 공책에 기록하고 이야기를 나누었다.

학생1 마음을 잘 다스려야 바른 행동을 할 수 있기 때문입니다.

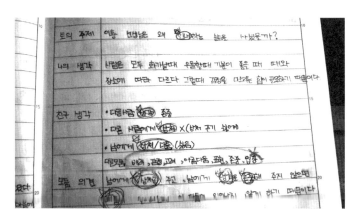

그림 26 친구와의 생각을 통해서 생각을 발전시키는 과정을 발견할 수 있다.

학생들의 대답은 감정을 바르게 다스리는 것의 중요성으로 연결되었다. 이제 '학생들만의 화기환 만들기'를 했다. 먼저 나의 화기환은 '책 읽기'라고 이야기해 주었다. 학생들의 오묘한 눈빛을 이겨 내고 말을 이어 나갔다. 이황처럼 종이에 화기환을 적어서 먹어도 되겠지만 지금 시대에는 굳이 그렇게 하지 않아도 된다고 이야기하자 아이들이 환하게 웃었다. 어릴 때부터 자신의 마음을 다스리는 연습을 해 두면 어른이 되어서도 유용하게 쓰일 수 있을 것이다. 그렇게 자기만의 화기환을 떠올려서 적어 보라고 하였다.

학생들의 대답에서 기억에 남는 것은 '초콜릿 먹기', '잠자기', '책 읽기', '음악 듣기' 등이 있다. 그중에 잠자기가 화기환이라고 대답하는 친구의 발표를 듣자 반 아이들이 까르르 웃었다. 그 학생에게 왜 '잠자기'를 화기환으로 떠올렸냐고 물어보니 잠을 자면 짜증이 풀린다고 대답했다. 각자가 좋아하되 다른 사람에게 피해를 주지 않는다면 뭐든 화기환이 될 수 있을 것이다.

수업의 마무리에서는 이황이 말한 화기환을 먹는 방법을 한 번 더 읽어 보라고 했다.

교사 이황 선생이 화기환을 먹을 때 말을 하지 말고 입을 다물고 침으로 녹여서 먹으라고 한 이유는 무엇일지 생각해 보세요.
학생1 입을 다물면 말을 하지 못해서 마음이 진정될 것 같습니다.

그림 27 공책 윗부분에 나만의 화기환으로 '피아노 치기'를 적어 놓았다.

학생2 화난 감정에서 떠올린 말을 하지 못하게 하기 위한 것 같
습니다.

학생3 침으로 녹여서 먹으려면 시간이 많이 걸립니다. 그 시간
만큼 자신의 감정을 달래는 시간을 마련하는 것이 화기환의
효과라고 생각합니다.

이황이 원하였던 것은 그 종이의 효능이 아니라 잠시 쉬면서
마음을 다스릴 시간이 아니었을까.

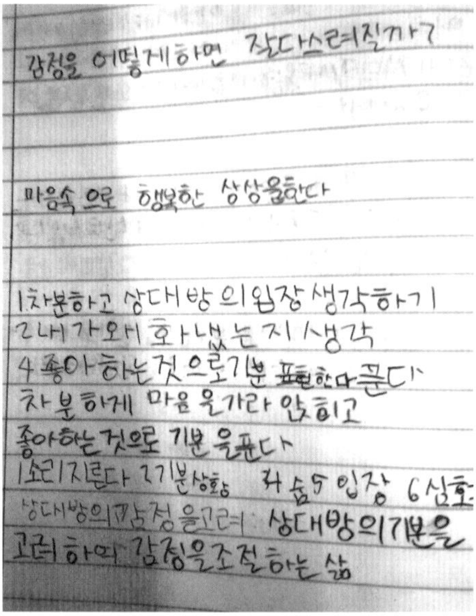

그림 28 마지막에 '상대방의 기분을 고려하여 감정을 조절하는 삶'이 자신이 정한 나침판이다.

03 《피로사회》: 심심함을 견디지 못하는 현대인

바쁜 일상을 살아가는 현대인들의 가장 큰 고통 중의 하나는 '자신을 돌아볼 시간이 없다'는 것이다. 이미 한계를 넘어서서 휴식이 필요하지만 더 높은 성취를 위해서 새로운 일을 받아들이는 것이 조직 구성원의 미덕이 되어 버렸다. 문제를 발견했을 때 잠시 멈춰서 숨을 고르고, 다시 방향을 고민하는 사람은 능력 없고 더딘 사람으로 취급받기 쉽다. 이런 바쁜 삶 속에서 나는 누구인지, 어떤 방향을 추구해야 하는지도 모른 채 급류에 휩쓸리듯 조급한 삶을 살아가고 있다. 멈추지 못하는 것의 위험성에 대해서는 일찍이 노자가 경고했었다.

> 만족할 줄 알면 욕되지 않고, 그칠 줄을 알면 위태롭지 않다. 그 결과 오래오래 갈 수가 있다(知足不辱, 知止不殆, 可以長久).[8]

상황의 추이를 지켜보면 더 이상 나아가면 안 되고 그쳐야 된다는 것을 직관적으로 알고 있다. 하지만 마음속에 있는 욕망은 그 말을 듣지 않는다. "조금은 괜찮겠지, 이 정도는 괜찮겠지."라는 불편한 위로를 하면서 아슬아슬한 줄타기를 그치지 않는다. 우리는 그런 자신과 주변 사람들의 모습을 방관하고 있다. 그렇게 하다가 위기감을 느꼈을 때는 이미 멈출 수 없는 상태가 되어 버린다. 그 결과는 소중한 것들의 상실과 공허한 자아만 남게 된다.

그래서 멈추어서 생각하는 과정, 숙고를 만드는 심심함의 가치에 대해 생각하는 수업을 구상했다. '심심함'이라고 하면 보통 부정적인 개념으로 받아들이기 쉽다. 누군가를 오래 기다리면 심심하다. 딱히 할 일이 없는 상태에서 시간을 보내면 심심하다. 그래서 심심함은 견딜 수 없는 시간으로 단정하기 쉽다. 아이들 역시 심심한 것을 견디지 못한다. 그래서 당장 심심함의 가치에 대해서 이해하지는 못한다.

---

8. 한상영, 같은 책, p. 321 내용을 참고하여 풀어 적었다.

그러나 심심함은 자신과 대면하고 내적 성장을 도모할 수 있는 가장 좋은 기회이기도 하다. 어릴 때 심심함의 가치에 대해 생각해 본 경험은 나중에 자신과 마주하는 시간을 가질 때 유용하게 작용할 수 있다고 믿는다. 그래서 심심함이 숙고로 이어질 수 있다면 심심함은 행복한 삶을 위한 소중한 징검다리가 될 수 있다. 심심함을 통한 숙고가 단순히 생각에서 그치는 것이 아니라, 자신의 행복한 삶을 위해서 박차고 나갈 수 있는 실천이라는 문으로 연결되어야 한다. 그래서 심심함은 과잉사회에서 자신과 진지하게 대면하는 시간을 마련해 주는 소중한 가치이다. 이런 해결의 단서를 제시해 준 책이 한병철의 《피로사회》다.

한병철은 너무 많은 것을 하려고 하는 현대사회를 '피로사회'라고 진단했다. 우리 사회는 끊임없이 성과를 추구하고 도약하려고 노력하지만, 정작 제대로 되어야 하는 것은 어느 하나 제대로 이루어지지 않고 있다. 이것저것 다 잘하려고 하면 곁가지는 자꾸만 많아진다. 그런 곁가지들에 현혹되고 마음을 쓰다 보면 본질을 소홀히 하게 된다. 그런 본질들이 흔들리기 시작하면 이미 때가 늦는다. 이런 문제점을 인지하고 다시 되돌리려고 해도 적절한 시기를 놓치면 반드시 대가를 치러야 한다. 많은 사람들의 상처와 고통을 재료로 해서 구성원들의 분열이라는 다리를 지나 방관과 잊혀짐이라는 종착지에 도달하는 모습을 지금까지 우리는 수없이 봐 오지 않았던가.

아이들에게 최근에 가장 심심했던 경험에 대해 떠올려 보라고 했다. 아이들은 '친구를 기다릴 때', '시험을 마치고 기다릴 때', '스마트폰이 없을 때', '혼자 있을 때', '차 오래 타고 갈 때'와 같은 이야기를 했다. 심심함의 가치에 대해 생각하기 전에 심심함을 빼앗아 가는 것부터 이야기를 나누어 보면 아이들이 쉽게 이해할 수 있을 것 같았다. 그중 스마트폰에 대한 이야기는 더욱 공감을 이끌어 내기 쉽다.

교사 그때 왜 심심하게 느껴졌을까요?
학생1 혼자 있어서요.
학생2 할 게 없으면 심심하죠.
교사 그렇게 심심할 때 주로 무엇을 하나요?
학생들 (이구동성으로) 스마트폰 해요.
교사 스마트폰으로 무엇을 하나요?
학생1 게임하거나 카톡해요.
학생2 음악 듣거나 동영상 봐요.

아이들의 대답을 듣고 잠시 스마트폰에 의지하는 현대인들에 대해서 함께 생각해 보았다. 아이들의 스마트폰 의존도는 심각하다. 어른도 마찬가지일 것이다. 짬만 나면 스마트폰을 들여다보고 있다. 지하철에서도, 버스에서도, 도서관에서도 모조리 고개를 숙이고 있다. 대부분 습관적인 사용인 것 같다. 굳이 연락할 필요가 없거나 확인할 필요가 없는 내용이지만 습관적으로 패턴을 풀고 상태를 확인한다. 그 안에서 인맥과 존재감을 확인한다. 슬픔과 기쁨을 찾고 공감과 나눔을 실천하려고 한다. 충분히 준비되지 않은 상태로 말이다. 무엇이 준비되지 않았단 말인가? 그것에 대해 생각해 보았다.

교사 여러분은 하루에 얼마나 스마트폰 패턴을 여나요?

학생들 엄청 많이요.

교사 전화가 오거나 알림이 오지도 않았는데 그냥 화면을 열어 본 적 있는 사람 손들어 볼까요?

학생들 (대부분 손을 든다.)

교사 아마 대부분 그럴 겁니다. 그런 습관적 사용의 문제점에 대해 뉴스에도 많이 보도되었습니다. 그런데 사람들은 왜 습관적으로 스마트폰 화면을 들여다보는 것 같아요?

학생1 친구에게 카톡을 보냈는데 거기에 대한 답장을 기다리는 경우가 많았어요.

학생2 제가 남긴 글에 다른 사람의 반응이 궁금했어요.

교사 선생님도 비슷한 경험이 있어요. 스마트폰은 빠르고 편리하지만 그것을 쓰면 쓸수록 조급함도 같이 가져다주는 것 같아요. 의견을 빨리 말하고 답을 빨리 하지 않으면 답답해하고 무관심한 사람으로 보이기 쉬우니까요. 카톡에서 숫자 줄어드는 것을 계속 보고 있는 것처럼요. 그래서 스마트폰을 쓰면 편리함은 얻지만 나에게 주어진 소중한 시간을 조급함과 바꿔야 하는 경우가 많습니다. 스마트폰을 가지고 나오지 않았을 때 불편한 마음이 들거나 계속 신경이 쓰인다면 여러분은 스마트폰에 여러분의 심심함을 많이 빼앗겼다고 생각하면 될 거예요.

이제 심심함의 가치에 대해 생각해 볼 시간이다. 칠판에 '심심함'이라고 적고 이야기를 시작한다. 보통 '심심함'이라고 하면 지루하거나 따분해서 견디기 힘든 시간이라고 생각하지만 우리에게 꼭 필요한 시간이라고 말해 주었다.

> 교사 심심함은 우리에게 차분히 앉아서 생각할 시간을 줍니다. 그런 심심함을 생각하는 시간으로 쓴다면 무엇이 좋을까요?
> 학생1 평소에 고민하던 것에 대해 생각할 수 있을 것 같아요.
> 학생2 결정을 내릴 때 도움이 될 것 같아요.
> 교사 심심함은 혼자 있을 때 느낄 수 있습니다. 그래서 나와 조용히 만날 수 있는 시간이죠. 심심함을 앞에서 배웠던 숙고의 시간으로 활용할 수 있어야 합니다.

04 '욕망'을 다스리는 지혜

소유가 아니라 삶의 순간을 즐기는 태도

그렇다면 인간은 왜 소유에 집착하게 되었을까? 고병권은 마르크스의 설명을 다음과 같이 옮겼다.

> 사적 소유는 우리를 둔감하고 일면적인 존재로 만든다. 오직 '가졌다'라는 감각 하나만 남고, 보고 듣고 냄새 맡고 느끼고 생각하고 관조하고 지각하고 바라고 활동하고 사랑하는 것, 다시

말해 육체적이고 정신적인 감각들이 다 소외되는 것이다.[9]

　가졌다는 것에 만족하면 그 이상을 생각하기 어렵다. '가졌다'는 감각이 다른 살아가는 감각을 무디게 만들기 때문이다. 소유 자체를 추구하면 행복한 삶이 되기 어려운 이유도 여기서 출발한다. 소유는 결과를 얻는 것이지만 행복은 과정을 통해서 얻는 경우가 많다. 결과가 아니라 과정에 집중하고 그것에서 의미를 찾는 것이 행복에 다가가는 지혜일 수 있다. 이런 사유는 에리히 프롬(Erich Fromm)의 책인 《소유냐 존재냐》의 핵심이 된다. 그는 인간의 생존 방식을 '소유적 실존 방식'과 '존재적 실존 방식'으로 구분한다. 소유가 줄 수 있는 행복은 순간이다. 그러나 존재적 행복을 추구하면 살아가는 순간순간이 행복이 된다. 그래서 소유가 아니라 우리가 살아가는 과정, 존재에 주목해야 한다.

　하지만 인간이 살아가는 과정에서 소유는 필수가 되었다. 그래서 적절한 소유와 가치 있는 소유에 대해 생각해 보아야 한다. 가치 있는 소유란 꼭 필요한 물건을 가치 있게 사용하고 그 안에서 의미를 발견하는 소유라고 생각하면 좋을 것 같다. 가치 있는 소유를 위한 첫걸음은 불필요한 소유를 판단하고 걷어 내려는 노력이다. 그런 구분이 쉽게 되지는 않을 것이다. 하지만 그런 가치 있는 소유에 대한 고민은 존재적 실존 방식을 추구하는 데 도움이 된다. 법정 스님의 《무소유》의 시작은 마하트마 간디의 말에

---

9. 고병권, 앞의 책, p. 97.

서 출발한다.

> "나는 가난한 탁발승이오. 내가 가진 것이라고는 물레와 교
> 도소에서 쓰던 밥그릇과 염소젖 한 깡통, 허름한 담요 여섯 장,
> 수건 그리고 대단치도 않은 평판 이것뿐이오."[10]

법정 스님은 간디의 어록을 보면서 자신이 가진 것이 너무 많다고 생각되어서 부끄러움을 느꼈다고 적었다. 간디는 물건을 가지는 소유보다는 정신의 힘을 추구하였다. 가진 것이 많지는 않아도 그의 사상과 태도는 민족정신이 되었다. 마르크스의 말대로 소유에 대한 욕망은 가진다는 것 외에는 다른 것들을 생각하지 않게 만드는 것 같다. 소유의 과정에서 어떻게 할 것이고 소유하고 나서 어떻게 할 것인지, 그 과정에서 느끼는 감정과 시련은 묵살된다. 그렇기 때문에 소유는 과정보다는 결과에 집중된다. 그러한 결과 지향적인 패턴으로 인해 사유는 소멸되어 간다. 생각하지 않는 소비, 소비가 목적인 소비가 된다. 홈쇼핑 중독과 명품 중독으로 표현되는 병적인 소비문화 역시 적절한 사유가 소멸된 결과일 것이다.

이제 죽었던 감각과 사유를 다시 깨울 시점이다. 불필요한 소유욕을 줄이고 그 자리를 사람과 소중한 가치로 채우려는 노력이 필요하다. 간디가 했던 노력처럼, 그리고 우리 부모님들이 했던

---

10. 법정, 같은 책, p. 23에서 재인용.

것처럼 말이다.

자신을 위로하는 주문

이황의 《성학십도》는 선조가 성군이 되기를 바라는 마음에서 성학(聖學)의 원리를 도식으로 나타낸 것이다. 학문적 깊이가 경지에 도달한 사람들이 공통적으로 남기는 작업이 이와 같은 도식화 작업이다. 글로 구구절절 설명하는 것이 아니라 통찰을 바탕으로 핵심만을 간추려 그림과 간단한 글로 표현한 도식화, 이것이야말로 학문의 정수라고 생각된다. 여기서 성학이란 '진리에 이르는 것'으로 해석해도 무방하다.

내가 《성학십도》에서 주목한 내용은 성학에 대한 내용이 사변적인 것이 아니라 실천학문적 방법이라는 것이다. 이광호의 설명을 빌리면 다음과 같다.

퇴계는 생각과 실천, 생각과 배움, 이 두 가지를 성학의 기본 박자로 제시하는 것입니다. 따라서 자기보다 앞선 시대 사람들, 많은 현자들의 삶을 보고 끊임없이 배우고 생각하면 누구나 성인의 경지에 도달할 수 있다고 보는 것이 성학입니다. 한마디로 성학은 인간 완성의 학문이라고 할 수 있습니다.[11]

---

11. 강신주 외, 《인문학 명강 동양고전》, 21세기북스, 2013, p. 110~111.

이렇듯 성학은 생각, 실천, 배움의 연결고리를 가지고 있는 학문이다. 배움에서 그치지 않고 실천으로 나아가는 것을 통해서 자신의 삶을 완성해 가는 것에 중점을 두고 있다. 내가 추구하는 인성 수업과 비슷한 맥락을 발견할 수 있어서 좋았다. 그런 자신의 학문을 몸소 실천한 이황의 삶은 많은 교훈을 준다.

수업 시간에 했던 '자기만의 화기환' 만들기를 생각하면 떠오르는 영화가 있다. 바로 《세 얼간이》(2009)라는 작품이다. 이 영화는 일류 명문대에서 함께 공부했던 세 친구의 이야기다. 성적과 취업만을 강요하는 학교를 발칵 뒤집어 놓은 대단한 학생 란초는 졸업 후에 갑자기 사라진다. 사라진 친구를 찾아가는 나머지 두 친구의 기억과 여정에 대한 이야기가 참신하다. 란초는 마음이 복잡해지거나 두려운 생각이 떠오를 때마다 늘 자신을 위로하는 주문을 건다.

"올 이즈 웰(All is well)."

란초에게 이 말은 자신의 마음을 다스리는 화기환이자 바른 행동을 실천으로 옮기기 위한 습관이다. 이런 좋은 습관이라면 어릴 때부터 하나 만들어 놓아도 좋을 것 같다. 다음 시간에는 바른 감정을 다스리는 것과 관련해서 자신만의 나침반을 적도록 하였다.

'심심함'에 대해 생각할 때 앞서 언급했던 '숙고'도 함께 이야기하면 좋다. 한병철은 피로사회의 문제점을 해결하기 위해 발터 벤야민(Walter Benjamin)의 '깊은 심심함'의 개념을 가져온다.

> 발터 벤야민은 깊은 심심함을 "경험의 알을 품고 있는 꿈의 새"라고 부른 바 있다. 잠이 육체적 이완의 정점이라면 깊은 심심함은 정신적 이완의 정점이다. 단순한 분주함은 어떤 새로운 것도 낳지 못한다. 그것은 이미 존재하는 것을 재생하고 가속화할 따름이다.[12]

멈추어 사색하지 못하면 새로운 것을 창조하기 어렵다. 기존의 것을 바꾸어서 사용할 뿐 그 안에 자신의 철학이나 새로운 전환은 찾기 힘들다. 그래서 내적 자아로 침잠하는 심심함이 필요하다. 그 심심함은 숙고의 과정이다. 우리 모두에게 필요한 것이 심심함이다. 이제는 우리가 잠시 멈추어야 할 때이다. 멈추고 눈을 감아야 할 때다. 눈앞에 번잡하게 널려 있는 곁가지들을 덜어 내고 본질을 보기 위해서 흥분된 심장에 손을 가져갈 시간이다. 숙고의 사전적 의미는 "곰곰이 잘 생각함 또는 그런 생각"이다. 말이 추상적이기 때문에 조금 더 적극적인 숙고를 생각해 본다면 '과거의 나, 현재의 나, 미래의 나가 끊임없이 소통하고 설득하는

---

12. 한병철, 《피로사회》, 김태환 옮김, 문학과지성사, 2012, p. 32.

과정'이라고 생각할 수 있을 것이다. 그래서 숙고는 '현재의 상황에서 가장 탁월한 선택을 하기 위해서 과거의 경험과 현재의 지식을 바탕으로 장기적인 안목으로 종합적인 판단을 하는 것'이라고 볼 수 있다. 이런 숙고를 위해 꼭 필요한 것이 바로 '심심함'이다.

현대인들은 '심심함'을 즐기지 못한다. 일을 할 때는 바빠서 그렇다고 치지만 휴식이 주어져도 그 휴식을 심심함으로 즐기지 못한다. 그 시간을 명상이나 내면적 사색으로 활용하지 못하고 스마트폰을 통한 단편적 의사소통에 허비한다. 스마트폰으로 인터넷 기사를 검색하거나 웹툰을 보거나 SNS를 하지만 나와 진지하게 마주하지 못한다. 인터넷 기사는 재미와 지식은 주지만 기억에 오래 남지 않는다. SNS를 통한 소통은 인맥관리에는 도움이 되지만 깊은 소통은 되지 못한다. 그래서 자신에게 주어진 시간을 스스로를 위한 시간으로 활용하는 연습이 필요하다. 스스로와 대면하는 시간은 자아를 내면의 세계로 끌어내리는 사색의 시간이자 성찰의 장이 된다. 그래서 심심함을 나와 대면하는 시간으로 활용하는 태도에 대해 생각해 볼 필요가 있다.

심심함과 숙고를 생각했으면 이제 '실천'을 생각할 차례다. 실천은 언제나 어려운 숙제다. 지행일치(知行一致)와 언행일치(言行一致)가 항상 어렵기 때문이다. 많이 알면 알수록 그것을 행동으로 옮기기는 점점 버거워진다. 언행일치도 어렵기는 마찬가지다. 언뜻 떠올리기에 말을 줄이는 것이 도덕적인 삶을 살 수 있는 지혜가 될 수도 있다는 생각이 든다. 말만 하고 실천하지 않는 사람들이 얼마나 많던가? 일단 말로는 내뱉으나 행동과 실천은 뒤로 미루는 뻔뻔함에 가슴을 쳤던 적이 한두 번이 아니지 않던가. '심심함'-'숙고'-'실천'으로 연결되는 인성 수업의 흐름은 실천으로 완성되어야 한다. 좀 더 정확하게 말하자면 실천으로 피드백되어야 한다. 현장에서 실천하고 몸소 부딪치면서 자신의 정체성을 확립하고 그것이 경험이 되어야 한다. 그 경험은 심심함과 만나서 다시 숙고로 이어져야 한다. 그래서 심심함과 숙고에서 그치는 인성 수업이 아니라 실천까지 생각하는 인성 수업, 그것이 인문학을 통해서 실현하는 인문학 수업의 큰 흐름 중의 하나가 될 것이다.

심심함은 그 시작이다. 심심함을 지루하거나 견딜 수 없는 것으로 생각하지 말고 나와 대면하는 시간이자 숙고를 위한 시간으로 즐길 수 있어야 한다. 나의 고민으로 침잠하여 본질을 보려는 노력, 그것이 필요하다. 아이들에게 지금 당장은 이런 것들을 요구할 수 없지만 심심함의 가치는 살면서, 자라면서, 읽으면서 반드시 생각해 볼 만한 의미 있는 선물이다. 적어도 심심함을 견디지 못하는 우리에게는 말이다.

9장

공동체 의식과 어울림

01 조식과 제자들: 을묘사직상소와 책임

수업의 중심 가치 덕목은 '책임'이다. 책임이라는 말을 생각하다 보니 평소에 관심을 두었던 조식이 떠올랐다. 조식의 학문은 실천을 강조한다. 그의 학문은 '경(敬)'과 '의(義)'로 대표된다. 그것은 도덕적 주체로서 자신을 스스로 다스리는 것이고, 배우고 익힌 것을 반드시 실천으로 옮기는 실천 중심의 철학이다. 이 수업을 하기 전에 유성룡과 이순신의 삶을 다루었다.

두 사람의 책임감은 임진왜란이라는 위기에서 나라를 구했다. 유성룡과 이순신의 책임감에 대해서는 "관직에 있던 사람이 어떻게 책임감을 발휘하는가?"의 측면으로 접근했다면, 조식의 삶은 "관직에 나가지 않고 어떻게 책임감을 발휘하는가?"로 접근하고 싶었다. 물론 그분들의 책임감을 이렇게 단편적으로 구분해서 정의할 수 없지만, 나의 의도는 책임이란 '각자의 위치와 역할에서 자신이 해야 할 것을 도덕적으로 끝까지 해 나가는 것'이라는 책임 수행의 다양성을 생각해 보고 싶었다.

내가 조식의 삶에 집중한 이유는 바로 그의 제자들 때문이기도 하다. 조식의 제자들은 대부분 의병장으로 활약했다. 곽재우, 정인홍 등이 대표적인 인물이다. 평소 제자들에게 실천을 강조했기 때문에 그의 사상은 제자들에게 이어져서 의병운동이라는 구국 활동으로 발전되었다.

조식의 강직한 선비 정신 역시 빼놓을 수 없다. 그의 선비 정신은 을묘사직상소(단성소)에 잘 나타난다. 바른 정치를 하지 못하는 명종을 '고아'라고 칭하고 문정왕후를 '과부'라고 칭하면서 서슬 퍼런 비판을 쏟아내는 상소문이다. 당시 임금에게 충언을 해야 했던 신하들은 자신의 권력 유지에만 눈이 멀어 있었다. 조식은 그들을 대신해서 임금에게 충언을 하였다. 이런 조식의 삶을 학생들에게 들려주고 책임 있는 행동에 대해서 생각해 볼 수 있도록 수업을 설계하였다.

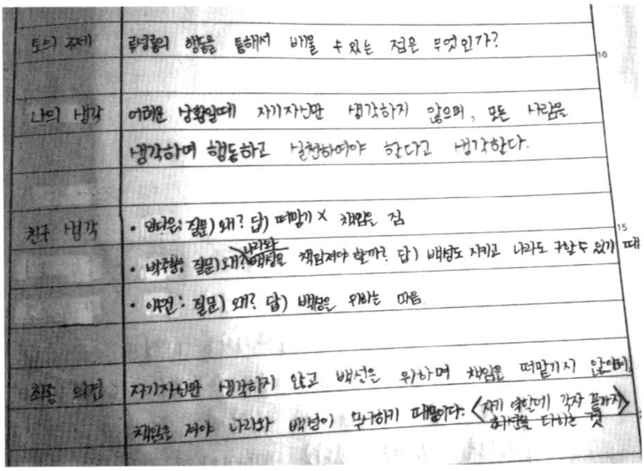

그림 29 유성룡의 삶을 통한 배움 기록

인물의 삶 들여다보기

조식의 삶을 이해하려면 그의 어린 시절부터 학문에 대한 열
정, 제자들까지 두루 살펴보아야 한다. 정성희의 글을 참고하여
조식의 삶을 살펴보면 다음과 같다.[1]

[비판 의식을 키운 어린 시절]

남명(南冥) 조식은 1501년(연산군 7년) 현재 경상남도 합천군
에 속해 있는 삼가현 토동 이가에서 조언형과 인천 이씨 사이에
둘째 아들로 태어났다. 15세에 부친이 함경도 단천 군수로 임명

---

1. 정성희, 〈'敬'과 '義'의 선비 정신을 실천한 칼을 찬 처사, 조식〉, 네이버 캐스트 인물 한국사.

되자 단천으로 이주한 조식은 유교 경전을 비롯하여 천문·지리·의학·병법에 이르기까지 폭넓게 공부를 했다. 그가 실천과 비판 의식을 지닌 선비로 성장한 데는 지방관 생활을 한 부친의 영향이 있었다. 어린 조식은 지방 관아에 생활하면서 백성들의 어려움을 직접 눈으로 보았고, 이를 개선할 방법을 학문에서 찾았다.

[학문 정진의 중요성]

평온하게 학문 활동에 매진하던 중인 1519년(중종 14년)에 기묘사화가 일어나면서 조광조가 사사되었는데, 이때 조식의 숙부인 조언경도 화를 당했다. 기묘사화를 계기로 조식은 벼슬길이 험난하다는 것을 알게 되었고 성운 형제와도 헤어지게 되었다. 연이은 사화를 지켜보면서 벼슬길에 회의를 갖기도 했다. 과거 준비와 함께 학문을 닦던 그에게 일생의 항로를 바꾸는 전기가 찾아왔다. 과거 시험 공부를 하던 중 《성리대전(性理大典)》에 실려 있는 "대장부가 벼슬길에 나가서는 아무 하는 일이 없고 초야에 있으면서는 아무런 지조도 지키지 않는다면 뜻을 세우고 학문을 닦아 장차 무엇을 하겠는가?"라는 허형(1279~1368, 원나라 학자)의 글이 그의 가슴을 친 것이다.

[산해정]

1526년 갑작스레 부친이 돌아가시자 3년 상을 치른 뒤 조식은 벗인 성우와 함께 지리산으로 유람을 떠났다. 오랜만에 만난 벗 성우는 그에게 큰 자극제가 되었다. 그와 대화하면서 시골에서 게을리 공부하면 금방 뒤처진다는 사실을 깨달은 것이다. 조식은 모친의 허락을 받아 의령 자굴산으로 들어가 공부에 전념했다. 2년 간의 산속 생활을 끝낸 뒤 그는 가족들과 함께 처가가 있는 김해 로 이사하여 집 근처 언덕에 산해정(山海亭)이라는 독서당을 짓 고 본격적인 학문 활동을 했다.

[제자와 의병장]

1561년 조식은 김해에서 다시 지리산 아래 산청 덕산으로 이사 하여 산천재(山天齋)를 짓고 후학을 가르치는 일로 말년을 보냈 다. 오덕계 · 정한강 · 곽재우 등 수많은 인재들이 그와 인연을 같 이했다.

[선비의 죽음]

1572년 2월 조식은 72세의 나이로 세상을 떠났다. 임종 직전에 제자인 김우옹이 스승의 사후 칭호를 무엇이라 할지 묻자, 조식 은 '처사(處士)'라 하라고 답했다. 그가 지향했던 삶이 무엇이었 는가를 보여 준다. 임진왜란 당시 그의 제자 가운데서 의병을 일 으킨 인물이 많이 나왔던 것도 국가와 백성을 위하는 조식의 정 신을 물려받았기 때문일 것이다.

수업에서는 배움과 배움을 연결하기 위해 지난 시간에 배웠던 인물을 떠올려 보도록 했다. 선조, 유성룡, 이순신 세 인물에 대한 대답이 나왔다. 지난 시간에는 위 세 사람의 관계를 통해서 임진왜란이라는 전쟁에 대해 살펴보았다. 지난 시간에 공부한 내용을 간단하게 정리한 다음에 '산해정'이라는 낱말을 칠판에 붙였다.

> 교사 '산해정'이라는 곳이 무엇을 했던 장소였을지 추측해 보세요.
> 학생1 한옥집이나 음식점 같아요.
> 학생2 제사를 지냈던 곳인 것 같습니다.
> 학생3 정자 이름 같습니다.

이제 산해정의 실제 모습을 칠판에 붙였다. 사진을 보고 이곳이 옛날에 무엇을 했던 장소였을지 생각해 보라고 하자 '공부를 했던 곳', '제사를 지내던 곳' 이렇게 생각이 좁혀졌다. 산해정이 있는 장소(경남 김해)를 이야기해 주고 다음 사진을 붙였다.

조식의 모습을 사진으로 인쇄해서 붙여 주었다. 조식이 조선 시대의 훌륭한 학자였으며, 산해정은 조식이 오랫동안 제자들을 가르쳤던 장소라고 이야기했다.

> 교사 그런데 이 산해정에는 아주 맑고 고요한 소리가 들렸다고 합니다. 무슨 소리였을까요?
> 학생1 글 읽는 소리요.

학생들의 생각은 언제나 생각할 거리를 던져 주기 때문에 수업의 소중한 재료가 된다. 학생들의 대답에 나의 생각을 얹어서 실마리 이야기로 넘어갔다. 인물의 삶을 알기 위해서 세 가지의 실마리를 준비했다.

실마리1. 성성자

'성성자(惺惺子)'와 '경의검(敬義劍)'은 조식이 평소에 늘 지니고 다녔던 물건이다. 실제 수업 시간에는 성성자만 다루었다. 칠판에 '성성자'라는 낱말을 붙였다. 그리고 성성자가 조식이 늘 가지고 다녔던 물건이라고 이야기해 주고 무엇이었을지 생각해 보라고 했다. 그러자 '회초리', '자', '빗' 등의 대답이 나왔다. '회초리'라는 말이 나오자 교실에는 웃음소리가 번졌다. 역시 낱말만 봐서는 모를 수 있다면서 아이들에게 실제 성성자의 사진을 보여 주었다.

성성자는 조식이 허리춤에 늘 매달고 다녔던 방울의 이름이다. 뜻은 '스스로 경계하여 알게 되는 것'이라고 한다. 조식은 이 성성자를 늘 몸에 지니고 다니면서 그 방울이 울릴 때마다 선비로서 바른길을 가고 있는지, 책임을 다하는 삶을 사는지 반성하면서 살았다는 이야기를 해 주었다. 학생들에게 조식의 이런 삶의 태도 느낀 점을 짝과 함께 이야기 나누어 보라고 하였다.

실마리2. 상소문

조식이 명종에게 올렸던 을묘사직상소 중에서 필요한 내용을 이해하기 쉬운 말로 풀어서 읽어 볼 수 있게 나누어 주었다.

나라의 근본은 없어졌고 하늘의 뜻도 민심(백성들의 마음)도 이미 떠나 버렸습니다. 큰 고목이 백 년 동안 벌레에 먹혀서 그 진이 다 말라 버렸으니 언제 폭풍우를 만나 쓰러질지 모르는 지경에 이르렀습니다. 낮은 벼슬아치는 아랫자리에서 술과 여자에 빠져 있고 높은 벼슬아치는 윗자리에서 빈둥거리며 뇌물을 받아 재산과 돈을 불리기에 여념이 없습니다. 오장육부가 썩어 배가 아픈 것처럼 온 나라의 모습이 안으로 곪을 대로 곪았는데도 누구 한 사람 책임지려고 하지 않습니다.[2]

대비(문정왕후)께서는 믿음이 있으시고 뜻이 깊다 하나 구중궁궐의 한 과부(남편을 잃은 여인)에 불과합니다. 게다가 전하는 아직 어리시니, 다만 돌아가신 임금님의 한 고아에 불과합니다. 백 가지 천 가지로 내리는 하늘의 재앙을 어떻게 감당하며 억만 갈래로 흩어진 백성들의 원망을 어떻게 감당하시렵니

---

2. 조식, 《남명집》 경상대학교 남명학연구소 옮김, 한길사, 2001, p. 313 내용을 참고하여 풀어 적었다.

까. 임금으로서의 원칙을 세우십시오. 임금에게 원칙이 없으면 나라가 나라답지 못하게 됩니다.[3]

교사 이런 상소문을 읽은 명종은 어떤 반응을 보였을지 생각해 보세요.

학생들 화가 많이 났을 것 같습니다.

교사 네. 실제로 명종은 조식을 벌하려고 생각하기도 했습니다. 그런데 원래 이렇게 임금에게 진심어린 조언을 해야 하는 사람은 누구의 역할일까요?

학생들 신하들입니다.

교사 네. 신하의 책임이 바로 그것입니다. 임금이 바른 생각과 판단을 하지 못했을 때 충언을 하고 현실을 바로 볼 수 있도록 해야 합니다. 그런데 왜 조식이 이런 진심어린 조언을 했을까요?

학생들 신하가 신하로서의 책임을 다하지 않자 조식은 선비로서의 책임감을 느끼고 상소문을 올린 것 같습니다.

교사 네. 조식은 조선이라는 나라가 바르게 나아갈 수 있도록 자신의 목숨을 걸고 상소를 올렸습니다. 결국 책임감을 이야기할 때 공동체를 떼어 놓고는 설명하기 어렵습니다.

여기까지 이야기를 나누고 토의 주제를 칠판에 적었다.

"공동체를 위한 책임 있는 행동은 왜 중요할까?"

아이들은 공책에 자기 나름의 생각을 기록하고 모둠 토의를 했다. 모둠 토의를 마치고 '생각-짝-나누기' 토의를 했다. 이 토의는

---

3. 조식, 같은 책, pp. 314~318 내용을 풀어 적었다.

모둠을 떠나서 자유롭게 돌아다니면서 짝을 만나서 자신의 생각을 나누는 토의 방법이다. 모둠 토의는 모둠 친구들의 의견을 듣는 것에서 그치기 때문에 '생각-짝-나누기'는 최대한 많은 친구들의 다양한 의견을 듣고 생각을 발전시키기에 좋은 방법이다. '생각-짝-나누기'를 마치고 모둠으로 돌아와서는 친구들의 생각을 듣고 알게 된 점을 파란색으로 간단하게 기록했다. 이런 기록은 수업의 정리에서 자신의 최종 의견을 기록할 때 생각을 발전시키는 소중한 재료가 된다.

실마리3. 제자들

조식의 제자들이 대부분 의병장이 되었다는 이야기를 해 주었다. 학생들의 이해를 돕기 위해 사진을 준비해서 보여 주었다. 곽재우에 대해서는 들어 본 학생이 있었지만 정인홍이라는 이름은 처음 들어 보는 학생이 많았다. 그래서 합천지역 전투에서 큰 공을 세웠던 의병장이라고 간단히 설명해 주었다. 그리고 질문을 던져 보았다.

교사 이분들은 군인도 아니었는데 무엇을 위해 자신의 목숨을 걸고 싸웠을까요?

학생들은 공동체에 대한 책임과 연결시켜 자신의 생각을 이야기했다. 거기에 더해서 이 사람들이 조식 선생의 제자라는 것을 떠올리면서 조금 더 생각을 넓혀 보라고 했다. 그리고 그때의 상황과 지금 학생들의 상황을 비교해 주었다.

> 교사 지금은 임진왜란과 같은 큰 전쟁이 일어난 상황도 아닙니다. 그리고 여러분은 저런 인물들처럼 어른도 아니에요. 하지만 조식 선생님과 그의 제자들은 여러분의 나이 때에도 공동체를 위해서 자신이 할 수 있는 책임 있는 행동을 끝까지 했을 거라고 믿습니다. 이제 여러분이 공동체를 위해 할 수 있는 책임 있는 행동을 적어 보세요.

아이들은 생활 속에서 바로 실천할 수 있는 일을 떠올리고 공책에 적어 나갔다. 수업을 정리하기 전에 책임에 대한 바른 판단

그림 30 각자 실천할 수 있는 것들을 적어 나갔다.

을 생각하도록 '복종'과 '충(忠)'의 차이점에 대해서 이야기했다. 충의 개념에 대해서 먼저 살펴볼 필요가 있다. 복종은 다른 사람이 시키는 대로 하는 것이고, 충은 자신에게 주어진 책임을 끝까지 성실하게 다하는 것을 말한다. 우리는 흔히 충의 개념을 국가나 임금에게 충성을 다하는 것이라고 알고 있지만, 그것은 처음 유학에서 언급한 충의 개념과는 거리가 멀다. 넓은 의미의 충이 아니라 좁은 의미의 충에 지나지 않는다. 그래서 배병삼은 진정한 '충(忠)'의 의미를 이해하기 위해서 충의 한자가 '가운데 중(中)'과 '마음 심(心)'이 합쳐진 의미에 대해 생각해 보아야 한다고 했다.[4] 해석을 하자면 '마음(心)이 항상 가운데(中) 있는지 늘 살피고 경계하는 것'이다. 따라서 진정한 충이란 자신이 바른 역할을 하고 있는지, 그리고 바르지 않은 쪽으로 기울지는 않았는지 늘 살피고 그것을 실천하는 것이 충의 의미라고 생각된다.

학생들에게 이것에 대해 쉽게 설명해 주기 위해 지난 시간에 배웠던 인물을 다시 가져왔다.

> 교사 선조는 이순신에게 수병을 해체하고 육군이 되어 싸우라고 명령을 내립니다. 그런데 이순신은 그 명령을 따랐나요?
> 학생들 따르지 않았습니다.
> 교사 왜 따르지 않았죠?
> 학생들 선조가 바른 판단을 내리지 못했기 때문입니다.

---

4. http://openlectures.naver.com/contents?contentsId=79131&rid=2888&lectureType=classic 참조.

만약 우리가 알고 있는 충(복종)의 의미라면 이순신은 그 명령을 따라야 했다. 하지만 이순신은 그 명령을 따르지 않고 선조를 설득하고 전쟁에 나가서 큰 승리를 거둔다.

> 교사 다른 사람이 시키는 대로 하는 것은 '충'이 아니고 '복종' 입니다. 우리 주변에는 복종과 충을 바르게 구분하지 못하는 어른이 많습니다. 자신은 시키는 대로 다했고, 그래서 자신에게는 아무 잘못이 없다는 식으로 자신의 책임을 피하는 경우가 많습니다. 하지만 진정한 의미의 충은 그것이 아닙니다. 충의 한자를 살펴보면 가운데를 뜻하는 '中'과 마음을 뜻하는 '心'이 합쳐져 있답니다.

그렇게 칠판에 두 개의 한자를 붙여서 '忠'의 한자를 만들고 충의 의미를 설명해 주었다. 바른 판단에 따라서 책임 있는 행동을 하는 것이 진정한 '충'이라고 말해 주었다.

정리에서는 토의 주제였던 "공동체를 위한 책임 있는 행동은 왜 중요할까?"에 대한 자신의 최종 의견을 적었다. 내가 수업 시간에 가장 중요하게 여기는 것이 바로 생각의 발전이다. '자기 나름의 생각→친구와 이야기하기→교사의 생각 참고→자기 나름의 생각 수정→최종 의견 기록'의 과정을 통해서 학생 자신의 생각을 끊임없이 다듬고 발전시켰다.

02 안중근과 어머니: 공익과 희생정신

수업의 중심 가치 덕목은 '공익'이다. 그러나 공공의 이익이라는 개념을 넘어서 '공동체를 위하는 마음'이라는 방향으로 접근하고 싶었다. 그래서 떠올린 인물이 안중근이다. 그의 애국정신과 희생정신은 말 그대로 숭고하다. 그러나 아직 유해도 찾지 못하고 있는 상황은 안타깝기 그지없다. 독립운동가들은 풍전등화의 나라를 구해 준 고맙고도 소중한 존재들이다. 하지만 그런 분들의 노고에 비해 그들과 후손에 대한 대우는 제대로 이루어지지 못하고 있다. 얼마 전 뉴스에서 윤봉길 의사 기념관이 제대로 관리되지 못하고 방치되고 있다는 보도가 있었다. 그 안에 보관되었던 소중한 자료들이 훼손되고 있다는 이야기를 들으며 씁쓸함을 금치 못했다. 광복은 민족 모두의 기다림이었지만 독립운동가와 후원자들은 재산을 모두 바쳐 앞날이 캄캄했고, 친일파들은 재산을 그대로 유지하거나 불려서 더욱 위세를 떨치게 되는 희비가 교차되는 순간이기도 했다.

한번은 5학년 학생들에게 안중근 의사가 누구인지 물어보았더니 윤봉길 의사와 헷갈려 했다. 심지어는 모르는 학생도 있었다. 미국의 유명한 IT기업가와 그들의 제품은 누구보다 잘 알고, 아이돌 가수의 취미와 생일까지 줄줄 외우는 학생들이 안중근 의사가 누구이고 어떤 일을 했는지도 모른다는 사실에 가슴이 저려 왔다. 그런 훌륭한 인물을 굳이 사회 시간까지 기다려서 배울 필요가 없었다. 수시로, 잊지 않도록, 주요 과목보다 더 자주 알려주고 생각할 기회를 주어야 하는 것이 공교육에 몸담고 있는 교사의 역할 같았다. 그런 생각을 하던 차에 김구의 《백범일지》를 읽게 되었다. 마침 거기에도 안중근의 아버지 안태훈 진사와의 인연에 대한 기록이 있었다.

> (안태훈) 진사는 아들이 셋 있었는데 맏아들은 중근(重根)으로 당년 열여섯에 상투를 틀었고 자색 명주 수건으로 머리를 동이고서 돔방총을 메고 노인당과 신상동으로 날마다 사냥을 다녔다. 중근은 영기(英氣)가 넘치고 여러 군인들 중에도 사격술이 제일로, 나는 새 달리는 짐승을 백발백중으로 맞히는 재주가 있었다.[5]

김구의 글로 보아도 안중근의 기백은 어릴 때부터 남달랐던 듯하다. 치열한 독립운동의 기록인 《백범일지》를 읽고 그분들의 삶에서 무한한 감동을 받았다. 이렇게 감동적인 책을 미루어 읽은 것이 후회될 정도였다. 그래서 책의 내용을 수업에 녹여 내고 싶었다. 우선 안중근의 삶을 통해서 공동체를 다루고, 《백범일지》의 내용을 바탕으로 김구의 삶과 자주, 공동체에 대해서 생각하는 수업을 구상하였다.

안중근의 삶을 이야기할 때 빠질 수 없는 것이 어머니이다. 김구의 어머니와 마찬가지로 강인하고 꼿꼿한 모습을 보인다. 그런

---

5. 김구, 《백범일지》, 돌베개, 2005, p. 57.

어머니가 계셨기 때문에 훌륭한 독립투사가 존재할 수 있었다는 확신이 든다. 특히 안중근의 어머니가 쓴 편지를 읽었을 때의 감동은 아직도 가시지 않는다. 그 편지를 읽어 보고 안중근의 어머니가 왜 그런 글을 쓰게 되었는지 생각하고, 안중근의 결정에 대해 함께 이야기하는 수업을 설계하였다. 실제 수업에서는 이회영의 삶도 함께 공부했지만 여기서는 안중근의 삶에 집중해서 소개한다.

인물의 삶 들여다보기[6]

[아버지와 어린 시절]

안중근 의사는 1879년 9월 2일 황해도 해주에서 태어났다. 본관은 순흥, 아명은 응칠이며, 천주교 세례명은 토마스(도마)이다. 부친인 안태훈은 어려서부터 신동으로 문명을 날리고 있었는데, 의사는 바로 이 안 진사와 그 부인 조(趙)씨 사이에 태어난 3남 1녀 가운데 장남이었다. 의사의 부친은 진사였으나 전통적인 유학에 머물러 있던 보수 유림은 아니었다. 그는 근대적 신문물 수용의 필요성을 인식한 개화적 사고를 지니고 있었다. 그리하여 1884년 박영효 등 개화세력이 근대 문물의 수용과 개혁 정책의 실행을 위해 도일 유학생을 선발할 때 그에 뽑히기도 했다. 그러나 그해 12월 발생한 갑신정변의 실패로 뜻을 이루지 못하고

---

6. 국가보훈처(http://www.mpva.go.kr) 자료 참고.

귀향하고 말았다. 의사의 집안은 갑신정변 직후 해주를 떠나 신천군의 청계동으로 이사하였다. 그것은 부친이 개화당 인사들과 교류가 깊었던 관계로 수구파 정부의 탄압을 피하기 위한 조치로 보인다. 따라서 의사는 청계동에서 성장하면서 8세 때부터 조부의 훈도로 한학과 조선 역사를 배우며 민족의식을 키웠다. 또한 부친의 영향으로 개화적 사고를 지니게 되었다. 말타기와 활쏘기 등 무예를 연마하며 호연지기를 길렀고, 숙부와 포수꾼들로부터 사격술을 익혀 명사수로 이름을 날렸다. 그리하여 의사는 근대적 사고와 숭무적 기상을 지닌 민족 청년으로 성장하였고, 이를 바탕으로 역사의 현장에 뛰어들었던 것이다.

[의병 전투와 일본 포로 해방]

1908년 6월 의사는 의병부대를 이끌고 제1차 국내진공작전을 펼쳤다. 함경북도 경흥군 노면 상리에 주둔하고 있던 일본군 수비대를 급습한 것이다. 이 작전에서 의사의 의병부대는 치열한 교전 끝에 일본군 수명을 사살하면서 수비대의 진지를 완전히 소탕하는 전과를 올렸다. 그리고 같은 해 7월 함경도 일대에서 맹활약하고 있던 홍범도 의병부대와 긴밀한 연락을 취하면서 제2차 국내진공작전을 전개하였다. 함경북도 경흥과 신아산 일대의 일본군 수비대를 공격한 것이다. 이 전투에서 의사의 의병부대는 제1차 진공작전과 마찬가지로 기습 공격을 통해 일본군을 여러 차례 격파하였다. 아울러 전투 중에 10여 명의 일본군과 일본 상인들을 생포하는 성과를 거두었다.

그런데 의사는 이들 일본군 포로들을 석방하는 조치를 취하였다. 이는 "사로잡힌 적병이라도 죽이는 법이 없으며, 또 어떤 곳에서 사로잡혔다 해도 뒷날 돌려보내게 되어 있다."라고 하는 만국공법(국제법)에 따른 것이었고, 또 의사가 믿고 있던 천주교 박애주의의 소산이었다. 그러나 이로 인해 의사는 의병부대원들의 불만과 오해를 사고, 또 포로의 석방으로 의병부대의 위치가 알려지면서 일본군의 공격을 받아 대패하고 말았다. 이후 온갖 고초 끝에 의사는 몇몇 부대원들과 함께 본거지로 귀환하여 의병부대의 재조직을 모색하였다.

[이토 히로부미 저격]

의사는 1909년 10월 26일 새벽 하얼빈 역으로 나가 러시아 병사들의 경비망을 교묘히 뚫고 역 구내 찻집에서 이토의 도착을 기다렸다. 드디어 오전 9시 이토가 탄 특별열차가 하얼빈 역에 도착하였다. 이토는 환영 나온 러시아의 재무대신 코코프초프와 열차 안에서 약 30분간 회담을 갖고, 9시 30분경 코코프초프의 인도로 역 구내에 도열한 러시아 의장대를 사열하였다. 그리고 다시 귀빈 열차 쪽으로 향하여 가기 시작하였다. 바로 그때 의장대의 후방에서 은인자중하고 있던 의사는 앞으로 뛰어나가며 브라우닝 권총으로 이토에게 3발의 총탄을 명중시켰고, 이토는 쓰러졌다. 이어서 의사는 가장 의젓해 보이는 일본인들을 향하여 3

발의 총탄을 더 발사하였다. 이는 혹시 자신이 이토를 오인했을 경우를 예상한 행동이었지, 그 수행원들을 처단하기 위한 것은 아니었다. 이 총격으로 이토를 수행하던 비서관과 하얼빈 총영사, 만주철도 이사 등 일본인 관리들이 총탄을 맞아 중경상을 입었다. 당시 러시아군에 의해 체포될 때 의사는 러시아말로 "코레아 우라(대한 만세)"를 연호하였다고 한다. 의사의 총탄 세례를 받은 이토는 열차로 옮겨져 응급처치를 받았으나 결국 절명하였다. 그리하여 한국 침략의 원흉이자 동양평화의 파괴자인 이토는 의사에 의해 단죄되어 비참한 최후를 맞이하고 말았다.

[의사의 죽음]

의사는 하얼빈의 일본 영사관을 거쳐 여순(뤼순)에 있던 일본 관동도독부 지방법원에 송치되었다. 그리고 여기에서 1910년 2월 7일부터 14일에 이르기까지 6회에 걸쳐 재판을 받았다. 그러나 이 재판은 죽기를 각오한 의사조차도 "판사도 일본인, 검사도 일본인, 변호사도 일본인, 통역관도 일본인, 방청인도 일본인. 이야말로 벙어리 연설회냐 귀머거리 방청이냐. 이러한 때에 설명해서 무엇하랴."라고 불만을 토로할 정도로 일본인들만에 의해 형식적으로 진행되었고, 그 결과는 뻔한 것이었다. 2월 14일 공판에서 의사는 일제의 각본대로 사형을 선고받았다.

"사형이 되거든 당당하게 죽음을 택해서 속히 하느님 앞으로 가라."는 모친의 말에 따라 의사는 이후 공소도 포기한 채, 여순 감옥에서 《안응칠역사》와 《동양평화론》의 저술에만 심혈을 쏟았다. 《안응칠역사》는 의사의 자서전이고, 《동양평화론》은 거사의 이유를 밝힌 것이었다. 재판이 공개되지 않는 상황에서 의사는 일본인들에게 거사의 이유를 설명할 필요성을 느끼지 못했다. 구구하게 이유를 밝혀 목숨을 구걸한다는 인상을 주기도 싫었다. 그래서 의사는 공소를 포기한 뒤, 《동양평화론》을 저술하여 후세에 거사의 진정한 이유를 남기려고 하였다. 그러나 이것마저 일제는 허락하지 않았다. 의사는 《동양평화론》을 시작하면서 이것이 끝날 때까지만이라도 사형 집행을 연기해 줄 것을 요구하였다. 하지만 일제는 이를 무시하고 사형을 집행하였고, 그에 따라 의사는 1910년 3월 26일 여순 감옥에서 순국하고 말았다.

실마리1. 아버지와 어린 시절

안중근은 부친의 영향으로 개방적인 사고를 지니게 되었다. 말타기와 활쏘기 등 무예를 연마하였고 숙부와 포수꾼들로부터 사격술을 익혀 명사수로 이름을 날렸다. 《백범일지》에 보면 안중근의 아버지는 다른 자식들에게는 공부를 하지 않는다고 꾸중하였지만 안중근에게는 일절 그런 말을 하지 않았다고 한다. 안중근이 무예만 익힌 것은 아니다. 어릴 때부터 유교 경전에 통달하였고 발달된 학문을 접하면서 문무가 골고루 출중했다. 그의 학문적 탁월함은 수감 시절 남긴 여러 가지 작품을 통해서도 확인할 수 있다. 안중근은 1909년에 뜻이 같은 동지 11인과 함께 동의단지회(同義斷指會)를 결성한다. 의병으로 재기하기 위해서였다. 안중근은 이때 왼손 넷째 손가락 한 마디를 끊어 결의를 다졌다고 한다. 안중근의 수인(手印)은 이때부터 찍기 시작한 것이다.

실마리2. 이토 히로부미와 감옥 생활

이토 히로부미는 당시 제국주의를 내세우며 아시아 침략에 앞장서 조선에 을사늑약(乙巳勒約)을 강요한다. 그리고 헤이그특사사건을 빌미로 하여 고종을 강제로 퇴위시킨다. 일본에서는 근대화를 이끈 인물로 평가되지만 우리에게는 조선 식민지화를 주도한 원흉으로 평가가 엇갈린다.

학생들에게 안중근이 저격한 이토 히로부미의 모습을 보여 주고 안중근의 감옥 생활에 대해 이야기해 주었다. 안중근의 곧은 모습에 감동한 일본 검사와 간수들은 안중근에게 인생 상담을 받을 정도였다고 한다. 그런 감옥 생활 중에 그는 자신의 자서전과 자신이 이토 히로부미를 저격하게 된 이유에 대해 저술한다.

실마리3. 어머니와 주고받은 편지

이제 안중근의 어머니에 대해 이야기할 차례다. 안중근의 어머니는 보통 어머니가 보내는 편지와는 다른 편지를 보낸다. 사형 선고를 받은 아들에게 쓴 어머니의 편지를 읽어 보도록 하였다.

네가 만약 늙은 어미보다 먼저 죽는 것을 불효라 생각한다면
이 어미는 웃음거리가 될 것이다. 너의 죽음은 너 한 사람 것
이 아니라 조선인 전체의 공분(나라를 빼앗긴 분노)을 짊어지
고 있는 것이다. 네가 항소(사형을 받은 것이 억울하다고 호소)
를 한다면 그것은 일제에 목숨을 구걸하는 짓이다. 네가 나라
를 위해 이에 이른즉 딴 맘 먹지 말고 죽어라. 옳은 일을 하고
받은 형이니 비겁하게 삶을 구하지 말고, 대의에 죽는 것이 어
미에 대한 효도이다. 아마도 이 편지가 이 어미가 너에게 쓰는
마지막 편지가 될 것이다. 여기에 너의 수의(죽어서 입는 옷)를
지어 보내니 이 옷을 입고 가거라. 어미는 현세에서 너와 재회
하기를 기대치 않으니 다음 세상에는 반드시 선량한 천부(신분
이 낮은 사람)의 아들이 되어 이 세상에 나오너라.[7]

교사 안중근의 어머니는 왜 죽음을 받아들이라고 하였을까요?
학생1 민족을 위해서 희생하는 정신을 응원해 준 것 같아요.
학생2 자식의 믿음이 흔들리지 않도록 강한 모습을 보이신 것
    같습니다.

자식을 사랑하지만 국가를 위해서 헌신하고 그 길을 가는 것의
중요성을 담담하게 적은 어머니의 편지는 가슴을 친다. 학생들은
공동체를 위해서 목숨을 던진 안중근의 삶을 듣고 깊은 생각에
빠져들었다. 그리고 그의 어머니의 의연한 태도는 훨씬 큰 울림

---

7. 〈안중근〉, 위키백과.

으로 다가온다.

수업의 마무리에서는 안중근 의사가 유언을 남기는 모습을 보여 주었다. 사진에는 두 동생과 빌렘 신부의 모습이 있다. 그 자리에서 안중근은 유언과 함께 《동양평화론》에 대해 이야기했다고 한다. 아이들에게 안중근 의사의 유언을 들려주었다.

> 내가 죽은 뒤에 나의 뼈를 하얼빈 공원 곁에 묻어 두었다가 우리 국권(나라의 권리)이 회복되거든 고국으로 반장(옮겨서 묻는 것)해다오. 나는 천국에 가서도 또한 마땅히 우리나라의 회복을 위해 힘쓸 것이다. 너희들은 돌아가서 동포(국민)들에게 각각 모두 나라의 책임을 지고 국민 된 의무를 다하며 마음을 같이하고 힘을 합하여 공로를 세우고 업을 이르도록 일러다오. 대한 독립의 소리가 천국에 들려오면 나는 춤추며 만세를 부를 것이다.[8]

그가 유언에서 강조한 내용은 모두가 나라에 대한 책임지기, 마음을 같이하고 힘을 합하는 것이었다. 개인을 넘어서 국가라는 공동체를 위해 힘을 합하는 민족의 모습을 바랐다. 공동체를 위한 안중근의 마음은 우리의 모습을 되돌아보게 만든다. 안중근은 자신이 사형당하면 조국에 운구하여 매장해 줄 것을 최후로 당부했다. 그러나 사형당한 그의 시신은 뤼순 감옥의 죄수 묘역에 묻혔다. 일제는 뒤에 안중근의 정확한 매장지를 알려 주지 않아 그

---

8. 같은 글.

의 매장지를 찾을 수 없다고 한다. 현재까지도 공식적으로는 유해가 묻힌 곳을 찾지 못하고 있다. 2011년 출범한 안중근 유해 발굴 및 국내 봉환을 추진하는 비정부 민간단체 안중근뼈대찾기사업회는, 최근 안중근이 순국한 뤼순 감옥에서 동쪽으로 500미터 정도 떨어진 뤼순감옥구지묘지를 안중근의 유해 매장지로 추정하며, 해당 지역에 대한 발굴을 정부에 의뢰하고 있는 상황이다. 일본은 의사의 유해를 찾기 위한 단서를 전면적으로 공개하지 않고 있고, 중국 역시 수동적인 태도를 보이고 있다. 여러 가지로 아쉬움을 감추기 어렵다. 학생들에게는 유언을 읽고 안중근이 우리에게 하고 싶었던 말은 무엇이었을지 적어 보도록 했다.

03 박지원: 《열하일기》와 어울림

소통이 무엇보다 중요한 덕목이 된 요즘이다. 사람과 생각을 나누고 의견을 모으고 더 나은 방향으로 발전시키기 위해서는 단편적인 소통이 아니라 고민과 성찰이 오가는 소통이 되어야 한다. 그런 소통이 되기 위해서는 우선 사람들과 격이 없이 어울리는 자세가 필요하다. 여기서 격이 없다는 것은 예의를 갖추지 않는다는 의미가 아니다. 나와 다른 일을 하는 사람, 나와 다른 생각을 가지고 있는 사람, 나와 다른 지역에 사는 사람, 나와 성격이 다른 사람들과 거리를 두는 것이 아니라 자신의 생각을 터놓고 이야기할 수 있는 내려놓음의 자세이다.

현대사회는 고대사회와 같은 계급이 없어졌지만 '흙 수저', '금 수저'와 같은 신흥계급론이 불고 있다. 소득 수준에 따라서 사는 곳을 구분 짓고 좋은 학군과 고급 입시정보는 그 어떤 정보보다 얻기 어려운 정보가 되었다. 그래서인지 한국 사회에는 소득 수준과 학력 수준과 같은 스펙을 기준으로 묘한 무리짓기가 이루어지고 있다. 그런 무리짓기는 어른들의 시각으로 만들어졌지만 그것을 보고 배우는 것은 아이들이다. 무리 안에서 지내면 안전하고 기득권을 확보한 것 같지만 길게 볼 때는 위태롭기 짝이 없다. 어차피 사회에서는 다양한 출신과 성장 배경을 가진 사람들이 서로 어울려 살아가야 한다. 자라면서 다양한 사람들과 어울리면서 사회적 존재로 거듭나는 훈련이 되지 않으면 성인이 되어서도 힘들다.

학교 현장에 있다 보니 경쟁 위주의 입시체제도 그런 무리짓기에 부채질을 했을 수 있다는 생각이 많이 들었다. 협동하고 함께 성장하는 교육체제가 되지 못하고 입시 중심의 경쟁체제는 아이들을 고립시키고 나와 다른 무리로부터 소외시키고 있다. 그래서 아이들과 '어울림'이라는 가치의 소중함에 대해 생각해 보는 수업을 구상하였다.

어울림을 다루기 위해 좋은 고전을 떠올리다가 TV에서 연암 박지원에 관한 고미숙의 강연을 듣게 되었다, 평소 유목주의(특정 가치와 삶의 방식을 고집하지 않고 새로운 자아를 찾아가는 유목민적 삶)의 가치에 관심을 갖고 있던 차에 박지원의 유목주의와 어울림의 태도는 나에게 깊은 감명을 주었다. 그때부터 박지원의 삶과 《열하일기》에 관심을 가지게 되었다. 알다시피 《열하일기》는 박지원이 청나라를 다니면서 겪었던 일들을 기록한 기행문이다. 대장정의 기록인 만큼 완역본은 두꺼운 책으로 세 권 이상 된다. 아이들이 그것을 모두 읽기에는 내용도 어렵고 양도 너무나 많다. 그래서 아이들에게 《열하일기》 완역본을 바로 읽도록 하는 것보다 박지원의 삶과 《열하일기》에 대한 전반적인 이해를 먼저 할 수 있도록 도와주는 것이 좋다. 그렇게 박지원의 삶의 태도와 《열하일기》의 가치를 알고 난 다음에 《열하일기》를 스스로 찾아 읽게 된다면 그것만으로도 인문학 수업의 효과는 충분하다고 생각된다.

아이들이 《열하일기》의 내용을 쉽게 이해할 수 있는 책으로는 고미숙의 《삶과 문명의 눈부신 비전 열하일기》를 추천한다. 그 안에는 박지원의 삶과 《열하일기》에서 주요하게 읽어야 할 부분이 원문과 함께 정리되어 있다. 그중에 한 가지만 소개하자면 《열하일기》의 유명한 문장인 "청 문명의 장관은 기와조각과 똥덩어리에 있다."이다. 박지원은 청나라를 보고 온 사람들의 소감을 몇 가지 부류로 나누어서 설명한다. 일류 선비들은 "황제가 머리를 깎았고, 장상과 대신 등 모든 관원들이 머리를 깎았으며, 선비와 서민들까지도 모두 머리를 깎았더군요." 하면서 청나라를 오랑캐의 나라로 매도한다. 중류 선비는 청나라의 사치스러움을 질타하면서 북벌론을 주장한다. 이런 선비들의 주장에 연암은 스스로를 삼류 선비라 지칭하며 다음과 같이 말한다.

> "나는 비록 삼류 선비(下士)지만 감히 말하리라. 중국의 장관은 저 기와조각에 있고 저 똥덩어리에 있다."[9]

연암은 볼품없이 깨진 기와조각을 여러 가지 방법으로 이어 붙여서 영롱하게 어우러진 모습에서 천하의 아름다운 무늬를 발견했다. 똥오줌은 천하에 더러운 것이지만 그것을 거름으로 쓸 때 금싸라기처럼 귀하게 여기는 사람들의 모습을 보고 천하의 제도를 발견한다. 이러한 연암의 안목과 사유를 고미숙은 다음과 같이 적었다.

> 모르긴 해도 일류, 이류 선비들은 연암의 말에 "흥!" 하고 콧방귀를 뀌었을 것이다. "기와조각과 똥오줌 따위로 문명의 수준을 가늠하다니, 그게 말이 되나?", "누가 삼류 아니랄까 봐, 쯧쯧." 하면서. 하지만 문명이란 결국 그 시대 인민들의 생활과 문화의 총체가 아니던가. 그런 점에서 똥과 쓰레기 또한 얼마든지 한 사회의 문명을 비춰 주는 멋진 프리즘이 될 수 있다.[10]

이렇게 《열하일기》에는 연암의 훌륭한 안목과 사람들과의 어

---

9. 고미숙, 《삶과 문명의 눈부신 비전 열하일기》, 아이세움, 2007, p. 67.
10. 고미숙, 같은 책, p. 69.

울림이 곳곳에 녹아 있었다. 특히 사람들과 자유롭게 어울리면서 생각을 나누는 그의 모습은 아이들에게 '어울림'을 생각하기에 좋은 소재가 되었다. 먼저 박지원의 삶을 들여다보자.

인물의 삶 들여다보기

박지원의 삶을 이해하기 위해서는 그의 벗들과 《열하일기》, 그리고 그의 사상에 대한 이야기를 빼놓을 수 없다. 《삶과 문명의 눈부신 비전 열하일기》(고미숙, 아이세움, 2007) 내용을 참고하여 그의 삶을 정리하면 다음과 같다.

[어린 시절과 우울증]

박지원은 1737년(영조 13년)에 한양의 서부 반송방 야동에서 태어났다. 그는 어린 시절 할아버지인 박필균에게 글을 배웠다. 부모님보다 할아버지인 박필균의 영향이 더 컸다고 볼 수 있다. 박필균은 고위 관직에 있었으나 청렴했다. 십 대 무렵 연암은 한때 심한 우울증에 시달린 적이 있었다. 그는 병을 치료하기 위해 길거리로 나갔고, 그 과정에서 분뇨 장수, 이야기꾼, 도사, 건달 등 온갖 부류의 사람들을 만났다. 연암은 그들의 기이한 인생 역정에 귀를 기울였고, 그러면서 그들 모두와 친구가 되었다.

[벗과 노닌 삼십 대]

부도, 명예도 없었건만 그래도 삼십 대는 그의 생애 가장 빛나는 시절이었다. 탑골공원에 있는 원각사지 10층 석탑 주변에 살면서 벗들과 마음껏 어울린 시절이었다. 연암의 벗은 알려진 실학자를 비롯하여 시대를 풍미한 학자들이 많았다. 스스로를 간서치(看書痴), 곧 '책만 보는 바보'라 칭한 이덕무의 집이 근처에 있었다. 이서구와 서상수, 유공, 유득공과 근처에 살면서 많은 학문적 교류를 하였다. 천재 과학자이자 음악가인 홍대용, 괴짜 발명꾼 정철조, 조선 최고의 창검술 보유자 백동수 등도 연암의 자랑스러운 친구들이었다.

[홍국영과 시련]

1778년, 연암은 느닷없이 서울을 떠나야 했다. 홍국영의 권세를 피하기 위함이었다. 홍국영은 정조 임금이 즉위하는 데 결정적인 역할을 한 인물이다. 1776년 정조 임금이 왕위에 오르면서 홍국영의 세도가 시작되었다. 홍국영은 반대파를 제거하는 과정에서 연암을 주시하기 시작하였다. 벗이었던 백동수와 유언호가 이 사실을 알고 연암에게 서울을 떠나서 '연암'으로 들어가라고 설득했다. '연암'은 젊은 시절 팔도를 유람하던 중 친구 백동수의 안내로 찾아낸 개성 부근의 깊은 산골 이름이었다. 연암은 벼슬에도 나가지 않고 정국에 대한 비판 역시 즐겨하지 않았기 때문에 그를 향한 홍국영의 주시가 이해되지 않았지만 여러 가지 사정이 겹치게 된다. 연암은 식구는 많았지만 대부분 수입이 될 만한 일을 하지 않아서 경제적으로 궁핍했다. 그동안 가족의 생계는 형수님이 책임을 졌는데 형수가 죽자 여러 가지로 막막하게 되었다. 이런저런 사정으로 연암은 어쩔 수 없이 '연암'으로 가게 되었다. 그때 연암의 나이가 마흔둘 즈음이었다.

[청나라 여행과 《열하일기》]

당시 조선은 병자호란의 고통을 안겨 준 청나라를 공격하자는 북벌론이 일었다. 연암과 그의 벗들은 조선이 청나라만큼 힘이 강하지도 않은데 북벌만을 외치고 있는 비현실적인 태도를 비판하였다. 그러면서 청나라의 우수한 문물을 배우자는 북학(北學)을 주장한다. 홍대용이 먼저 청나라에 다녀온다. 이덕무, 유득공, 박제가 등도 청나라에 가서 선진화된 문물을 접하고 돌아온다. 연암은 그런 벗들의 이야기를 들으면서 마냥 청나라에 갈 기회만을 기다릴 뿐이었다.

홍국영의 실각으로 다시 서울로 돌아온 연암에게 기회가 찾아왔다. 1780년, 삼종형 박명원이 건륭황제의 70세 만수절 축하 사절로 중국으로 가게 되었다. 그는 연암이 평소 청나라 문명을 동경하던 것을 알고 있었기에 자신의 개인 수행원으로 임명하여 동행하게 된다. 연암은 그렇게 청나라 여행을 시작하였고 그 과정에서 본 것, 만났던 사람들, 사유의 파편들을 충실하게 기록하였다. 그것이 《열하일기》다. 연암은 어디를 가든 어떤 신분의 사람들과도 자유롭게 이야기하고 어울렸다. 대화가 통하지 않으니 필담으로 이야기를 주고받았다. 그런 어울림을 통해서 생각을 넓혀 나갔다.

그중에서 수업 시간에 중점적으로 다룬 부분은 열하에 이른 연암이 거기서 만난 사람들과의 이야기를 기록한 〈경개록서(傾蓋錄序)〉다.

실마리1. 벗들

학생들에게 박지원, 홍대용, 박제가, 유득공, 백동수, 이덕무의 모습을 보여 주었다. 먼저 박지원의 모습을 보면 그의 풍채에 놀라고 인상에 한 번 더 놀란다. 외모에서부터 호방한 기질이 느껴진다. 그들과 박지원이 절친한 벗의 관계였으며 함께 어울리면서 학문과 인생에 대해서 끊임없이 교류했다고 설명했다. 그중에서도 박제가와의 인연에 대해서는 자세히 알려 주었다.

삼십 대 중반 즈음, 연암은 식구들을 경기도 광주 석마의 처가로 보낸 뒤 서울 전의감동(조선 시대 의료 행정과 의학 교육을 맡아 보던 전의감이 있던 동네 이름)에 혼자 기거하면서 이 모임을 이끌었다. 하루는 18, 9세쯤 되어 보이는 한 젊은이가 찾아왔다. 이름은 초정 박제가. 재주는 탁월한데, 서얼 차별이라는 신분적 장벽 때문에 가슴속에 불평지기가 가득한 청년이라는 말을 들은 적이 있다. 연암은 옷을 차려입고 나가 반가이 맞이하였다. 소문대로 한눈에 오기와 패기가 느껴지는 얼굴이었다.

손을 잡고 방으로 이끈 뒤, 연암은 그동안 지은 글을 전부 꺼내 읽어 보게 했다. 그가 글을 읽는 동안 연암은 직접 쌀을 씻어 다관에 앉힌 뒤, 흰 주발에 밥을 퍼서 옥소반에 받쳐 내오고 술잔을 들어 그를 위해 축수해 주었다. 잔뜩 날이 서 있던 젊은이의 얼굴선이 부드럽게 흘러내렸다. 무척이나 감동받은 눈치였다. 나이도 한참 어린 데다 서자 출신인 자기를 정성껏 맞아 주는 연암의 풍모가 아주 특별하게 느껴졌다.[11]

교사　박지원을 찾아가기 전 박제가는 평소에 어떤 마음을 가지고 있었을까요?

학생들　억울한 마음을 늘 가지고 있었을 것 같습니다.

교사　무엇이 박제가를 억울하게 만들었을까요?

학생들　출신 때문에 자신의 실력을 마음껏 뽐내지 못하기 때문입니다.

교사　그런 박제가를 따뜻하게 맞이하는 박지원의 태도를 보고 박제가는 어떤 생각이 들었을까요?

학생1　고마운 마음이 들었을 것입니다.

학생2　박지원과 진심으로 친구가 되었을 것 같습니다.

교사　네. 박제가는 그날부터 박지원의 친구가 되어서 앞에서 말한 벗들과 함께 어울리면서 공부하고 풍류를 즐겼습니다.

---

11. 고미숙, 같은 책, pp. 26~27.

실마리2. 《열하일기》

〈경개록서〉의 머리말에서 박지원은 다음과 같이 적었다.

> 옛말에 "나이가 들어 만나도 젊어서 만난 듯 새롭고, 지나가
> 다 잠시 일산을 기울이며 만난 사이라도 오래된 친구 같다."라
> 고 했으니, 만나서 한마디 이상을 주고받은 사람을 여기 수록
> 해 둔다. 일산을 기울여 잠시 만난 친구라는 뜻으로 글의 제목
> 을 '경개록(傾蓋錄)'이라고 한다.[12]

〈경개록서〉에는 그가 만났던 사람들의 나이와 특징, 나누었던
대화들이 요약되어 있다. 그 내용을 바탕으로 그가 사람들과 어
울렸던 이야기를 학생들에게 들려주었다.

그중에서 일부를 소개한다.

> 왕신(汪新)은 자가 우신이며, 절강 인화 사람이다. (중략) 한
> 번 서로 보고는 문득 오랜 사귄 친구처럼 푹 빠져 마음을 주고
> 받았다. 신장이 7척이 넘고, 성긴 수염에 얼굴빛은 검고 못생겨
> 위엄은 없으나, 억지로 꾸미지 않는다.
> (중략)
> "오서림 영방은 별일 없으신지요?" 하고 내가 물으니,
> "오서림 선생은 오중 지방의 학덕이 높은 선비입니다. 연세
> 가 여든이 넘었지만 아직 강녕하시고 굳세며, 저서를 폐하지

---

12. 박지원, 《열하일기 2》, 김혈조 옮김, 돌베개, 2009, p. 150.

않고 있습니다."라고 한다.

"소음 육비는 별 탈 없으시겠지요?" 하고 물으니 왕신이 깜짝 놀라며,

"모르겠습니다만, 도대체 선생께서는 어디에서 오 선생과 육비를 알게 되셨는지요?"라고 되묻기에 나는,

"소음이 건륭 병술년(1776) 봄에 과거 시험을 보러 북경에 와서 있을 때, 우리나라 선비 중에 우연히 그를 숙소에서 만난 사람이 있었답니다. 소음의 시문과 서화가 우리나라 사람들의 입에 자주 오르내리고 있습니다."라고 하니 왕은,

"소음은 괴짜 선비입니다. 금년이 회갑인데 강호에 불우하게 떠돌며 시와 그림을 타고난 운명으로 여기고 산수를 벗으로 삼아 세월을 보내며, 많이 마셔서 대취하면 미친 듯 노래하고 분개하여 욕을 퍼붓습니다."라고 하기에,

"무엇에 분노하여 욕을 한답니까?"라고 물으니 왕은 대답하지 않는다.(중략)

왕신은 모레에 다시 와서 즐거움을 다하자고 약속하고 갔다.[13]

교사 박지원이 사람들과 어울리는 모습을 보니 어떤 생각이 듭니까?

학생1 성격이 좋은 것 같아요.

학생2 이야기를 나누면서 서로 많이 배우는 것 같아요.

교사 이런 박지원의 태도를 통해서 우리는 어떤 점을 배울 수 있을까요?

학생1 나와 생각이 다른 사람과도 같이 어울리면 좋을 것 같습니다.

---

13. 박지원, 같은 책, pp. 155~157.

학생2 사람들과 만나면서 생각을 자유롭게 나누는 태도를 배
울 수 있습니다.

  어울리면서 공부 이야기, 학문 이야기만 할 필요는 없다. 평소
에 가지고 있는 고민들, 그 사람의 경험, 가치관 등을 서로 나누
다 보면 그 안에서 새로운 생각과 가치들을 발견할 수 있다. 그래
서 어울림을 통한 교류는 생각이 커 나갈 수 있는 장이 된다고 이
야기해 주었다.

실마리3. 북학

교사 사회 시간에 병자호란에 대해 배웠던 것 기억하죠? 병자
호란 이후에 청나라를 정벌하자는 움직임을 무엇이라고 했
죠?
학생들 북벌입니다.
교사 그런데 박지원은 청나라를 정벌의 대상이 아닌 배움의 대
상으로 생각했습니다. 그것을 북학이라고 합니다. 박지원이
보기에 당시 조선의 국력은 청나라에 한참 미치지 못하는데
북벌만 주장하는 것은 공허한 신념일 뿐, 실제 생활에는 아무
도움이 되지 못한다고 생각했습니다. 이렇게 박지원이 청의
문물을 배우자고 주장한 이유는 무엇일까요?
학생1 우리나라의 힘을 기르기 위해서입니다.
학생2 그런 문물을 배우면 백성의 삶에 도움이 되기 때문입니다.
교사 네. 박지원의 사상은 결국 백성의 행복한 삶을 향한 것이
라고도 볼 수 있겠군요. 이런 그의 사상을 발전시킨 데는 누

구의 도움이 컸을까요?

학생들 친구들입니다.

교사 네. 어울림은 자신에게만 쓰던 관심을 다른 사람으로 돌리게 합니다. 다른 사람을 향한 관심은 공동체를 행복하게 만들 수 있는 시작이 될 수 있습니다.

04 김구 《백범일지》: 공동체를 위한 책임 있는 행동의 바탕을 이루는 자주성

학기 초에 교육과정을 재구성하는 것은 큰 틀을 짜는 것이라고 생각한다. 수업을 하다가 필요한 내용이 있으면 언제든지 바꾸고 조율이 가능한 것이 유연성이다. 특히 역사적 인물의 삶을 소재로 1년 동안 수업을 하다 보면 함께 다루면 좋은 인물들이 있다. 안중근과 김구의 경우도 마찬가지다. 김구의 삶을 연구하면서 함께 다루고 싶은 인물이 또 떠올랐다. 바로 마하트마 간디이다. 보통 간디를 평화주의적 독립운동가, 김구를 무장투쟁을 병행한 독립운동가로 단편적으로 구분하는 경우도 있다. 하지만 그런 접근을 넘어서 두 인물의 삶을 차분하게 들여다보는 작업이 우선이라고 생각한다. 그리고 간디가 열거한 '나라를 망치는 7가지 사회악'(원칙 없는 정부, 노동 없는 부, 양심 없는 쾌락, 인격 없는 교육, 도덕 없는 경제, 인간성 없는 과학, 희생 없는 종교)과 김구가 이야기한 '인류가 불행한 이유'(인의 부족, 자비 부족, 사랑 부족)

를 비교하면서 그들이 원한 나라를 생각한다면 공동체를 생각해 보는 좋은 수업이 될 것이라고 메모해 놓았다. 하지만 그 내용을 모두 다루기에는 시간이 부족했다. 여기에는 김구의 삶을 통해서 '공동체'의 가치에 대해 생각해 보는 수업을 소개하고자 한다.

김구의 삶을 연구하기에 가장 좋은 것이 《백범일지》이다. 상권은 자신의 자서전적인 내용이고 하권은 항일투쟁과 임시정부에 대한 기록이다. 그의 글을 읽으면서 긴 호흡 속에 감추어진 신념과 번뜩이는 재치는 감동과 웃음을 동시에 안겨 주었다. 진중한 판단과 민족에 대한 헌신은 감동을 주었지만 곳곳에 숨어 있는 그의 재치 있는 표현에 배를 잡은 적이 한두 번이 아니다.

그중에 백미는 과연 치하포 사건에 대한 기록이라고 생각된다. 왜냐하면 그 기록에는 김구의 화기환(감정을 통제하기 위한 방법)과 위기에 대처하는 그의 재치도 함께 볼 수 있기 때문이다. 김구는 당시 안악군 치하포에 갔다가 조선인 흉내를 내지만 일본인으로 보이는 수상한 사람을 발견한다. 그의 모습을 보고 국모를 시해한 미우라가 아닐까 의심하고 그를 죽여서 국가의 치욕을 씻으리라 다짐한다. 그런데 막상 그를 죽이려고 하니 두려움이 앞섰다. 그는 이렇게 마음을 다스렸다.

이런 생각을 하니 가슴이 심하게 울렁거렸다. 심심이 자못 혼란한 상태에 빠져 고민하고 있는데, 홀연히 한 가닥 광선이 가슴속에 비치는 듯하였다. 그것은 바로 후조(後凋) 고능선 선생이 가르쳐 주신 교훈이었다.

가지 잡고 나무를 오르는 것은 기이한 일이 아니나, 벼랑에 매달려 잡은 손을 놓는 것이 가히 장부로다.

나는 곧 자문자답해 보았다. (중략) 자문자답 끝에 비로소 죽을 작정을 하고 나니, 가슴속에서 일렁이던 파도는 어느덧 잔잔해지고 백 가지 계책이 줄지어 떠오르기 시작했다.[14]

훌륭한 스승의 가르침은 그에게 신념을 지킬 수 있는 화기환이 된 것 같다. 《백범일지》를 읽으면서 김구의 삶을 이해할 수 있게 되었다. 그중에 가장 주목했던 것은 '백범'이라는 김구의 호와 〈나의 소원〉이다. 공동체를 위한 삶을 살았던 '이봉창 의사'와 '윤봉길 의사'의 삶에도 집중했다. 김구는 공동체에 관심을 가지는 태도가 독립을 앞당기는 방법이라고 강조한다. 〈나의 소원〉에서는 우리 민족이 나아가야 할 방향에 대해서 제시한다. 공동체를 위한 삶을 살았던 인물들의 삶은 우리에게 많은 것을 생각하게 한다.

김구의 삶을 들여다볼 수 있는 실마리를 연구하고 〈나의 소원〉을 통해 그가 우리에게 하고 싶었던 말은 무엇인지를 중심으로 '공동체'에 대해 생각해 볼 수 있는 수업을 설계했다. 《백범일지》를 학생들 모두가 구입해 틈틈이 시간 날 때마다 읽도록 했다. 그렇게 한 달 정도 읽으니 모두 읽을 수 있었다. 중간에 어려운 말들이 나오면 설명해 주고 역사적 배경 설명을 조금씩 덧붙여 주었다. 그렇게 《백범일지》에 대한 내용을 모두 이해한 상태

---

14. 김구, 같은 책, p. 94.

에서 수업을 전개했다.

인물의 삶 들여다보기[15]

[어린 시절]

백범 김구 선생은 1876년 황해도 해주 백운방 텃골[基洞]에서 부친 김순영과 모친 현풍 곽씨 낙원 사이에서 외아들로 태어났다. 선생의 부친은 가난한 처지에도 불구하고 강한 자존심과 저항정신의 소유자였고 어머니는 한 번도 자세를 흐트린 적 없는 강한 신념과 인내심을 지닌 대표적인 한국의 어머니였다. 이러한 가정에서 태어난 선생은 선천적으로 강인한 체질과 대담 솔직한 성격이었으나, 말동무나 같이 놀아 줄 친구가 없다는 외로움과 가난이라는 굴레는 훗날 과묵한 성격을 형성하는 데 커다란 영향을 주었다. 4세 때에 당시 열에 아홉은 사망하였다는 천연두를 앓았으나 천행으로 목숨을 건졌으며, 9세가 되던 해에 비로소 가난과 양반들의 속박 밑에서 국문을 배우기 시작하였다.

[안태훈과의 인연]

나라의 안위를 걱정하며 헌신할 것을 결심, 1895년 동학의 기강이 점점 무너져 규율을 잃고 백성의 원망을 사게 되자 선생은 연소의 몸으로 이를 수습하기 어려움을 깨닫고 신천군에 사는 진

---

15. 국가보훈처(http://www.mpva.go.kr) 자료 참고.

사 안태훈을 찾아가 몸을 의탁하였다. 당시 그의 아들 안중근은 16세의 어린 나이로 부친을 따라 동학군 토벌에 전념하고 있었으니, 두 사람의 만남은 매우 미묘한 것이었으나 나라를 위하는 마음은 같았다. 이곳에서 선생은 당시 명망이 높은 해서(海西) 거유(巨儒) 고능선의 지도로 한학을 배웠다.

[탈옥과 출가]

광무황제의 특지로 사형은 면하였으나 일제의 눈치 때문에 석방이 되지 않자 선생은 왜놈의 원수를 갚기 위해서는 탈옥해야 한다고 생각하고 1898년 3월 9일 밤 탈옥하여 수원, 목포를 거쳐 함평에 도착, 그곳에서 15일간 묵었다. 그리고 보성, 화순, 순창, 담양을 거쳐 올라와 충남 마곡사에 들어가 중이 되었다. 모든 세상의 잡념이 식은 재와 같다는 생각이 들어 출가[법명: 원종(圓宗)]하게 되었던 것이다. 낮에는 일하고 밤이면 예불법이며 《천수경》,《심경》을 외우고 《보각서장》을 배웠다. 다음 해에 평양의 영천암의 주지가 되었지만 출가 생활은 은신하기 위한 방법이었으므로 선생의 본색이 드러나 반년도 못되어 환속해서 고향으로 돌아오고 말았다.

[교육자의 길]

장기적인 구국운동은 청소년 교육에 있다고 생각하고 황해도로 내려와 문화권 초리면의 서명의숙과 안악의 양산학교에서 교원을 지냈으며, 최광옥이 세운 면학회 사범강습소 강사, 재령의 보강학교 교장 등을 역임하여 교육 구국운동의 일선에서 계몽운동에 몰두하였다. 또한 1908년 최광옥과 함께 해서교육총회를 조직하여 학무총감에 추대되기도 하였다.

[백범]

1908년 비밀결사 조직인 신민회에 가입하여 맹렬한 구국운동을 전개하던 중 1910년 국권이 침탈당하자 신민회의 황해도 간부로 서울 양기탁의 집에서 이동녕, 안창호, 이시영, 안태국 등과 함께 비밀회의에 참석하였다. 이 회의에서 일제가 서울에 총독부를 두었으니 우리도 서울에다 도독부를 두고 각도에 총감이라는 대표를 두어서 국맥을 이어 나라를 다스리게 하자고 했다. 또한 만주에 이민 계획을 세워 무관학교를 창설하여 광복 전쟁에 필요한 인재를 양성하기로 하고, 각도 대표를 평안남도에 안태국, 평안북도에 이승훈, 강원도에 주진수, 경기도에 양기탁, 황해도에 선생을 선정하였다. 대표들은 각각 맡은 지방으로 돌아가서 황해, 평남, 평북은 각 15만 원, 강원은 10만 원, 경기는 20만 원을 15일 이내로 준비하기로 결정하였다. 안악으로 돌아온 선생은 기부금 마련을 위해 동분서주하였다. 1911년 1월 5일 일제는 소위 보안법을 적용하여 신민회원들을 일망타진함에 따라 선생도 일경에 잡히게 되다. 선생은 서울 경무총감부로 압송되어 2년 형을 언도받았으며, 수감 중에 안명근 사건에도 관련되었다고 하여 15년 형이 병과되어 옥고를 치렀다. 선생은 옥중에서 호를 '백범(白凡)'이라고 바꾸었다. 이름을 고친 것은 왜놈의 국적에서 이탈한다는 뜻이고, 백범이라 하는 것은 우리나라에서 가장 미천하고 무식한 백정(白丁)의 '백(白)'과 범부(凡夫)의 '범(凡)' 자를 따서 호를 삼겠다는 것이었다. 이것은 천한 백정과 무식한 범부까지 백성 전부가 적어도 선생만 한 애국심을 가진 사람이 되게 하자는 뜻으로, 우리 동포의 애국심과 지식의 정도를 그만큼 높이지 아니하고는 완전 독립을 이룰 수 없다고 생각한 것이다.

[임시정부와 독립운동]

상해에 도착하자마자 신익희, 윤현진, 서병호 등과 함께 임시정부 내무위원으로 선임되어 활동하였다. 그리고 내무총장인 안창호를 찾아가 임시정부의 문 파수를 보게 해 달라고 청원하자 임시정부 국무회의에서는 나이를 고려하여 경무국장에 임명하였다. 경무국장은 농공상국, 지방국, 비서국 등과 함께 내무총장의 보좌기구로서 소관 업무는 경찰업무와 도서출판, 저작권 그리고 위생에 관한 사항을 관장하는 것이었다. 또한 왜의 정탐 활동을 방지하고 왜의 마수가 어느 방면으로 침투해 들어오는가를 감시하는 업무도 병행하였다.

[이봉창과 윤봉길]

1932년 1월에 한인애국단에 가입한 이봉창 의사를 동경에 파

견하여 동경 앵전문 밖에서 일왕을 저격하게 하여 국내외를 놀라
게 하였다. 동년 4월 29일에는 윤봉길 의사가 상해 홍커우 공원
에서 폭탄 의거를 일으켜 일군 사령관 백천의칙(白川義則) 대장
등 다수의 장성 및 고관들을 폭살케 하여 세계를 경악게 하고 민
족혼을 일깨웠다.

[광복과 안타까움]

1941년 11월에 중국 정부는 한국 광복군의 일체 활동을 승인하
고 무기와 일체 경비 등을 지원해 주기로 하는 대신, 광복군의 모
든 행정과 작전은 중국군사위원회의 통할지휘를 받아야 한다는
요지의 '한국광복군9개행동준승'을 체결했다. 이어 12월 9일에는
임시정부가 일본에 대하여 대일 선전포고를 하여 본격적으로 대
일 항전에 진력할 수 있는 정치적 기반을 만들어 주었다. 1944년
4월에는 개정된 헌법에 따라 다시 주석에 임명되었으며, 한미 간
군사 합의를 이끌어 이른바 광복군의 국내정진작전을 위한 곤명
주재 OSS(Office of Strategic Service: 미군전략 특수공작대) 본부
와 '한미군사합작 합의사항'이 이루어졌다. 이에 따라 섬서성 서
안과 안휘성 부양에 광복군 특별훈련단을 설치하는 한편, 미국의
원조로서 본토 상륙을 위한 군사기술훈련소를 강소성 정부가 있
는 입황(立煌)에 설치하고 특수훈련에 들어갔다. 그러나 1945년
8월 15일 일제가 무조건 항복함에 따라 이 피나는 노력도 빛을
보지 못하였다. 이때 선생은 "아 왜적 항복! 이것은 내게는 기쁜

소식이었다기보다는 하늘이 무너지는 듯한 일이었다."라고 《백범일지》에서 술회하고 있다. 자력으로 나라를 찾지 못하였다는 비통한 심정을 잘 표현한 내용이다.

[죽음]

1948년 4월 19일 남북협상차 평양에 다녀오는 등 민족 통일을 염원하던 선생은 1949년 6월 26일 경교장에서 안두희의 흉탄에 의해 서거하였다. 선생의 유해는 온 국민의 애도 속에 국민장으로 효창공원에 안장되었다.

실마리1. 백범, 이봉창과 윤봉길

한 달 동안 함께 읽었던 《백범일지》를 책상에 올려 두고 수업을 시작했다. 사전 과제로 《백범일지》를 읽은 소감이나 궁금한 점을 생각해 오도록 하였다.

도입에서는 각자 생각해 온 점을 물레방아 나누기(두 줄로 짝을 지어 서서 이야기를 나누다가 일정 시간이 지나면 짝을 바꾸어서 이야기를 이어 나가는 방법)를 통해서 나누도록 하였다.

교사 지금부터 물레방아 나누기의 방법으로 각자 생각해 온 점을 이야기 나누세요. 자기와 비슷한 궁금증을 가진 친구를 찾아보고 궁금증을 해결해 준 친구 이름도 기억해 보세요.

학생1 김구 선생이 민족을 위해서 열심히 독립운동하신 모습

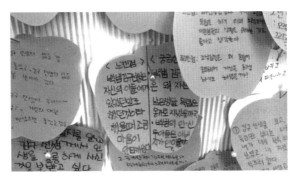

그림 31 수업 전에 궁금한 점을 미리 적어 보도록 하였다.

을 보면서 감사하고 고마운 마음이 들었어.

학생2 김구 선생이 독립운동에 참여하게 된 계기가 무엇인지 궁금해.

학생3 치하포 사건이 아닐까? 그 일을 계기로 김구 선생은 민족을 위해서 싸우기로 결심한 것 같아.

학생4 《백범일지》에는 김구 선생이 어떻게 돌아가셨는지에 대한 설명은 자세히 기록되어 있지 않던데 궁금해.

학생5 나도 그것이 궁금했어.

이렇게 아이들은 자신의 생각과 궁금한 점을 나누면서 서로 해답을 얻어 갔다. 이제 실마리를 통해서 인물의 삶을 들여다보았다.

도입에는 김구의 어린 시절 개구쟁이의 모습을 이야기하면 좋을 것 같다. 《백범일지》에 보면 어릴 때 장난도 많이 치고 부모님의 말씀을 듣지 않아서 꾸중을 들은 일이 많았다. 하루는 너무 화가 난 아버지가 김구를 호되게 혼내서 친척이 말리는 이야기도 나온다. 김구의 어릴 적 이름은 창암, 본명은 창수라는 것을 이야

그림 32 백범 김구(자료 제공: 국가보훈처)

기해 준다. 나중에 그는 호를 연하(蓮下)에서 백범(白凡)으로 바꾼다.

백범의 뜻에 대해서 배운 부분을 다시 떠올려 보도록 했다.

교사 백정(白丁)에서 '백(白)' 자를, 범부(凡夫)에서 '범(凡)' 자를 따서 '백범'이라고 호를 바꾸었습니다. 처음부터 선생의 호가 '백범'이었나요?
학생들 아닙니다.
교사 확인하기 위해서 그 부분을 다시 읽어 보겠습니다. 267쪽입니다.
학생들 "연하를 백범으로 고친 것은 감옥에서 여러 해 연구에 의해 우리나라 하등사회, 곧 백정 범부들이라도 애국심이 현재의 나 정도는 되어야 완전한 독립국민이 되겠다는 바람 때문이었다."

교사 ('백정' 판서하며) 백정의 뜻이 무엇이었죠?

학생들 천한 계급의 사람을 나타내는 말입니다.

교사 ('범부' 판서하며) 범부란 무슨 뜻이었죠?

학생들 일반적인 아버지, 평범한 어버이를 뜻합니다.

교사 김구 선생이 자신의 호를 백범으로 바꾼 이유는 무엇이었죠?

학생들 모든 백성이 자기만큼 독립에 대한 의지를 가지기를 희망했기 때문입니다.

교사 네. 일본의 지배를 받고 있는 자식 같은 우리 민족을, 아버지의 마음으로 독립시키자는 결심이었습니다. 또한, 국민 모두 자신과 함께 공동체가 되어 힘써 보자고 외치는 말이었습니다. 김구 선생에게서 무엇을 배울 수 있나요?

학생들 나라를 사랑하는 마음과 공동체를 중요하게 생각하는 마음을 배울 수 있습니다.

김구는 모든 국민이 조국의 현실을 알고 문제의식을 가지기를 바란 것이다. 모두가 힘을 합쳐 스스로 독립을 이끌어 내는 것이 진정한 독립임을 전제한 말이라고 할 수 있다. 이제 이봉창과 윤봉길의 삶에 대해서 생각해 보자.

교사 (이봉창, 윤봉길 사진 칠판에 붙이며) 다음 인물입니다. 우리는 이봉창 의사와 윤봉길 의사에 대해서 충분히 읽어 보았습니다. 이분들에게서 배울 점은 무엇이었습니까?

학생들 민족이라는 공동체를 위한 용기와 희생이었습니다.

김구의 삶을 이야기할 때 이봉창과 윤봉길을 빼놓기는 어렵다. 이런 분들의 처절하고 의로운 투쟁이 있기에 우리의 현재가 있다. 《백범일지》에는 이들과의 만남과 거사를 준비하는 과정이 자세히 적혀 있다. 먼저 이봉창에게 독립 자금을 건네 주고 마지막 밤을 함께할 때 주고받은 대화가 인상적이다.

교사 이봉창 의사와 김구 선생님 사이에 나누었던 대화 중에 인상 깊었던 부분이 있으면 이야기해 볼까요?
학생들 헤어지기 전에 했던 말이 기억에 남습니다.

그 부분을 다시 읽어 보았다.

다음 날, 나는 품속에서 지폐 한 뭉치를 꺼내 주며 이 돈으로 일본행 준비를 다 해놓고 다시 오라고 작별했다. 이틀 후 중흥 여관에 다시 와서 마지막 밤을 같이 잘 때, 이씨는 나에게 이런 말을 하였다.

"그저께 선생님께서 해진 옷 속에서 많은 액수의 돈을 꺼내 주시는 것을 받아 가지고 갈 때 눈물이 나더이다. 일전에 제가 민단 사무실에 가 보니 직원들이 밥을 굶은 듯하여, 제 돈으로 국수를 사다 같이 먹은 일이 있었습니다. 그저께 같이 자면서 하시는 말씀은 일종의 훈화로 들었는데, 작별하시면서 생각지도 못한 돈뭉치까지 주시니 뭐라고 말을 못하겠더이다. 불란서 조계지에서 한 걸음도 나서지 못하시는 선생께서는, 제가 이 돈을 가지고 가서 마음대로 써 버리더라도 돈을 찾으러 못 오실 터이지요. 과연 영웅의 도량이로소이다. 제 일생에 이런 신

그림 33 이봉창 의사(자료 제공: 국가보훈처)

임을 받은 것은 선생께 처음이요, 마지막입니다."

(중략) 그리고 사진관으로 가서 기념사진을 찍을 때, 내 얼굴에 자연 처연한 기색이 있었던지 이씨가 오히려 나를 위로한다.

"저는 영원한 쾌락을 향유하고자 이 길을 떠나는 터이니, 우리 두 사람이 기쁜 얼굴로 사진을 찍으십시다."

이에 나 역시 억지로 미소를 띤 얼굴을 하고 사진을 찍었다.

참으로 가슴 아린 기록이다. 이봉창의 거사는 성공을 하지 못했다. 준비했던 폭탄이 성능이 좋지 못했기 때문이다. 그 폭탄을 만들어 준 상해 병공창은 이 일에 가책을 받아서 나중에 윤봉길 의사의 폭탄을 만들 때는 심혈을 기울였다는 기록도 나온다.

윤봉길과의 기록 역시 독립운동의 처절함과 숭고한 마음이 그대로 녹아 있었다. 거사를 앞둔 윤봉길의 의연한 태도와 그를 보내는 김구의 모습이 눈에 그려지는 듯하였다.

교사 윤봉길 의사와 김구 선생의 대화 중에서 기억에 남는 부분이 있으면 이야기해 볼까요?
학생1 시계를 바꾸는 부분이 기억에 남습니다.
학생2 후일 지하에서 만나자는 부분을 슬프게 읽었습니다.

그 부분을 펼쳐서 아이들과 다시 읽어 보았다.

다음 날이 4월 29일이다. 새벽에 윤 군과 같이 김해산의 집에 가서, 마지막으로 윤 군과 식탁을 같이하여 아침밥을 먹었다. 윤 군의 기색을 살피니 태연자약한 모습이었다. 농부가 논밭 일을 나가기 위해 일찍 일어나, 자던 입에 일부러 밥 먹는 것을 보면 할 일이 얼마나 힘든 것인가를 알 수 있다. (중략)
때마침 7시를 치는 종소리가 들렸다. 윤 군은 자기 시계를 꺼내 내 시계와 교환하자고 하였다.
"제 시계는 어제 선서식 후 선생님의 말씀에 따라 6원을 주고 구입한 것인데, 선생님 시계는 2원짜리입니다. 저는 이제 한 시간밖에 더 소용없습니다."
나는 기념품으로 그의 시계를 받고, 내 시계를 그에게 주었다. 윤 군은 마지막 길을 떠나기 전, 자동차를 타면서 가지고 있던 돈을 꺼내 내 손에 쥐어 주었다.
"약간의 돈을 가지는 것이 무슨 방해가 되겠소?"
"아닙니다. 자동차 요금을 주고도 5~6원은 남겠습니다."

그림 34 윤봉길 의사(자료 제공: 국가보훈처)

그러는 사이 자동차는 서서히 움직이기 시작하였다. 나는 목
멘 소리로 마지막 작별의 말을 건네었다.

"후일 지하에서 만납시다."

마지막 김구의 말이 가슴을 친다. 그가 그토록 원했던 자주독
립은 단순히 평화적인 방법으로는 한계가 있었다. 그래서 무장투
쟁과 함께 군대 조직에 최선을 다한다.

실마리2. 〈나의 소원〉

교사 김구 선생이 쓴 〈나의 소원〉에는 우리 민족이 나아갈 방

향을 이야기하고 있습니다. 431쪽을 함께 읽어 보겠습니다.

학생들 (문단을 함께 읽는다.)

교사 김구 선생이 한없이 가지고 싶은 힘은 무엇입니까?

학생들 문화의 힘입니다.

교사 문화는 민족과 공동체를 어떻게 만드는 힘이라고 했습니까?

학생들 아름답게 만든다고 했습니다.

교사 김구 선생은 자기만 생각하는 이기적인 마음을 버리고 공동체를 생각하는 행동을 할 때, 행복한 나라가 된다고 주장했던 것입니다. 여러분은 행복한 나라에 살고 싶습니까?

이제 본격적으로 김구 선생이 바라셨을 우리나라의 모습에 대해 생각할 시간이었다.

교사 그런데 말입니다. 만약 김구 선생이 지금 우리나라의 모습을 본다면, 아름다운 공동체가 되었다고 판단하실까요? 아니면 실망하실까요?

학생들 실망하실 것 같습니다.

교사 그렇다면 지금의 대한민국을 보며, 우리나라가 어떤 나라가 되어 주길 바라실지 토의해 보도록 하겠습니다.

"토의 주제: 김구 선생이 현재로 온다면 우리나라가 어떤 나라가 되길 바라실까?"

학생들은 생각-짝-나누기의 방법으로 친구들과 자유롭게 자신의 생각을 이야기하고 발전시켜 나갔다. 아이들의 생각을 김구

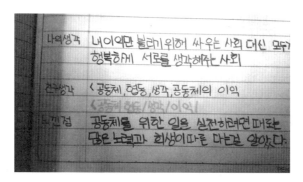

그림 35 김구 선생이 현재로 온다면 어떤 나라를 바라실지에 대한 생각이 인상적이다.

선생이 들으신다면 아주 흐뭇해하실 것 같았다. 다음 배움으로 행복한 공동체를 위해서 자신이 실천할 수 있는 구체적인 행동을 생각했다. 지난 시간에 행복한 공동체를 위해서 실천할 수 있는 주제를 학생들과 함께 정하였다. 이번 시간에는 그 주제를 모둠별로 골라서 거기에 맞는 구체적인 실천 계획을 한 가씩 적어 보도록 하였다. 정리에서는 지난 시간에 배웠던 안중근, 이회영의 삶을 떠올리면서 오늘 배움과 연결시키는 시간을 가졌다. 그리고 김구 선생의 죽음에 대해서 이야기해 주었다.

05 '무관심'이 가져오는 공동체의 위기와
개인의 책임

조식이 꿈꾼 위민과 안민의 나라

조식의 호는 '남명(南冥)'이다. 선비의 호에는 그들의 가치관이
녹아 있다고 한다. 조식의 호에 대해 이해하기 위해서는 장자의
철학에 대해 잠시 짚고 넘어가야 한다. 남명이라는 말은 '남쪽에
있는 바다'라는 뜻으로 《장자》의 〈소요유〉편에 나오는 말이다.

> 북녘의 아득한 바다(北冥)에 물고기가 살고 있다. 그 이름을
> 곤(鯤)이라고 한다. (중략) 곤은 어느 날 갑자기 새로 변신하는
> 데, 새가 되면 그 이름을 붕(鵬)이라고 한다. 붕이 한 번 떨쳐
> 힘차게 날아오르면 그 펼친 날개는 창공에 드리운 구름과 같
> 다. 이 새는 바다에 큰 바람이 일어나면 남녘의 아득한 바다(南
> 冥)로 날아가려고 한다. [16]

장자 철학의 위대함은 우언에 있다. 많은 철학자들은 자신이
하고 싶은 이야기를 말과 글로 그대로 적는다. 하지만 장자는 그
렇게 하지 않고 우언을 통해서 전달했다. 물론 공자와 맹자에 비
해서 인지도가 낮았기 때문에 자신의 사상을 직접 이야기했다가

---

16. 전호근, 같은 책, p. 35.

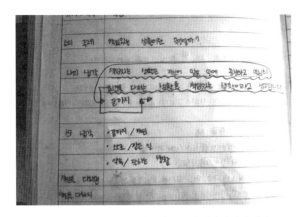

그림 36 책임 있는 행동에 대한 소중한 생각이 적혀 있다.

는 목이 날아갈 수도 있었다. 때문에 우언을 목숨을 보전하기 위한 수단으로 보는 측면도 있다. 전호근은 장자의 우언에 꿈이 등장하는 것도 비슷한 맥락으로 분석한다. 꿈은 다양하게 해석되므로 논란을 피해 갈 수 있기 때문이다. 그리고 장자 철학의 백미는 역시 독자에게 던지는 질문이라고 할 수 있다. 마지막에 결론을 내리는 것이 아니라, 한 번 더 생각해 보도록 하는 질문을 받는 순간 독자로서는 뜨끔하지 않을 수 없다. 마치 발타자르 토마스(《우울할 땐 니체》, 《비참할 땐 스피노자》 등의 저자)의 책을 읽을 때와 비슷한 느낌이다.

곤이 대붕이 되어 힘차게 날아올라서 가는 바다가 남명이다. 속세의 아집을 떨쳐 버리고 비상하여 이르는 곳이나. 그래서 소식에게 남명은 자신이 추구하는 이상적인 국가이자 백성이 편안한 삶을 누릴 수 있는 이상적 세계로서 의미를 지닌다고 볼 수 있다. 한정주는 조식의 호에 대해서 다음과 같이 설명한다.

> 조식의 호는 이상향인 남녘 바다를 향해 날아가는 '대붕'을 뜻하며, 이것은 모든 욕망과 권력 그리고 세속의 더러움으로부터 자유로웠던 그의 삶과 '위민(爲民)과 안민(安民)의 나라 조선'을 꿈꾼 그의 철학을 온전히 담고 있다.[17]

곤이 큰 붕새가 되어서 날아오르기 위해서는 바람이 필요했다. 크기가 엄청났던 대붕은 바람에 의지하지 않으면 날아오를 수 없었다. 바람은 대붕이 의지하는 대상이요, 비상의 출발이다. 조식에게 책임감 있는 선비로서의 삶, 스스로 절제하며 살아가는 그의 삶이 바로 대붕의 바람과 같은 역할이 아니었을까 짐작해 본다.

핵심은 개인의 책임에서 공동체에 대한 책임으로 그 시야를 넓히는 것이다. 개인의 책임을 넘어서 공동체를 위한 책임 있는 행동으로 나아가기 위해서는 '무관심'이라는 장벽을 넘어서야 한다. '누군가는 하겠지'라는 생각은 공동체의 위기를 가져오는 주범이다. 각종 재난 역시 갑자기 나타나는 것이 아니라 그 전에 수많은 징후를 보인다. 그런 징후를 발견하는 사람이 있는데도 그 발견을 무시하거나 적극적인 대처를 미루어 손을 쓰기 힘든 지경에 이른다. 인간이 만든 재해에는 이런 현상이 더욱 뚜렷하게 나타난다. 무관심과 수동적 대처로 점철된 공동체에 대한 태도는

---

17. 한정주, 《호, 조선 선비의 자존심》, 다산초당, 2015, 5장 내용 참고.

많은 사회적 문제로 연결되고 있다.

그런 무관심을 관심으로 바꾸고, 실천으로 연결하는 데 도움이 되는 것이 앞서 이야기했던 '충'이 될 것이다. 나보다 지위가 높거나 힘이 센 사람이 시키는 대로 하는 것은 복종일 뿐 주체적 자아가 될 수 없다. 막상 사회생활을 해 보면 그런 말 못할 거라고 비꼬는 사람이 있을 수 있겠지만, 소신 있는 목소리가 모인다면 어려운 일도 아니다. 현실의 벽은 높지만 바른 삶과 바른 인성을 추구하는 '그럼에도 불구하고'를 가르쳐야 하는 것이 공교육의 역할이 아닐까 고민해 본다. 그 중심에는 책임감이 있을 것이다. 다음 시간에는 책임 있는 행동에 대한 나침반 토의 토론 수업을 전개했다.

안중근의 《동양평화론》

"하루라도 책을 읽지 않으면 입에 가시가 돋는다." 이 말은 안중근의 감옥에서의 생활을 엿볼 수 있다. 사형 집행 전에도 책을 다 읽지 못했으니 5분만 달라고 한 일화도 있다. 그런 그가 마지막까지 심혈을 기울였던 책이 《동양평화론》의 집필이다. 그 내용을 요약하면 다음과 같다.

안중근에 의하면 그의 시대의 세계는 '약육강식'의 시대이다. 동서로 나누어진 세계에서 각국이 서로 경쟁하고 '약육강식'을 정당화하면서 침략을 일삼는 것은 서양이 만들어 낸 생활방식이다. 동양은 서양의 침략을 받기 이전에는 학문과 덕치를 중시하고 자기 나라만 조심해 지켰을 뿐이지 서양을 침략할 사상은 없었다. 러일전쟁을 일으킨 일본은 대의명분으로서 "동양평화를 유지하고 한국 독립을 공고히 한다."는 것을 내세웠다. 당시는 서세동점 시대였으므로, 이것은 대의를 얻은 것이었다. 러일전쟁에서 일본이 승리한 것은 일본이 강했기 때문이 아니라, 한국과 청국 양국 국민이 일본의 선전 명분을 믿고 일본군을 지원했기 때문이었다. 러일전쟁은 한국과 청국을 전쟁마당으로 했기 때문에 이 요인은 매우 중요한 것이다. 한·청 양국 국민은 옛 원한을 접어 두고 일본군에게 운수·도로·철도 건설·정탐 등에 수고를 아끼지 않았다. 일본이 선전포고문에서 '동양평화' 유지와 '한국 독립' 공고화를 약속했으므로 그 대의가 청천백일같이 밝았기 때문이었다.

그러나 일본은 러일전쟁에서 승리하자, 바로 '동양평화' 유지와 '한국 독립' 공고화의 약속을 지키지 않고 도리어 한국의 국권을 빼앗아서 한국 국민과 원수가 되었다. 이에 한국 국민들은 일본에게 속은 것을 깨닫고 의병을 일으켜 일본과 '독립전쟁'을 하지 않을 수 없게 되었다. 일본은 군대를 파견해 이미 수만의 의병과 수백의 의병장을 학살하였다. 그러나 한국 국민은 국권을 완전히 회복할 때까지 결사적으로 일본과 싸우고 있다. 청국은 일본이 한국을 침략한 다음에는 만주와 중국 관내를 차례로 침략할 것이라고 생각해 경계와 대책 수립에 부심하고 있다. 일본이 한국의 국권을 박탈하고 만주와 청국에 야욕을 가졌기 때문에 동양평화가 깨지게 된 것이다. 이제 동양평화를 실현하고 일본이 자존하는 길은 우선 한국의 국권을 되돌려 주고, 만주와 청국에 대한 침략 야욕을 버리는 것이다. 그러한 후에 독립한 한국·청국·일본의 동양 3국이 일심협력해서 서양 세력의 침략을 방어하며, 한 걸음 더 나아가서는 동양 3국이 서로 화합해 개화 진보하면서 동양평화와 세계평화를 위해 진력하는 것이다.[18]

안중근은 여기서 자신이 의병을 일으키고 그 이후의 싸움을 했던 이유에 대해 설명한다. 나아가서 한국, 중국, 일본이라는 동아시아 3국이 서로 협력하고 함께 발전하는 상생의 길을 모색한다. 그런 상생의 길은 동양평화와 세계평화로 귀결된다. 이런 평화주의적 접근은 김구의 사상과도 일맥상통한다. 다음 내용에서 언급하겠지만 김구 역시 우리나라가 독립이 되어서 민족의 힘을 키우는 것을 강조하였지만 일본처럼 다른 나라를 침략해서는 안 된다고 말하고 있다. 이것이 바로 상생의 철학이요, 장자가 추구한 양행(兩行)의 행복이라고 볼 수 있다. 이런 접근은 제국주의적 접근과는 다분히 격이 다르다고 자부할 만하다.

덕이 있는 사회의 바탕: 이용후생

흔히 홍대용, 박지원, 박제가 등과 같은 북학파 실학자들의 이념을 '이용후생(利用厚生)'으로 이야기한다. 특히 박지원을 이야기할 때 그의 사상의 핵심으로 이용후생을 말하는 경우가 많다.

---

18. 〈동양평화론(東洋平和論)〉, 한국민족문화대백과, 한국학중앙연구원.

하지만 고미숙은 그의 사상에서 '정덕(正德)'을 빼놓을 수 없다고 말한다. 《열하일기》에서도 박지원은 '이용'과 '후생', 그리고 '정덕'을 함께 말한다.

> '이용'이 있은 뒤에야 후생(厚生)이 될 것이요, 후생이 된 뒤에야 정덕(正德)이 될 것이다. 그 '쓰임을 이롭게(이용)' 할 수 없는데도 '삶을 도탑게(후생)' 할 수 있는 건 세상에 드물다. 또 생활이 넉넉지 못하면 어찌 '덕을 바르게 펼(정덕)' 수 있겠는가.[19]

현재의 상황을 돌이켜 보면 이용후생보다는 정덕, 즉 덕을 바르게 펴고 자신의 삶을 바르게 가꾸는 지혜가 필요한 시점인 것 같다. 그래서 박지원의 철학은 현대에 더 가치를 발한다고 볼 수 있다.

연암의 글에서 가슴에 와 닿았던 부분이 많지만 그중에 화담 서경덕과 소경(시각장애인)의 일화가 기억에 남는다. 소경은 눈이 먼 지 40년이 되어서 앞이 보이지 않아도 다른 감각에 의지해 잘 살아왔는데 어느 날 갑자기 눈이 보이게 되었다. 그러자 모든 감각이 뒤섞여서 집을 찾지 못하겠다고 호소한다. 서경덕은 소경에게 "그렇다면, 도로 눈을 감아라. 그러면 네가 선 자리가 곧 너의 집일 것이다."라고 말한다. 많은 것을 보고 듣고 느끼지만 그것에 현혹되어서 정작 본질을 보지 못하는 우리의 현실을 꼬집는

---

19. 고미숙, 같은 책, p. 57.

말인 듯하다. 정작 중요한 것은 보이지 않는 법이라고 하지 않던 가? 눈에 보이지 않는 것을 볼 수 있는 것은 지식이 아니라 지혜 일 것이다. 분별과 선입견을 버리고 그 너머에 있는 것을 보려는 노력, 그 노력에 《열하일기》와 같은 고전은 분명 나침반이 되어 줄 것이다.

공동체를 추구하는 자유

자주의 바탕에는 자유가 깔려 있다. 공동체를 지향하는 자유, 책임에 기반한 자유를 만끽할 때 민족은 발전한다는 것이 김구의 생각이다. 이런 김구의 삶과 그의 글은 진정한 자주에 대해 생각 하기 좋은 소재라고 생각된다. 다음은 공동체를 위한 책임 있는 행동을 생각하는 수업에 대한 공책 기록이다.

《백범일지》를 통해서 '자주'에 대해 생각할 수 있다. 군대조직 의 필요성을 늘 가지고 있었던 김구는 광복군을 조직하고 체계적 인 훈련을 실시한다. 그러던 어느 날 다음과 같은 연락이 온다.

다음 날 서안의 명소를 대강 관람하고 축 주석과 사랑에서 저녁을 마친 후, 날씨가 매우 더울 때이므로 객실에서 수박을 먹으며 담화하던 중 홀연 전화소리가 울렸다. 축 주석은 놀라 는 듯 자리에서 일어나 "중경에서 무슨 소식이 있는 듯하다."며 전화실로 급히 들어가더니 뒤이어 나오며,

"왜적이 항복한답니다."고 하였다.

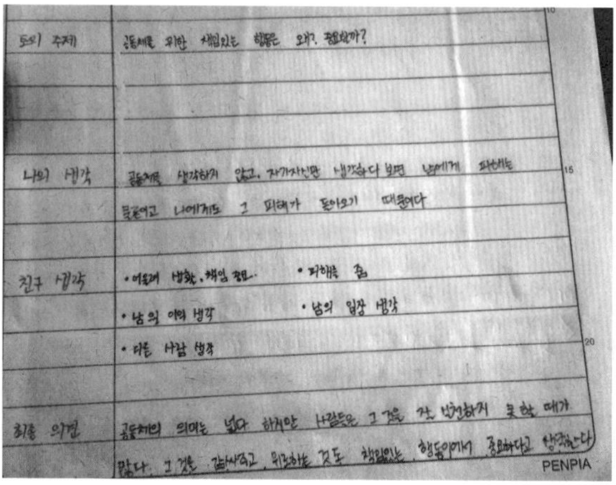

그림 37 공동체를 위한 책임 있는 행동 생각하기

이 소식은 내게 희소식이라기보다는 하늘이 무너지고 땅이
꺼지는 일이었다. 수년 동안 애를 써서 참전을 준비한 것도 모
두 허사로 돌아가고 말았다.(중략)

그런데 그러한 계획을 한 번 실시해 보지도 못하고 왜적이
항복하였으니, 지금까지 들인 정성이 아깝고 다가올 일이 걱정
되었다.

김구의 걱정은 현실이 되었다. 갑작스러운 해방에 곳곳에 혼란
과 이념 분쟁이 발생했다. 그런 모습을 지켜본 김구는 〈나의 소
원〉이라는 논문을 발표한다. 김구가 이 글을 적은 이유는 우리 민
족만의 자주적인 철학을 확립하려는 데 목적이 있었다. 〈나의 소
원〉은 '민족국가', '정치 이념', '내가 원하는 우리나라'라는 각 세
편의 글로 이루어져 있다. 글의 시작인 '민족국가'는 모두가 알다

시피 소원을 묻는 것에 대한 김구의 답으로 시작한다.

> "네 소원이 무엇이냐?" 하고 하느님이 물으시면, 나는 서슴지
> 않고,
> "내 소원은 대한 독립이오." 하고, 대답할 것이다.
> "그다음 소원은 무엇이냐?" 하면, 나는 또,
> "우리나라의 독립이오." 할 것이요, 또,
> "그다음 소원이 무엇이냐?" 하는 셋째 번 물음에도, 나는 더
> 욱 소리를 높여서,
> "나의 소원은 우리나라 대한의 완전한 자주독립이오." 하고
> 대답할 것이다.[20]

그의 자주독립에 대한 열망이 그대로 나타나 있다. 우리 민족
이 해야 할 일도 제시한다.

> 우리 민족으로서 하여야 할 최고의 임무는, 첫째로 남의 절
> 제도 아니 받고 남에게 의뢰도 아니 하는 완전한 자주독립의
> 나라를 세우는 일이다. 이것이 없이는 우리 민족의 생활을 보
> 장할 수 없을뿐더러, 우리 민족의 정신력을 자유로 발휘하여
> 빛나는 문화를 세울 수가 없기 때문이다. 이렇게 완전 자주독
> 립의 나라를 세운 뒤에는, 둘째로 이 지구상의 인류가 진정한
> 평화와 복락을 누릴 수 있는 사상을 낳아 그것을 먼저 우리나
> 라에 실천하는 것이다.[21]

20. 김구, 같은 책, p. 423.
21. 김구, 같은 책, p. 425.

그는 '정치 이념'으로서 민주주의를 제시한다. 그 기반에는 자유가 있어야 함을 강조한다. 국민의 의견이 수렴되는 것이 민주주의이기 때문에 문화와 교육의 중요성도 강조한다. 우리가 원래 가지고 있었던 것의 우수함을 돌아보는 시각도 제시한다.

> 가까이 이조시대로 보더라도 홍문관(弘文館)·사간원(司諫院)·사헌부(司憲府) 같은 것은 국민 중에 현인(賢人)의 의사를 국정에 반영하는 제도로 멋있는 제도요, 과거제도와 암행어사 같은 것도 연구할 만한 제도다. 이렇게 남의 나라의 좋은 것을 취하고, 내 나라의 좋은 것을 골라서 우리나라에 독특한 좋은 제도를 만드는 것도 세계의 문운(文運)에 보태는 일이다.[22]

'내가 원하는 우리나라'에서는 자주적인 태도와 민족철학의 중요성을 강조한다. 그리고 자유가 추구하는 방향이 개인주의가 아니라 민족과 공동체를 향해야 함을 주장한다. 그리고 교육의 가능성을 언급한다.

> 우리 민족을 인(仁)을 좋아하는 민족이라 하였으니 문화를 옛날에도 그러하였거니와, 앞으로는 세계 인류가 모두 우리 민족의 문화를 이렇게 사모하도록 하지 아니하려는가. 나는 우리의 힘으로, 특히 교육의 힘으로 반드시 이 일이 이루어질 것을 믿는다. 우리나라의 젊은 남녀가 다 이 마음을 가질진대 아니

---

22. 김구, 같은 책, p. 431.

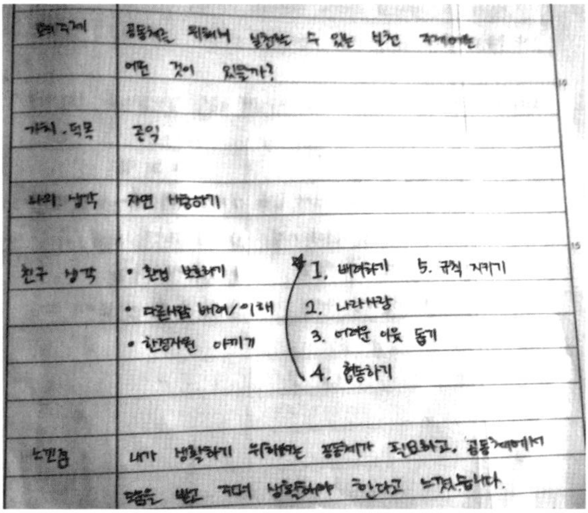

그림 38 지난 시간에 아이들과 함께 정한 공동체를 위해서 할 수 있는 실천 주제들

이루어지고 어찌하랴![23]

　〈나의 소원〉을 찬찬히 읽어 보면 김구가 왜 일본이 항복을 하였을 때 좋아하지만은 않았는지 이해가 된다. 단순히 준비한 군대를 사용하지 못한 아쉬움이 아니라 스스로 독립을 쟁취하지 못한 아쉬움일 수 있다는 생각이 든다. 김구가 남긴 정신과 글은 우리가 영원히 되새길 가치가 충분하다.

---

23. 김구, 같은 책, p. 433.

10장
성취와 행복

01 꿈 너머 꿈을 찾는 질문: "나는 누구인가?"

아름다운 사람을 보고 싶다. 외모의 아름다움이 아니라 내면의
아름다움을 가진 사람을 보면 그 아름다움이 부러우면서 한없이
보고 싶어진다. 외모가 경쟁력이고 스펙이라고 이야기하는 요즘
사회에서 내면의 아름다움은 고려 대상이 아닌 경우가 많다. 하
지만 사람을 만나서 이야기를 나누어 보면 수려한 외모와 화려한
언변은 금방 밑천이 드러난다. 그런 포장 밑에 보석같이 훌륭한
인성을 가진 사람이라면 계속 보고 싶고 곁에 두고 싶다. 그런 아
름다운 사람이 되기 위해서는 생각과 고민이 필요하다. 나의 행
복의 기준을 다른 사람의 평가와 인정에 두어서는 내면의 아름다
움을 가꾸기 힘들다. 그렇게 해서는 늘 '비교'라는 늪에서 헤어날

수 없기 때문이다. 나의 삶에 대한 방향을 고민하지 않은 상태에서 다른 사람이 바라는 삶을 살아서는 다른 사람이 보기에는 좋겠지만 결국 자신의 삶은 채우지 못한다.

그렇다면 자신의 삶을 충실하게 살아가면서 아름다운 사람이 되는 방법은 무엇일까? 이에 대한 해답은 이미 오래전에 많은 철학자들이, 대답했었다. 그 아포리즘을 한 줄로 요약한다면 "나는 누구인가?"에 대한 답을 찾는 것이다. 찾는 것보다는 찾아가는 과정이라고 보는 것이 바른 접근이라고 생각된다. 다른 사람이 아닌, 내 인생의 행복에 방점을 찍으면 그들의 평가와 시선은 그렇게 중요하지 않다는 것을 알게 된다. 그런 고민이 연결된다면 '삶의 방향'을 고민하지 않을 수 없다. 내가 앞으로 어떻게 살아갈 것인지, 어떤 가치를 추구할 것인지 어릴 때부터 생각하고 고민하는 습관이 든다면 "나는 누구인가?"에 대한 답을 찾는 데 도움이 될 것이라고 생각된다.

그러나 우리나라 어디에도 그런 것을 생각할 시간을 주는 곳이 없다. 아이들은 걸음마를 하는 순간부터 '대학 입시'라는 목표를 두고 많은 기대를 한 몸에 받는 존재가 된다. 그런 레이스에서 조금이라도 엇나가면 인생의 실패자가 되는 것처럼 치부된다. 이런 사회적 분위기는 아이들이 자신들의 소중한 삶을 생각할 기회를 앗아 간다. 아이들의 손에 책이 들려 있지 않고 단편적인 지식과 불완전한 소통이 넘쳐 나는 스마트폰이 들려 있는 것도 아이들만의 잘못은 아니다. 자신의 삶에 대해서 생각하고 돌아볼 여유를 주지 않는 우리 어른들의 잘못이다. 아이들에게 생각할 거리를 주고 그 답을 찾을 수 있는 이정표들이 적혀 있는 책을 안내해 준다면, 아이들은 그들의 고운 손에 차가운 스마트폰이 아닌 따뜻한 책을 쥘 것이다. 그래서 학교에서만이라도 아이들에게 다음과 같은 방법으로 물어보면 안 된다고 생각한다.

"너의 꿈이 뭐야?"

이렇게 물으면 아이들은 꿈만 생각한다. 장래 희망만을 생각하게 된다. 꿈을 이루었을 때 그들이 살아가야 하는 것은 장래 희망을 이룬 일터가 아니라 그들의 전체적인 삶이다. 그렇기 때문에 장래 희망이 목표가 되어서는 안 된다. 꿈을 이룬 다음에 찾아오는 허무함을 무엇으로 채우란 말인가? 그래서 '꿈 너머 꿈'에 대해서 생각할 시간을 주어야 한다. 그것을 생각하고 고민한다면 아이들은 덜 좌절할 것이며 아름다운 삶도 함께 생각할 것이다.

함께 공부해 온 연구회 사람들과 세미나를 하면서 들었던 이야기 중에 귀에 쏙 들어오는 말이 있었다. 바로 '꿈 너머 꿈'이다. 이 말은 고도원이 한 말이었다. 앞에 있는 꿈은 우리가 소위 말하는 장래 희망을 말한다. 뒤에 있는 꿈은 그 꿈을 넘어선 꿈, 쉽게 말하면 인생의 방향이라고 생각하면 좋을 것이다. 단순히 장래 희망이 아니라 삶의 방향과 이타적인 고민이 깃든 꿈을 말한다. 나는 이 말을 들은 다음부터는 아이들에게 꼭 '꿈 너머 꿈'에 대해서 생각해 보라고 한다. 아이들은 그것에 대해서 한 번도 생각해 보지 못했기 때문이다. '꿈 너머 꿈'에 대한 고도원의 설명을 빌리면 다음과 같다.

> 꿈 너머 꿈을 꾸는 것은 자기중심의 '이기적인 나'에서 '이타적인 나'로 발걸음을 옮기는 사람에게만 가능하다. 백만장자가 되기를 꿈꾸는 사람이라면, 적어도 백만장자가 되어 가난한 사람들을 돕겠다는 이타적인 발걸음을 한 번 더 내딛어야 한다. 의사가 되어 인류의 난치병을 없애는 데 일조하겠다는 포부도 좋겠다. 무엇이 됐든, 그것은 내 배 불리고 내 등 따뜻하게 하는 정도의 꿈을 넘어서야 한다는 말이다. 그것이 꿈 너머 꿈이다.[1]

여기서의 핵심은 "이기적인 나"에서 "이타적인 나"로의 전환이다. 의사와 판사로 대표되는 훌륭한 직업을 갖기를 원하지만 그 직업을 가진 다음에 무엇을 하고 싶은지 생각할 시간을 주지 않는 것이 우리가 놓친 점이다. 그 직업을 통해서 내가 다른 사람을 위해서 할 수 있는 일, 공동체를 위해서 할 수 있는 일을 고민할 기회를 주어야 한다. 그런 고민을 해 본 사람이라면 그 직업과 꿈이 그것 이상의 가치를 가질 것이다. 물론 처음에 생각했던 그 직업을 갖지 못하는 경우도 많다. 그리고 장래 희망은 수시로 바뀐다. 그래도 '꿈 너머 꿈'은 그것에 관계없이 가치를 가진다고 말할 수 있다.

---

1. 고도원, 《꿈 너머 꿈》, 나무생각, 2007, p. 38.

꿈 너머 꿈을 가진 사람은 쉽게 절망하지 않는다. 의사가 되겠다는 꿈만 가졌을 때는 좌절할 수 있다. 그러나 의사가 되어 가난한 이들의 병을 고쳐 주겠다는 꿈 너머 꿈이 있는 사람에게는 또 다른 길이 보인다. 의사가 되지 않더라도 가난한 이들의 병을 고쳐 줄 수 있는 길은 많기 때문이다.[2]

이것이 바로 '꿈 너머 꿈'의 진정한 가치가 아닐까? 가치와 철학을 장래 희망 이전에 생각하면 선택의 폭도 생각의 폭도 함께 넓어지는 듯하다. 그래서 아이들에게 꿈 너머 꿈에 대해서 생각할 시간을 주어야 한다. 그런 '꿈 너머 꿈'은 아이들이 앞으로 겪어야 할 많은 경우의 허무함을 극복시켜 줄 좋은 초석이 될 것이다. 니체가 허무주의에 몸부림치던 우리에게 던져 준 메시지처럼 말이다.

수업 시간 전에 '꿈 너머 꿈'을 실천한 사람의 삶을 보여 주면 좋을 것 같았다. 그래서 아이들에게 이태석 신부의 삶에 대해 조사하도록 하였다. 의사이기도 한 그는 사제서품을 받고 아프리카 수단 남부 톤즈(Tonj) 마을로 간다. 그곳은 오랜 내전으로 황폐화된 곳이었다. 그는 거기에서 흙과 짚풀로 지붕을 엮어서 병원을 만들고 환자들을 보살폈다. 농경지도 일구고 학교를 세우는 등 다양한 계몽활동도 하였다.

수업 시간에는 아이들이 조사해 온 이태석 신부의 삶에 대해 발표하고 나누는 시간을 가졌다 그리고 '꿈 너머 꿈'이라는 말을 칠판에 적었다. 학생들은 꿈 너머 꿈이라는 말에 대해서 처음 들

---

2. 고도원, 같은 책, p. 38.

어 보았다고 했다. 간단하게 그 뜻을 설명해 준다. 여기서 핵심은 '이기적인 나'에서 '이타적인 나'로의 변화에 무게를 두어서 설명한다. 이 과정을 거치지 않고서는 결국 이기적인 성취에 그치거나 비도덕적인 꿈이 될 수도 있기 때문이다. 그리고 '꿈 너머 꿈'은 나의 행복만이 아닌 함께 어울리는 행복을 꿈꾸기 때문에 아름다운 나, 아름다운 삶에 다가갈 수 있는 한 걸음이라고 이야기해 주었다. 이제 그런 생각을 바탕으로 각자가 생각하는 '아름다운 삶'에 대해 생각해 보도록 하였다.

토의 주제를 칠판에 적었다.

"아름다운 삶이란 무엇일까?"

학생들은 도덕 시간에 외면적, 내면적, 도덕적 아름다움에 대해 배웠기 때문에 그런 단어를 사용하는 경우도 있었다. 자신이 생각하는 아름다운 삶에 대해 간단하게 한 줄씩 적고 친구들과 이야기하면서 생각을 발전시켜 나갔다. 친구의 의견을 듣고 배운 것이 있으면 파란색으로 적어 두었다가 나중에 '나의 나침반'을 적을 때 참고하라고 하였다.

마무리 단계에서는 '나의 나침반 적기'를 하였다. 이번 단원 공부를 하면서 알게 된 점을 바탕으로 자신이 앞으로 살아가면서 추구해야 할 가치를 적도록 하였다. 그러자 '나의 체육 재능을 기부하는 삶', '다른 사람을 돕는 삶' 등과 같은 것들이 아이들의 인생 사전에 적혀 나갔다.

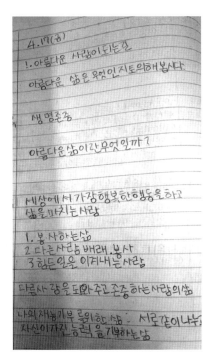

그림 39 자신의 재능을 기부하는 삶을 나침반으로 기록하였다.

02 니체 《차라투스트라는 이렇게 말했다》: 어린아이와 같은 삶에서 행복이 온다

바로 앞에 있는 것을 보고 느낄 줄 알며, 발 딛고 있는 곳에서 행복을 찾는 아이의 모습은 현재를 어떻게 살아야 하는지 그 답을 알려 준다. 그런데 어른이 될수록 현재를 제대로 살지 못한다. 과거 일을 후회하고 다가올 미래를 걱정하느라 밤을 지새운다.

걱정으로 따지자면 과거보다는 미래에 대한 걱정이 더 많다. 지금 행복하지 않으면 영원히 행복할 수 없다. 돈을 더 모아서 좋은 집에 가면 행복할 것이라고 믿지만, 좋은 집에 가고 나면 더 좋은 집을 꿈꾸게 된다. 돈을 모으면 모을수록 허무해진다. 지금 하지 않으면 영원히 하지 못하는 일도 많다. 그런데도 미래의 행복을 담보로 현재의 행복을 서슴없이 포기하고 있다.

단연코 미래의 행복은 현재의 행복과 바꿀 수 없다. 지금 내 곁에 있는 사람이 소중하고 지금 나의 곁에 있는 음식이 소중하며, 지금 내가 있는 곳이 소중한 보금자리다.

내가 발 딛고 있는 곳에 대한 부정은 행복한 삶을 추구하는 가장 큰 걸림돌이다. 이런 고민은 어른에게만 적용되는 것이 아닌 것 같다. 원래 현재를 충실하게 살아가던 아이들에게서 어른들이 현재를 빼앗아 가고 있다. 이런 말과 함께 말이다.

"너는 공부 말고 다른 것은 신경 쓰지 마. 나중에 잘되면 다 보상받을 수 있어."

아이들은 커 가면서 세상에 관심을 갖는다. 정치, 경제, 문화, 사회, 철학, 역사, 음악, 영화, 환경, 해외, 인종, 종교, 가난, 기부, 질병 등 헤아릴 수 없이 많은 것들이 아이들과 교류하기 위해서 기다리고 있다. 아이들은 그런 세상과 만나고 교류하면서 자신의 정체성을 확립하고 꿈을 키워 나가야 한다. 그런데 어른들이 막는다. 그것도 아주 단호하게.

"너는 그런 것들은 몰라도 돼. 지금은 공부만 신경 써!"

아이들은 숨이 막힌다. 책도 읽고 음악도 듣고 영화도 보고 그림도 보면서 그들이 관심 있는 것을 끝없이 탐구하고 관찰하고 비판하면서 생각을 키워 나가야 한다. 아이들은 그렇게 현재를 살아가야 한다. 그리고 그런 과정이 아이들의 삶이어야 한다. 그런데 공부를 제외한 나머지는 송두리째 빼앗아 버리니 아이들에게 현재는 사라지고 교과서만 남았다. 들뜬 표정과 생기 있는 얼굴은 사라지고 참고서와 연습장과 늘 잠이 고달픈 시무룩한 표정만 남았다.

아이들이 책을 읽지 않는다고 비판하지 말고 그들에게 삶을 돌려주어야 한다. 공부만 강요하지 말고 하고 싶은 것을 하고, 읽고 싶은 것을 읽고, 보고 싶은 세상을 마음껏 보도록 만들어 주어야 한다. 아이들에게 세상을 느끼고 체험할 기회를 주어야 한다. 현재를 살아갈 기회를 빼앗으니 아이들은 현재의 소중함에 대한 감각이 점점 무뎌져 간다. 어른이 되어서도 마찬가지다. 현재는 다시 오지 않는다. 그래서 아이들도 현재의 소중함에 대해 생각해 보아야 한다. 현재를 살아가는 가치를 느껴야 한다. 그런 생각의 과정이 현재를 돌아보고 미래를 꿈꾸는 아이들에게 꼭 필요한 가치라고 생각한다. 이렇게 소중한 선물인 '현재'에 대해 이야기 나누기 위해서 현재의 삶과 소중함을 강조한 니체를 택하게 되었다.

현재의 소중함은 많은 철학자들이 이야기했다. 그중에서도 "신은 죽었다"라는 명제를 제시한 니체의 사상은 '현재'라는 소중한 가치를 깊이 있게 생각하는 데 많은 도움을 준다. 니체의 가장 유명한 저서는 《차라투스트라는 이렇게 말했다》일 것이다. 그 외에도 많은 책들이 있지만 그의 사상을 이해하기 위해서는 꼭 읽어 보아야 할 책이다. 하지만 바로 완역본을 읽으면 이해하기가 쉽지 않다. 그래서 그 책을 풀어 놓은 책을 먼저 읽기를 권한다. 우선 전반적인 니체의 사상을 이해하기 위해 발타자르 토마스의 《우울할 땐 니체》를 권한다. 《차라투스트라는 이렇게 말했다》에 대해 쉽게 해석해 놓은 책을 꼽으라면 고병권의 《니체의 위험한 책, 차라투스트라는 이렇게 말했다》를 들 수 있을 것이다. 고병권은 책에서 니체의 삶과 핵심 사상, 원문의 내용과 구성에 대해서 읽기 쉽게 설명해 놓았다. 이런 안내서를 읽고 원문을 읽으면 다양한 해설가들의 해설에 본인의 생각이 더해져 새로운 해석과 이해가 가능해진다. 그런 해석과 이해의 과정이 인문학 수업의 소재가 된다. 이제 니체의 책을 만나 보자.

'차라투스트라'는 이 책에 등장하는 사상가의 이름이다. 오랜 수행을 통해서 깨달은 생각을 세상에 내려와서 사람들에게 전파하는 사람이다. 니체는 그의 입을 통해서 그의 핵심 사상인 '초인(위버멘쉬)', '영원 회귀', '힘으로의 의지' 등과 같은 사상을 때로는 시인처럼, 때로는 혁명가처럼 촌철살인의 문장으로 풀어 나간다. 니체의 사상을 이해하기 위해서는 우선 삶을 향한 그의 예찬을 들어 보아야 한다. 그는 현재를 충실하게 살아가는 삶이 무엇보다 중요함을 주장한다. 그래서 기존의 종교와 신을 부정한다. 기존의 사상은 미래의 행복을 담보로 현재의 고통을 감수하라고 주장했기 때문이다. 니체는 그것의 부정에서부터 시작하며 그런 생각은 유명한 아포리즘인 "신은 죽었다"로 적힌다. 현실을 부정하고 죽음 후의 세상을 추구하도록 만드는, 그래서 생은 고통일 뿐이라고 하는 '죽음의 설교자'들을 향해서 비판을 가한다. 그리고 삶은 고통이 아니라 그 자체로 행복이며, 현재를 충분히 행복하게 살아야 함을 강조한다. 고병권의 해석을 빌려 보자.

> 니체는 삶에 대한 사랑을 '운명애(amor fati)'라고 불렀다. 그는 그것을 '운명과 대결하지만 패하고 마는' 터키식 운명론이나 '운명을 받아들이고 그것에 복종하고 쓰러지는' 러시아식 운명론과 구분 지었다. 운명을 사랑한다는 것은 운명을 거부하는 것도 아니고 그것에 순종하는 것도 아니다. 운명을 사랑하는 것은 운명을 아름답게 창조해 주는 것이다. 물론 그 창조에는 고통이 따른다. 재창조되기 위해 하나의 삶은 다음 삶에 자리를 내주어야 한다.[3]

운명을 사랑하는 것은 자기 삶을 아름답게 가꾸는 태도이자 적극적으로 살아가려는 태도이다. 적극적으로 살아간다는 것은 어제의 나보다 발전된 오늘의 나를 추구하는 과정이자 노력이다. 이렇게 삶을 사랑하고 적극적으로 대하는 태도는 현재의 가치와 연결된다.

니체는 삶을 즐기고 충실하게 살아가는 정신적 경지로서 '어린

---

3. 고병권, 《니체의 위험한 책, 차라투스트라는 이렇게 말했다》, 그린비, 2003, p. 148.

아이'를 언급한다. 그것도 《차라투스트라는 이렇게 말했다》의 시작에서 말한다. 책은 '세 가지 변신에 대하여'로 시작한다. 여기서 니체는 낙타-사자-어린아이로 변화하는 인간의 정신발달단계를 제시한다. 요약하자면 낙타의 수동적 단계, 사자의 능동적 단계, 어린아이의 유연함의 단계를 통해서 유연함과 현재를 살아가는 경지를 최고로 생각한다.

> 사자와의 차이를 알겠는가? 아이는 으르렁대지 않는다. 그냥 웃을 뿐이다. 아이는 용을 보고도 웃음 짓는다. 사자의 적수였던 용은 아이의 적수가 되지 못한다. 용이 나타났다면 그것은 아이의 장난감이 되고 말았을 것이다. 용을 죽일 수 있는 건 사자가 아니라 아이다. 물론 아이의 무기는 으르렁거림이 아니라 웃음이다. 사자에게 힘든 전투였던 것이 아이에게는 재미있는 놀이가 된다. 아이는 자신의 욕망에 따라 굴러가는 바퀴인 것이다.[4]

이 말을 들은 청중이 차라투스트라에게 "우리는 이미 아이가 아니라 어른인데 어떻게 해야 합니까?"라고 물어본다. 차라투스트라는 우리 안에는 낙타도 사자도 어린아이도 있다고 말한다. 그리고 어린아이가 나머지 것을 이길 수 있도록 스스로 노력해야 한다고 말한다. 유연함의 회복, 그리고 현재의 삶을 즐겁게 살아가는 어린아이로의 회복이 니체가 말하는 최고의 정신단계다. 우

---

4. 고병권, 앞의 책, p. 291에서 재인용.

리가 아이들을 소중하게 생각하고 배워야 할 이유는 이것으로 충분하다.

수업에서는 현재에 충실하는 삶을 생각하는 시간을 갖기 위해서 약속에 대한 경험을 바탕으로 이야기를 풀어 나갔다. 약속은 아주 중요하다. 사람과의 관계를 유지시키는 수단이자 새로운 만남을 기약하는 기다림이다. 그러나 약속은 미래의 시간을 담보로 하기 때문에 현재의 행복을 미루는 수단이 될 수 있다. 만나기, 여행 가기, 음악 듣기, 영화 보기, 편지 쓰기, 안아 주기, 선물하기 등 많은 약속을 하지만 다른 것에 밀리는 경우가 많다. 뒤로 미루면서 다음을 기약한다. 그렇게 약속을 미루지 말고 지금 바로 그것들을 해 보면 어떨까? 그래서 약속을 하는 것보다 지금 바로 그것을 하고 현재를 즐겁게 살아간다면 지금 이 순간의 행복을 충분히 즐기는 삶이 될 것이다.

교사 약속을 지키기 못한 경험이 있으면 친구들과 이야기해 보세요.

학생들 (다양한 경험을 이야기한다.)

교사 왜 약속을 지키지 못했나요?

학생1 다음에 하자고 미루었어요.

학생2 깜빡했어요.

교사 약속을 지키지 못하니 서로의 마음이 어땠나요?

학생1 미안했어요.

학생2 아쉬웠어요.

교사 지키지 못한 약속을 다시 지키려고 노력해 본 경험이 있으면 친구들과 이야기해 보세요.

한 번 지키지 못한 약속을 다시 지키려면 그만큼 시간과 노력이 많이 필요하다. 그렇다면 그것을 미루지 말고 지금 바로 하면 어떨까? 지금 찾을 수 있는 행복을 미루지 않는 것에 대해 생각해 보자.

교사 그 일을 미루지 말고 지금 바로 하면 어떨까요?
학생1 그렇게 하면 좋지만 시간을 맞추기 어려워요.
학생2 다른 일을 하다 보면 미루어야 하는 경우가 많은 것 같아요.
교사 맞아요. 그런데 정말 중요한 일이 있어서 다시 약속을 하는 경우도 있지만 다른 이유로 약속을 미루는 경우도 있는 것 같아요. 여러분의 경험도 괜찮고 주변 사람들의 모습을 보고 떠오른 생각도 좋습니다. 약속을 미루는 이유는 어떤 것이 있을까요?
학생1 다음에 다시 보면 되니까요.
학생2 오늘이 아니어도 다음에 할 수 있는 일이 많은 것 같아요.
교사 네. 다음에 만나서 해도 될 것 같아서 미루는 경우가 많지요. 다음에 또 만나면 되니까요. 그런데 나중에 시간을 내서 만나기가 쉽지 않은 경우가 많아요. 지금 여러분은 아직 어리기 때문에 그마나 괜찮지만 시간이 지나면 공부를 한다고, 어른이 되면 일이 많아져서 점점 만남을 미루게 됩니다. 그래서 다음에 누릴 거라고 생각했던 행복을 누릴 수 없는 경우가 많습니다.

이즈음 생각했으면 이제 생각을 조금 넓힐 시간이다. 우리가 미루는 것은 사람과의 약속만이 아니다. 지금 볼 수 있는 자연 경치, 지금 볼 수 있는 사람, 지금 할 수 있는 운동, 지금 먹을 수 있는 음식, 지금 가질 수 있는 휴식, 지금 갈 수 있는 여행, 지금 먹을 수 있는 가족과의 식사, 지금 도와줄 수 있는 다른 사람의 일 등 수없이 많다. 우리가 미루고 있는 것들을 아이들과 함께 적어 보았다. 그렇게 적힌 것들을 우리는 '행복의 순간', 또는 '행복'이라고 할 수 있다. 우리는 그렇게 행복을 미루었다. 앞으로도 미룰 것이다. 이제 미루지 않고 현재를 충실히 살아가고 지금을 즐기고 느끼는 삶을 추구해야 한다. 그래야 행복에 한 걸음 다가설 수 있다.

03 러셀 《행복의 정복》: 타인과 사회로 시선을 넓히는 삶

'행복', 모두가 꿈꾸는 것이다. 그렇기에 행복에 대한 담론과 이론은 넘쳐 난다. 많은 사람들이 행복을 꿈꾸지만 행복이 무엇인지 구체적으로 생각한 경험은 많지 않을 것이다. '행복해지기 위해서 어떻게 해야 한다'는 보편적인 내용들은 있지만 모두에게 일반화하기도 어렵다. 어차피 행복은 개인적으로 느끼는 것이기 때문에 스스로 찾아 나가야 한다. 그런 행복에 대해 진지하게 마주하는 시간은 개인에게 소중한 자산이 될 수 있다.

그래서 '행복'에 대해 생각해 보는 수업은 지금까지 해 왔던 인문학 수업들을 하나로 꿰는 실이라고 볼 수 있다. 그동안 같이 생각해 보았던 가치들을 돌이켜 보면서 각자의 행복한 삶을 꾸리기 위한 방향을 생각하는 시간이라고 볼 수 있다. 나아가 아이들 나름대로 행복에 대한 정의를 내리는 시간이 될 것이다.

아이들에게 행복에 대해 생각하라고 하면 막막할 수 있기 때문에 생각거리를 찾기 시작했다. 행복에 관해서 많은 서적이 나와 있지만 내가 주목했던 책은 버트런드 러셀의 《행복의 정복》이다.

오랜 시간 스테디셀러로 자리 잡아 온 책이기 때문에 많은 분들이 알고 있으리라 생각된다. 내가 이 책에 주목한 이유는 행복에 대한 접근이 새롭다는 것이다. 보통 행복해지기 위해서 어떻게 자기계발을 해야 하는지를 이야기하는 경우가 많지만 러셀은 다른 접근을 하고 있다. 행복해지는 방법을 제시하기 전에 행복해지기 위해서 '버려야 할 것'들을 먼저 설명한다. 즉 사람들이 불행한 이유에 대해 먼저 고찰한다. 여기에 모티브를 얻어서 어떤 것을 더해서 행복을 찾는 것이 아니라, 행복에 방해가 되는 것을 버리는 방법부터 생각하는 수업을 구상하였다. 그것을 생각한 다음에 행복한 삶에 대해 자기만의 정의를 내려 본다면 그 시간은 각자의 행복을 찾는 데 좋은 길잡이가 될 수 있으리라 생각된다.

정복이라는 말이 처음에는 조금 거슬렸다. 정복이라고? 쟁취하거나 무력으로 얻는 것 같은 느낌을 지울 수 없었기 때문이다. 그런데 책을 읽어 보니 저자가 제목에 '정복'이라는 적극적인 단어를 사용한 이유가 설명되어 있었다.

아주 드문 경우를 제외하고는, 행복은 마치 무르익은 과실처럼 운 좋게 저절로 입안으로 굴러 들어오는 것이 아니다. 그래서 나는 이 책에 '행복의 정복'이라는 제목을 붙였다.[5]

우리는 행복을 추구하지만 누구도 우리에게 행복을 가져다주지 못한다. 스스로가 알아내고 찾아내야 한다. 그런 적극적인 태도가 마음에 와 닿았다. 막상 글을 읽어 보면 그렇게 과격한 내용은 없다. 무난하지만 한 번쯤 생각해 보아야 할 것들이 보석처럼 숨겨져 있다.

이 책은 두 부분으로 구성된다. 1부는 '행복이 당신 곁을 떠난 이유'로서 사람들이 불행한 이유에 대해 아홉 가지를 들어 설명한다. 2부는 '행복으로 가는 길'이다. 어떻게 행복한 삶을 살 수 있는지에 대한 구체적인 일곱 가지 방법을 설명한다. 하나같이 공감되는 말이었지만 행복한 삶을 위해서 이 책에서 제시하는 명제를 요약하면 "개인의 관심에서 벗어나 타인과 사회로 관심을 돌리는 태도가 필요하다"는 것이다. 러셀은 자기 안에 간힌 사람은 여러모로 불행해질 수밖에 없다고 이야기한다.

---

5. 버트런드 러셀, 《행복의 정복》, 이순희 옮김, 사회평론, 2005, p. 249.

자신에 대한 관심은 어떤 적극적인 활동으로 이어지기 힘들다. 기껏해야 일기 쓰기에 매달린다거나, 정신분석을 받으러 정신과에 다닌다거나, 승려가 되거나 할 뿐이다. 하지만 승려가 된 사람도 규칙적인 수도 생활에 쫓겨 자신의 영혼을 잊을 수 있어야 비로소 행복을 누릴 수 있다. 승려가 종교에 귀의한 덕분에 누리고 있다고 믿는 행복은, 그가 어쩔 수 없어서 도로 청소원이 되었더라도 누릴 수 있었던 행복에 불과하다. 지나치게 자기 자신에게 몰입하는 바람에 불행해진 사람이 행복해질 수 있는 유일한 방법은 외부적인 훈련뿐이다.[6]

자기중심적인 관점을 고집하면 시야가 좁아지고 자기가 관심을 가지고 있던 일에 문제가 생기면 그것에 골몰하느라 다른 것을 돌아볼 여유가 없어진다. 행복은 개인적 차원의 문제이지만 그 시야를 넓히지 못하고 스스로에 갇혀 버리면 행복은 점점 멀어질 수밖에 없다는 것이다. 그래서 자기중심적 관점에서 벗어나면 다음과 같은 넓은 시야를 가질 수 있다.

자기중심적인 사고에서 벗어나면 자신의 자아는 세상에서 그리 큰 부분을 차지하지 못한다는 것을 알게 된다. 자신의 생각과 희망을 자아를 넘어선 어떤 것에 집중할 수 있는 사람은 일상생활의 걱정거리 속에서도 어느 정도 평화를 얻을 수 있다. 이것은 완전히 자기중심적인 사람에게는 불가능한 일이다.[7]

---

6. 버트런드 러셀, 같은 책, p. 18.
7. 버트런드 러셀, 같은 책, p. 81.

러셀은 진정한 사랑도 결국 다른 사람과 대상에 대한 관심이기 때문에 행복에 다가설 수 있는 가장 좋은 방법이라고 조언한다.

두 사람이 서로에 대해 진정한 관심을 가지고 있는 사랑, 서로를 단순히 자신의 행복에 도달하기 위한 수단으로 보는 것이 아니라, 공동의 행복을 추구하는 결합체로 보는 사랑이야말로 진정한 행복에 이르는 아주 중요한 요소다. 자아를 철벽 속에 가두어 놓아서 자아를 확대할 수 없는 사람은 설사 직업에서 성공한다고 해도 인생이 베푸는 최고의 행복은 놓치게 되기 마련이다.[8]

이타적인 시각과 공동체를 향한 관심이 결국 행복을 위한 가장 중요한 요소라고 말하고 있다. 직업에서의 성공은 그렇게 큰 행복이 될 수 없음도 알려 준다. 앞서 말한 '꿈 너머 꿈'의 소중함과 비슷한 맥락을 가진다. 러셀은 책의 후반부에 비슷한 내용의 충고를 한다.

자신의 생활에서 그다지 중요하지 않은 문제에 대해 전혀 흥미를 느끼지 못하는 태도는 불행과 피로, 그리고 정신적 긴장의 원인이 된다. 이런 태도로 말미암아 의식적인 정신은 불안감과 걱정을 빚어내기 마련인 문제들에서 벗어나 휴식을 취하지 못한다[9]

---

8. 버트런드 러셀, 같은 책, p. 199.
9. 버트런드 러셀, 같은 책, p. 237.

결국 행복은 개인적 차원의 문제라고 생각하기 쉽지만 조금만 시야를 넓히면 이타적이고 공동체에 대한 관심이 필요하다는 말이다. 현대사회는 다원주의와 개인주의로 넘쳐 난다. 그래서 행복도 각자의 방법으로 개인 안에서 찾으려는 경향이 강하다. 물론 각자의 방법으로 찾는 것은 맞지만 개인적 관심을 바깥으로 돌리는 연습과 함께 어울리려는 태도가 없으면 진정한 행복은 달성하기 어렵다.

그래서 아이들과 행복해지기 위해서 버릴 것들을 생각할 때 이 내용에 대해서 한 번쯤 이야기해 주는 것이 좋다는 생각이 들었다. 아이들과 나누는 이런 이야기들이 지금 당장은 아이들의 가슴에 와 닿지 않을 수 있다. 그러나 교육은 넓고 긴 시각을 가지고 하는 것이 바른 접근이라고 생각한다. 앞서 이야기한 내용 말고도 러셀은 행복에 이르는 수많은 팁을 제시한다. 이 글을 읽는 분들에게 참고가 될까 싶어 몇 가지만 옮겨 본다.

> (경쟁을 좇고 그것이 환경의 탓이라고 하는 사람들) 그들은 빠져나갈 구멍이 전혀 없는 쳇바퀴에 갇혀 있는 신세가 아니다. 그들이 쳇바퀴에서 벗어나지 못하는 것은 그 쳇바퀴가 자신을 더 높은 곳으로 끌어올려 줄 수 없다는 사실을 알아차리지 못하고 있기 때문이다.[10]

> 권태가 생겨나는 필수 조건 중 하나는 어쩔 수 없이 상상하

---

10. 버트런드 러셀, 같은 책, p. 51.

게 되는 지금보다 바람직한 상황과 현재 상황의 대조에 있다. 또한 자신의 능력을 충분히 발휘할 필요가 없을 때에도 사람은 권태를 느끼게 된다.[11]

행복한 인생이란 대부분 조용한 인생이다. 진정한 기쁨은 조용한 분위기 속에만 깃들기 때문이다.[12]

대부분의 경우, 일시적인 열광이나 취미는 근본적인 행복의 원천이 아니라 현실 도피의 수단에 불과하다. 현실 도피의 수단이라고 한 것은 이겨 내기 힘든 고통이 다가오는 순간을 잊기 위한 것이라는 의미다. 근본적인 행복은 무엇보다 인간과 사물에 대한 따뜻한 관심에서 비롯된다.[13]

'중용'은 재미없는 이론일지는 모르지만, 상당히 많은 문제에 관한 한 정확한 이론이다. 노력과 체념 사이에 균형을 이루기 위해서는 반드시 중용을 지켜야 한다.[14]

학생들에게 어떻게 하면 행복해질 것 같은지 물어보았다. 가장 많이 나오는 대답은 '돈이 많으면', '공부를 잘하면'이다. 특히 돈에 대한 아이들의 갈증은 생각보다 컸다. 무엇이 우리 아이들에게 돈에 대한 열망을 불러왔는지 모르겠으나 대충 짐작 가는 것은 몇 가지 있다. 그것은 공부를 잘하고 싶은 욕망과도 관련될 것

11. 버트런드 러셀, 같은 책, p. 64.
12. 버트런드 러셀, 같은 책, p. 75.
13. 버트런드 러셀, 같은 책, p. 168.
14. 버트런드 러셀, 같은 책, p. 248.

이다. 그래서 다음과 같이 물어보았다.

> 교사 돈이 많으면 무조건 행복할 것 같나요? 돈이 많은 사람인
> 데도 불행하게 사는 사람도 많습니다. 돈이 부족하지 않지만
> 행복을 누리지 못하는 사람들의 사례를 아는 것이 있으면 친
> 구들과 이야기해 보세요.

아이들의 생각을 돕기 위해서 다양한 사례를 보여 주었다. 돈
이 많고 공부를 잘하는 사람이지만 불행하게 사는 경우도 많았
다. 반대로, 가난하지만 자신의 현실에 만족하면서 행복을 찾아
가는 사람들의 이야기도 들려주었다.

> 교사 돈이 많거나 공부를 잘하면 모두가 행복해질 것이라고 생
> 각합니까?
> 학생들 아니요.
> 교사 돈이 많으면 행복해지는 데 도움은 줄 수 있지만 그것만
> 으로 충분하지는 않습니다. 공부도 마찬가지죠. 오히려 가난
> 하지만 자기가 가지고 있는 것에 만족하고 그 안에서 행복을
> 찾는 경우도 많죠. 그래서 행복해지기 위해서 무엇을 꼭 더
> 할 필요는 없습니다. 나의 행복을 가로막는 안 좋은 습관이
> 나 생각을 버리는 것이 더 중요한 것 같습니다. 지금부터 행
> 복해지기 위해서 버려야 할 것은 무엇이 있을지 생각해 보세
> 요. 예를 들면 '이기적인 생각', '자신을 사랑하지 않는 마음',
> '약속을 미루는 습관'과 같은 것을 적으면 됩니다.

아이들은 각자의 생각에 친구의 생각을 더해서 행복에 대한 생각을 넓혀 나갔다. 그리고 아이들에게 참고가 될 수 있도록 러셀의 글을 읽어 주었다. 앞서 인용했던 내용을 쉬운 말로 풀어서 설명해 주었다. 자기에게 모든 관심을 쏟는 사람은 행복해지기 어렵다는 것이 요지다. 그렇다면 어떻게 해야 할까?

교사 이렇게 자기중심적인 사람은 행복해지기 어려운 것 같습니다. 그렇다면 우리는 나에게 집중된 관심을 어디로 돌려야 할까요?

학생1 다른 사람에게요.

학생2 우리 마을이나 학교도 될 것 같습니다.

교사 다른 사람이나 마을, 학교에 관심을 돌린다는 것은 어떻게 하는 것일까요?

학생1 친구가 힘들어하면 도와주는 것이라고 생각합니다.

학생2 우리 마을의 문제에 관심을 가지고 해결 방법을 같이 생각하는 것도 좋은 방법이라고 생각합니다.

교사 네. 그렇게 관심을 넓혀 가다 보면 우리는 사회와 같은 공동체로 관심을 돌리게 됩니다. 그렇다면 나에게는 관심을 두지 말아야 할까요?

학생들 그건 아닌 것 같습니다.

교사 여기서 관심을 내가 아닌 다른 사람이나 사회로 돌린다는 것은 나에게 관심을 안 가지는 것이 아니라, 나의 일에만 관심을 쏟지 않고 다른 사람과 공동체의 일에 관심을 갖는다는 뜻으로 이해하면 좋습니다. 앞서 배웠던 '김구 선생의 공동체를 위한 관심'과 비슷하게 생각하면 됩니다.

이제 각자가 생각하는 행복이란 무엇일지 떠올려 볼 시간이었다. 인문학 수업을 하면서 잠깐씩 언급했던 행복과 관련된 가치들, 삶을 위한 선물들을 떠올려 보고 행복에 대한 자신만의 정의를 내려 보도록 했다. 아이들은 각자의 생각을 적고 친구들과 이야기를 나누면서 생각을 넓혀 나갔다.

04 '행복'은 어디에서 오는가?

공동체를 생각하는 이타적인 삶

이태석 신부의 삶에 대해 사전에 조사해 오면서 아이들은 그의 삶이 다분히 희생적이라고 생각하기 쉽다. 하지만 우리가 그런 인물들의 삶을 왜 아름답다고 이야기하는지 생각해 볼 필요가 있다. 많은 업적을 이루고 재산을 많이 모았다고 해서 그 사람을 아름다운 삶이라고 평가하지는 않는다. 그 이면에 반드시 '극복'이 포함되어 있어야 한다는 생각이 든다. 그 극복의 대상은 바로 '역경'과 '이기적인 나'라고 볼 수 있다.

우리는 살아가면서 다양한 어려움에 처하게 된다. 그런 어려운 상황에 적응해서 안주하고 타협하면서 살아가는 이들이 있고, 그것을 극복하고 한 단계 더 나아간 삶을 살아가는 사람들이 있다. 안주하고 타협하면 편리하고 안전하겠지만 그 안에 감동과 아름다움은 없다.

그리고 사람은 누구나 이기적이게 마련이다. 하지만 이기적인 나에서 그치면 공동체로 나아가지 못한다. 공동체를 생각하는 이타적인 나로서 존재하기 위한 노력이 필요하다. 우리가 아름답다고 생각하는 인물들의 삶 역시 그런 방향을 추구한 인물들이 많다고 본다.

현재에 충실한 삶

현재는 우리가 살아 있음을 반증하는 가치다. 그만큼 현재는 소중하다. 그런 현재를 가장 잘 살아가는 존재가 있다면 그것은 아이들일 것이다. 아이들은 순간순간을 절실하게 느끼고 온몸으로 살아간다. 이오덕은 이런 아이들의 특성을 다음과 같이 적었다.

> 아이들 세계의 기막힌 진실을 새삼 느꼈다. 그렇다! 아이들은 아무리 슬프고 답답해도 그것을 오래 지탱해 가지고 있지 못한다. 곧 잊어버린다. 그래서 순간순간을 살아간다. 아이들에게는 과거도 없고 미래도 없고 다만 현재만 있을 뿐이다. 그 연약한 몸과 마음은 그래야만 살아갈 수 있는 것이다. 구원받을 수 있는 것이다.[15]

현재를 충실하게 살아가는 아이들. 아무리 슬프고 힘들어도 름

---

15. 이오덕, 《교사와 학부모님께 드리는 글》, 고인돌, 2011, p. 210.

방 잊고 방긋 웃으면서 손을 내미는 아이들의 유연함을 보면서 나는 많은 것을 배운다. 슬프면 울고, 기쁘면 웃는다. 숨기거나 부풀리지 않고 현재를 있는 그대로 느끼는 아이들은 참으로 유연하다. 이런 아이들의 유연함은 이덕무의 글에서도 찾아볼 수 있다.

> 어린아이가 거울을 보다가 깔깔대며 웃는다. 뒤쪽까지 터져서 그런 줄로만 알고 급히 거울 뒤쪽을 보지만 뒤쪽은 검을 뿐이다. 그러다가 또 깔깔 웃는다. 그러면서도 어째서 밝아지고 어째서 어두워지는지 묻지 않는다. 묘하구나, 어디에도 걸림이 없으니 진정, 스승으로 삼을 만하도다.[16]

우리는 현재를 충실히 살아야 한다. 현재의 행복을 발견하고 순간순간을 즐겨야 한다. 즐긴다는 것은 단기적인 쾌락 추구가 아니라 순간의 삶을 충만하게 채우자는 말이다. 순간을 행복으로 채우면 그것이 행복이다. 행복은 순간이지 영원하지 못하다. 그래서 순간을 즐겨야 한다. 지금 놓친 행복은 다시 붙잡기 어렵기 때문이다.

하고 싶은 것을 하는 단순한 삶

행복을 추구하는 방법에 대해 구체적으로 설명한 책을 더 소

---

16. 한정주 외, 〈선귤당, 생활의 발견〉, 《조선 지식인의 아름다운 문장》, 포럼, 2007 참고.

개하자면 탈 벤 샤하르(Tal Ben Shahar)의 《해피어(Happier)》
가 있다. 탈 벤 샤하르는 하버드대학에서 가장 인기 있는 강좌를
운영하고 있다. 행복의 본질에 관한 '긍정심리학'을 하버드대학에
서 수강생이 가장 많은 강좌로 만들었다고 한다. 이 책에서 주목
했던 부분은 3장인 '행복을 위한 일곱 가지 명상' 부분이다. 여기
에는 이기심과 자비심, 행복촉진제, 좀 더 행복해지기, 행복할 권
리와 자격, 내면 들여다보기, 단순하게 그리고 천천히, 행복 혁명
등에 대해서 이야기한다. 행복에 이르기 위한 실제적인 방법에
대한 조언에 해당한다.

그중에서 '행복촉진제'에 대한 설명은 아주 참신했다. 촛불이
어두운 방을 밝히듯 힘들고 어려운 순간을 견딜 수 있도록 만들
어 주는 것은 의외로 소박하고 작은 것이다. 작은 일이라도 우리
를 행복하게 만들어 주고 즐거워진다면 그것을 '행복촉진제'라고
할 수 있다. 이황의 '화기환'이 마음을 진정시키는 진정제라면 '행
복촉진제'는 피곤하거나 지칠 때 먹는 한 잔의 커피나 초콜릿과
같을 것이다. 거창하거나 돈이 많이 드는 것이 아니다. 취미활동
이나 봉사활동도 괜찮고 자신이 집중해서 즐겁게 할 수 있는 것
이라면 무엇이든 좋다.

탈 벤 샤하르는 행복 추구에 대한 패러다임의 전환도 주장한
다. 행복 추구는 다른 사람들과 경쟁하는 것이 아님을 기억해야
한다. 자기가 하고 싶은 일을 하면서 단순하게 사는 자세가 필요
하다. 많은 것을 얻으려고 애쓰지 말고 좋아하는 일을 하면서 소

박하게 자신의 삶을 꾸려 가는 태도가 필요하다는 설명이다. 그렇게 하기 위해서 가장 중요한 것은 "나는 누구인가?"에 대한 질문으로 귀결되는 것 같다. 내가 누구인지 알아야 나의 행복도 찾아갈 수 있기 때문이다. 경쟁을 통한 행복 추구가 아니라 자신에게 맞는 행복을 찾는 일, 그것이 우리에게 필요하다. 그 방법은 다분히 소박하고 꾸준한 실천을 통해서 가능하다. 아이들과 함께 각자의 '행복촉진제'를 떠올려 보는 수업도 좋을 것 같다. 현재의 행복과 앞으로의 행복을 위해서 말이다.

참고문헌

강상구, 《그때 장자를 만났다》, 흐름출판, 2014.
강신주 외, 《인문학 명강 동양고전》, 21세기북스, 2013.
강신주, 《감정 수업》, 민음사, 2013.
고도원, 《꿈 너머 꿈》, 나무생각, 2007.
고미숙, 《삶과 문명의 눈부신 비전 열하일기》, 아이세움, 2007.
고병권, 《니체의 위험한 책, 차라투스트라는 이렇게 말했다》, 그린비, 2003.
고병권, 《철학자와 하녀》, 메디치미디어, 2014.
빈센트 반 고흐, 《반 고흐, 영혼의 편지》, 선성림 편역, 예담, 2005.
김구, 《백범일지》, 돌베개, 2005.
김상환, 〈부끄러움에 대하여〉, 문화의 안과 밖 에세이 시리즈, 열린연단, 2014.
    http://openlectures.naver.com/contents?contentsId=66856&rid=253
김욱동, 《어니스트 헤밍웨이의 노인과 바다를 다시 읽다》, 이숲, 2013.
김원익, 《신화 인간을 말하다》, 바다출판사, 2011.
재레드 다이아몬드, 《총, 균, 쇠》, 김진준 옮김, 문학사상, 2005.
버트런드 러셀, 《행복의 정복》, 이순희 옮김, 사회평론, 2005.
알래스데어 매킨타이어, 《덕의 상실》, 이진우 옮김, 문예출판사, 1997.
무코야마 요이치, 《아이들이 열중하는 수업에는 법칙이 있다》, 한형식 옮김, 즐
    거운학교, 2012.
래리 바커, 키티 왓슨, 《마음을 사로잡는 경청의 힘》, 윤정숙 옮김, 이아소,
    2006.
박지원, 《열하일기 2》, 김혈조 옮김, 돌베개, 2009.
법정, 《무소유》, 범우사, 1999.
B. 스피노자, 《에티카》, 강영계 옮김, 서광사, 1990.
신영복, 《감옥으로부터의 사색》, 돌베개, 2010.
신영복, 《담론》, 돌베개, 2015.
한나 아렌트, 《예루살렘의 아이히만》, 김선욱 옮김, 한길사, 2006.
아리스토텔레스, 《니코마코스 윤리학》, 이창우 · 김재홍 · 강상진 옮김, 이제이
    북스, 2006.
안중근, 《동양평화론(외)》, 범우사, 2010.

빅토르 위고, 《레미제라블》, 정기수 옮김, 민음사, 2012.

이오덕, 《교사와 학부모님께 드리는 글》, 고인돌, 2011.

이오덕, 《삶과 믿음의 교실》, 고인돌, 2011.

장석주, 《불면의 등불이 너를 인도한다》, 현암사, 2015.

전호근, 《장자 강의》, 동녘, 2015.

정성희, 〈'敬'과 '義'의 선비 정신을 실천한 칼을 찬 처사, 조식〉, 네이버 캐스트 인물 한국사.

　　http://navercast.naver.com/contents.nhn?rid=77&contents_id=7480

조대호, 《니코마코스 윤리학》 강연 원고, 문화의 안과 밖 강연 시리즈, 열린연단, 2015.

　　http://openlectures.naver.com/contents?contentsId=79129&rid=2888#literature_contents

조식, 《남명집》, 경상대학교 남명학연구소 옮김, 한길사, 2001.

최경희, 〈문학 독서를 통한 인성 지도〉, 《새국어교육》 제70호., 2005.

니코스 카잔차키스, 《그리스인 조르바》, 이윤기 옮김, 열린책들, 2009.

존 캐리 편저, 《역사의 원전》, 김기협 편역, 바다출판사, 2006.

에리히 프롬, 《소유냐 존재냐》, 차경아 옮김, 까치, 1996.

한병철, 《피로사회》, 김태환 옮김, 문학과지성사, 2012.

한상영, 《도덕경 삶의 경계를 넘는 통찰》, 지식공감, 2012.

한정주, 《호, 조선 선비의 자존심》, 다산초당, 2015.

한형식, 《수업 사례로 배우는 수업기술의 법칙》, 즐거운학교, 2012.

어니스트 헤밍웨이, 《노인과 바다》, 민우영 옮김, 휘닉스, 2004.

어니스트 헤밍웨이, 《헤밍웨이 걸작선》, 최홍규 옮김, 평단, 2006, 출판사 리뷰.

그림과 사진 출처

요한 티슈바인, 〈폴리페모스〉

　　From Wikimedia Commons, the free media repository

　　https://commons.wikimedia.org/wiki/File:Polyphemus.gif

야콥 요르단스, 〈폴리페모스의 동굴 안에 갇힌 오디세우스〉

From Wikimedia Commons, the free media repository

https://commons.wikimedia.org/wiki/File:Jakob_Jordaens_009.jpg

존 윌리엄 워터하우스, 〈세이렌〉

From Wikimedia Commons, the free media repository

https://commons.wikimedia.org/wiki/File:The_Siren_by_John_William_
Waterhouse_(1900).jpg

얀 코시에르, 〈불을 훔치는 프로메테우스〉

From Wikimedia Commons, the free media repository

https://commons.wikimedia.org/wiki/File:Jan_Cossiers_-_Prometheus_
Carrying_Fire.jpg

페테르 파울 루벤스, 〈사슬로 묶인 프로메테우스〉

From Wikimedia Commons, the free media repository

https://commons.wikimedia.org/wiki/File:Rubens_-_Prometheus_
Bound.jpg

테오도르 제리코, 〈메두사호의 뗏목〉

From Wikimedia Commons, the free media repository

https://commons.wikimedia.org/wiki/File:JEAN_LOUIS_
TH%C3%89ODORE_G%C3%89RICAULT_-_La_Balsa_de_la_Medusa_
(Museo_del_Louvre,_1818-19).jpg

오스카 쉰들러

이스라엘방위군 공식 블로그

https://www.idfblog.com/blog/2014/04/24/the-youngest-survivor-of-
oscar-schindler-now-75-tells-her-story/

아몬 괴트

From Wikimedia Commons, the free media repository

https://commons.wikimedia.org/wiki/File:Amon_Göth-prisoner_1945.jpg

개빈 해밀턴, 〈파트로클로스의 죽음을 슬퍼하는 아킬레우스〉

스코틀랜드 국립 미술관(The National Galleries of Scotland)

https://www.nationalgalleries.org/object/NG 2339

프란츠 마츠, 〈트로이 성문 앞에서 헥토르의 시신을 끌고 가는 아킬레우스〉

From Wikipedia, the free encyclopedia

https://en.wikipedia.org/wiki/File:Triumph_of_Achilles_in_Corfu_
Achilleion.jpg

쥘 바스티앙 르파주, 〈아킬레우스의 발에 매달린 프리아모스〉

From Wikimedia Commons, the free media repository

https://commons.wikimedia.org/wiki/File:Achilles_and_Priam.jpg

자크 루이 다비드, 〈소크라테스의 죽음〉

Wikimedia Commons, 자유로운 미디어 저장소

https://commons.wikimedia.org/wiki/File:David_-_The_Death_of_
Socrates.jpg?uselang=ko

빈센트 반 고흐, 〈자화상〉

Wikimedia Commons, 자유로운 미디어 저장소

https://commons.wikimedia.org/wiki/File:SelbstPortrait_VG2.
jpg?uselang=ko

빈센트 반 고흐, 〈테오 반 고흐의 초상〉

Wikimedia Commons, 자유로운 미디어 저장소

https://commons.wikimedia.org/wiki/File:Portret_van_Theo_van_
Gogh_-_s0157V1962_-_Van_Gogh_Museum.jpg?uselang=ko

빈센트 반 고흐, 〈탕기 영감의 초상〉

Wikimedia Commons, 자유로운 미디어 저장소

https://commons.wikimedia.org/wiki/File:Le_Pere_Tanguy.
jpg?uselang=ko

삶과 교육을 바꾸는
맘에드림 출판사 교육 도서

나는 혁신학교에 간다

경태영 지음 / 값 14,000원

공교육을 바꾸겠다는 거대한 희망을 품고 시작된 '혁신학교'. 이 책은 일곱 개 혁신학교의 이야기를 담고 있다. 지금 우리 교육이 변화하는 생생한 현장의 모습과 아이들이 꿈을 키우고 행복하게 공부하는 희망의 터로 새롭게 자리매김하는 학교들을 이 책에서 만날 수 있다.

혁신학교란 무엇인가

김성천 지음 / 값 15,000원

교육 공동체가 만들어내는 우리 시대 혁신학교 들여다보기. 혁신학교 전반에 관한 이야기를 다루고 있는 책으로, 공교육 안에서 혁신학교가 생기게 된 역사에서부터 혁신학교의 핵심 가치, 이론적 토대, 원리와 원칙, 성공적인 혁신학교의 모습을 보이고 있는 단위 학교의 모습까지 담아냈다.

학부모가 알아야 할 혁신학교의 모든 것

김성천, 오재길 지음 / 값 15,000원

학부모들을 위한 혁신학교 지침서!
'혁신학교에서는 무엇을, 어떻게 가르치고 있는지, 교사·학생·학부모는 어떻게 만나서 대화하고 관계를 맺어가는지, 어떤 교육 목표를 지향하고 있는지 등 이 책은 대한민국 학부모들의 궁금증에 친절하게 답을 한다.

덕양중학교 혁신학교 도전기

김삼진 외 지음 / 값 14,500원

이 책의 1부는 지난 4년 동안 덕양중학교가 시도한 혁신과 도전, 성장을 사실과 경험에 기반한 스토리텔링 방식의 성장기로 전개하고 있다. 그리고 2부는 지역사회와 협력하여 펼치고 있는 교육 프로그램, 배움의 공동체 수업 등을 현장 사례 중심의 교육적 에세이 형태로 담고 있다.

학교 바꾸기 그 후 12년

권새봄 외 지음 / 값 14,500원

MBC PD 수첩에 방영되어 화제가 되었던 남한산초등학교. 아이들이 모두 행복하고, 얼굴 표정이 밝은 아이들. 학교 가는 것을 무엇보다 좋아하고, 방학을 싫어하는 아이들. 수업과 발표를 즐겼던 이 학교를 졸업한 아이들이 그 후 12년의 삶을 세상에 이야기한다.

교사는 수업으로 성장한다

박현숙 지음 / 값 12,000원

그동안 교사는 수업에서 아이들을 만나지 못해왔다. 관계와 만남이 없는 성장의 결손을 낳았다. 그리하여 우리 아이들과 교사들은 모두 참 아프고 외로웠다. 이 책에서는 교사, 학생, 학부모, 지역사회가 공동체로서 서로 관계를 맺을 때에만 배움은 즐거운 활동으로서 모두가 성장하는 삶의 일부가 될 수 있음을 보여준다.

교사와 학부모가 함께 읽는 주제 통합 수업

김정안 외 지음 / 값 15,000원

'서울형 혁신학교'로 지정된 7개 혁신학교들이 지난 1~2년 동안 운영한 주제 중심 통합 교육 과정과 수업 사례를 소개한 책이다. 이 학교들의 교육과정은 전국적으로 이루어지는 혁신학교들의 성과를 반영하였고, 자신의 지역사회의 실제 환경과 경험을 살려 실제 수업에 적용한 것이다.

혁신교육 미래를 말한다

서용선 외 지음 / 값 14,000원

혁신교육은 2009년 이후 공교육 되살리기의 새로운 희망이 되어왔다. 이러한 정책을 입안하고 추진하는 데 기여해왔던 6명이 교사 출신 연구자들이 혁신교육 발전에 필요한 정책 과제들을 모아 하나의 책으로 제시한다. 이 책은 교육철학, 교육과정, 교육행정과 학교 운영(거버넌스) 등에서 주요 이슈들을 정리하고 혁신교육의 성과와 과제가 무엇인가를 보여준다.

수업을 살리는 교육과정

서우철 외 지음 / 값 16,500원

최근 교육과정을 재구성하는 논의가 활발한 가운데, 이 책에서는 개별 교과목과 교과서의 형식에 얽매이지 않고 아이들의 발달을 고려하여 주제를 중심으로 교육과정을 재구성하여 통합적으로 운영하는 방법과 구체적인 실천 사례를 설명하고 있다. 이러한 과정은 같은 학년을 맡고 있는 교사들의 토론과 협력을 통해서 이루어진 것임을 이야기한다.

수업 딜레마

이규철 지음 / 값 14,000원

이 책을 관통하는 키워드는 '사람'이다. 저자의 노하우를 전수하는 것이 아니라, 수업 속에서 딜레마에 맞닥뜨려 고통받고 있는 선생님들의 고민을 담고, 신념을 담고, 그것을 이겨내기 위한 한 분 한 분의 마음을 담고 있다. 이런 고민 속에 이 책을 집어 든 나를 귀하게 여기며 다시 한 번 교사로 잘 살아보고 싶은 도전을 하게 한다.

좋은 엄마가 스마트폰을 이긴다

깨끗한미디어를위한교사운동 지음 / 값 13,500원

스마트폰에 대한 아이들의 집착은 대단하다. 스마트폰은 '재미있고 편리하다.' 그러나 스마트폰 때문에 아이들은 시간을 빼앗기고, 건강이 나빠지고, 대화가 사라지며, 공부와 휴식, 수면마저 방해를 받는다. 이 책은 이러한 사례들을 생생하게 소개하고 부모들에게 아이들의 스마트폰 사용에 어떻게 대응해야 하는지 대안을 제시한다.

엄선생의 학급운영 레시피

엄은남 지음 / 값 14,000원

34년 경력의 현직 교사가 쓴 생동감 넘치는 학급운영 지침서. 초등학교에서 아이들은 문자와 숫자를 익히는 것보다 학교와 교실에서 낯설고 모험적인 사건을 겪으면서 더 많은 것을 배운다. 이 책은 초등학교에서 교과서 지식보다 더 중요한 역할을 하는 학교생활과 학급문화를 만드는 데 담임교사의 역할을 다룬다. 교사와 아이들이 서로 존중하고 신뢰하는 관계를 어떻게 만들어야 하는지 구체적인 경험과 사례로 설명해준다.

진짜 공부

김지수 외 지음 / 값 15,000원

혁신학교가 추구하는 '진짜 공부'와 '진짜 스펙'이 무엇인지 보여주는, 졸업생들의 생동감 넘치는 경험담. 12명의 졸업생들은 학교에서 탐방, 글쓰기, 독서, 발표, 토론, 연구, 동아리, 학생회 활동을 통해 자신들이 생각하지도 못한 진짜 공부를 경험했음을 보여준다. 이 책을 통해 수능시험이 아니라 정말로 청소년 스스로 하고 싶을 즐기면서 성장하는 것이 우리 사회에 필요한 것임을 새삼 느낄 수 있다.

수업 디자인

남경운, 서동석, 이경은 지음 / 값 15,000원

서울형 혁신학교의 대표적인 수업 혁신을 담은 이야기. 아이들이 서로 협력하면서 배우는 수업을 목표로 삼은 저자들은 범교과 수업모임을 통한 공동 수업설계를 대안으로 제시한다. 아이들은 교사의 설명을 통해 배우는 것이 아니라 서로 '옥신각신'하며 함께 문제에 도전할 때 수업에 몰입하고 배우게 된다. 이 책은 이러한 수업을 위해서 교사들이 교과를 넘어 어떻게 협력하고 수업을 연구해야 하는지 잘 보여준다.

아이들이 가진 생각의 힘

데보라 마이어 지음 / 정훈 옮김 / 값 15,000원

미국 공교육 개혁의 전설적 인물 데보라 마이어가 전하는 교육 개혁에 대한 경이롭고도 신선한 제언. 이 책은 학교 혁신의 생생한 기록을 통해 우리가 학교에서 무엇을 왜 가르치고 배워야 하는지에 대한 근원적인 성찰을 담고 있다. 아이들이 지성적으로 생각하는 마음의 습관을 배우는 것이 얼마나 중요하고 그것을 위해 학교가 무엇을 해야 하는지를 일깨워준다.

어! 교육과정? 아하! 교육과정 재구성!

박현숙 · 이경숙 지음 / 값 16,500원

교육과정 재구성을 고민하는 교사를 위한 현장 지침서. 이 책은 저자들이 학교 현장에서 교육과정 재구성이라는 화두를 고민하고, 실행한 사례들이 담겨져 있다. 책의 내용은 주제 통합 수업, 교과 통합 수업, 범교과 주제 학습, 교과 체험 학습, 프로젝트 수업 등 학교 현장에서 적용해 큰 성과를 본 것들을 세밀하게 소개하면서 교육과정 재구성 작업의 노하우를 펼쳐 보인다.

행복한 나는 혁신학교 학부모입니다

서울형혁신학교학부모네트워크 지음 / 값 16,000원

이 책은 학부모가 자신의 눈높이에서 일러주는 아이들의 혁신학교 적응기일 뿐 아니라, 학부모 역시 학교를 통해 자신의 삶을 고양시켜가는 부모 성장기라는 점에서 대한민국의 모든 학부모에게 건네는 희망 보고서이기도 하다. 혁신학교가 궁금한 학부모들이 이 책을 통해 혁신학교 학부모로서의 체험을 미리 하는 데 부족함이 없을 것이다.

일반고 리모델링 혁신고가 정답이다

김인호, 오안근 지음 / 값 15,000원

교육 환경이 열악한 지역에 있던, 서울의 한 일반계 고등학교가 혁신학교로서 4년간 도전과 변화를 겪으면서 쌓은 진로, 진학의 비결을 우리 사회 모든 학생, 학부모, 교사, 시민 등에게 낱낱이 소개해주는 책. 이 책은 무엇보다 '혁신학교는 대학 입시에 도움이 안 된다.'는 세간의 편견을 말끔히 떨어 없앤다. 이 책에서 저자들은 '결과' 중심 교육과정을 '과정' 중심으로 바꾸고, 교내 대회와 동아리 활동, 봉사 활동을 장려함으로써 대학 진학이란 놀라운 결과가 어떻게 이루어질 수 있었는지 보여주고 있다.

우리가 신뢰하는 학교, 어떻게 만들 것인가?

데보라 마이어 지음 / 서용선 옮김 / 값 15,000원

이 책의 저자인 데보라 마이어는 보수와 진보를 막론하고 미국 공교육 개혁 분야에서 가장 신뢰받는 실천가이자 이론가로 평가받는다. 학교 안에서 '신뢰의 붕괴'를 오늘날 공교육이 직면한 가장 큰 도전으로 인식한다. 이 책의 원제 'In Schools We Trust'에서 나타나듯, 저자는 신뢰할 수 있는 공교육의 조건이 무엇인지 자신의 경험 속에서 제안하고, 탐색하고, 성찰한다.

교사, 어떻게 살아야 하는가

김성천 외 지음 / 값 15,000원

오랫동안 교육 현장에서 교육과 연구를 병행해온 저자 5인이 쓴 '신규 교사를 위한 이 시대의 교사론'. 이 책은 학교 구성원과의 관계 맺기부터 학교 현장에서 맞닥뜨리게 되는 여러 가지 문제들과 극복 방법, 교육 개혁에 어떻게 주체로 설 수 있는지, 어떤 과정을 통해 개인의 성장을 도모해야 하는지 등 신규 교사의 궁금점에 대해 두루 답하고 있다.

리셋, 교육과정 재구성

서울신은초등학교 교육과정 연구회 모임 지음 / 값 16,000원

서울형 혁신학교인 서울신은초등학교 교사들이 1학년부터 6학년까지 모든 학년의 교육과정을 재구성하고 실천한 경험을 모두 담았다. 이 책에 소개된 혁신학교 4년의 경험은 진정한 학습이란 몸과 마음을 통해 경험함으로써, 생각이나 감정을 다른 사람과 주고받음으로써, 과거 경험을 새로운 지식으로 다시 생각함으로써 실현된다는 점을 잘 보여주고 있다.

다섯 빛깔 교육이야기

이상님 지음 / 값 16,000원

충북 혁신학교(행복씨앗학교)인 청주 동화초등학교의 동화 작가 출신 선생님이 아이들과 함께 보낸 한해살이 이야기다. 이오덕 선생의 "아이들의 삶을 가꾸는 교육"을 고민하던 저자가 동화초 아이들을 만나면서 초등학생의 특성에 맞도록 활동 중심의 교육과정을 재구성하는 한편, 표현 위주의 교육을 위한 생활 글쓰기 교육을 실천하면서, 학교 교육을 아이들의 놀이와 생활, 삶과 연결시키고자 노력한 교단 일지를 바탕으로 구성되었다.

만들자, 학교협동조합

박주희 · 주수원 지음 / 값 14,500원

이 책은 학교협동조합이 무엇인지, 어떤 유형의 학교협동조합이 가능한지, 전국적으로 현재 학교협동조합의 추진 상황은 어떠한지 국내외 사례를 통해 소개하고 안내하는 한편, 학교협동조합을 운영하는 원리와 구체적인 교육방법을 상세하게 풀어놓고 있다. 저자들의 실천적 지침들을 따라가다 보면 학교협동조합은 더 이상 상상이 아니라 학교 구성원의 필요와 의지, 실천으로 극복할 수 있는 실현 가능한 미래라는 점을 알게 된다.

땀샘 최진수의 초등 수업 백과

최진수 지음 / 값 21,000원

초등학교에서 20여 년간 아이들을 가르쳐온 저자가 초등학교 수업에 대해서 기록하고 연구하고 실천하며 쌓아온 경험을 바탕으로 초등학생들과 수업을 함께하는 방법을 담고 있다. 아이들의 학습 동기, 아이들이 수업에 참여하는 방법, 칠판과 공책을 사용하는 방법, 모둠 활동, 교과별 수업, 조사와 발표 등 초등학교 교사가 아이들을 가르칠 때 알아야 할 가장 기본적이면서도 가장 중요한 모든 것을 다루고 있다.

혁신 교육 내비게이터 곽노현입니다

곽노현 편저 · 해제 / 값 17,000원

서울시 18대 교육감이자 첫 번째 진보 교육감으로서 혁신 교육을 펼쳤던, 곽노현은 우리 사회 전반을 아우르는 주요 교육 현안들을 이 책에서 포괄적으로 다루고 있다. 2014년 3월부터 1년간 방송된 교육 전문 팟캐스트 '나비 프로젝트' 인터뷰에 출연한 전문가들과 나눈 대화와 그에 대한 성찰적 후기를 담고 있다. 이 책은 그야말로 우리가 '지금 알아야 할 최소한의 교육 이야기'를 포괄하고 있다.

무엇이 학교 혁신을 지속가능하게 하는가

권성호, 김현철, 유병규 정진헌, 정훈 지음 / 값 14,500원

독일 '괴팅겐 통합학교', 미국 '센트럴파크이스트 중등학교', 한국 혁신학교의 사례들을 통해 성공적인 학교 혁신의 공통점을 찾아내고 그것을 지속가능하도록 만들기 위해서 필요한 것은 무엇인지를 보여준다. 독자들은 이 책에서 괴팅겐 통합학교의 볼프강 교장이 말한 것처럼 "좋은 학교"를 만들기 위한 학교 혁신에 세계적으로 보편적이라고 할 만한 공통점을 찾을 수 있다.

교과를 꽃 피게하는 독서 수업

시흥 혁신교육지구 중등 독서교육 연구회 지음 / 값 16,500원

이 책은 지난 5년 동안 진행된 혁신교육지구 사업의 일환으로 학교에서 고군분투하며 독서교육을 이끌어왔던 독서지도사들이 실천 경험을 엮어낸 것으로 청소년기 학생들에게 장래 진로, 사랑, 우정, 삶의 지혜를 찾는 데 도움을 주는 독서교육을 잘 보여주고 있다. 특히 이 책에 소개된 국어, 수학, 과학, 사회, 도덕, 미술, 역사 등 다양한 교과와 연계한 협력수업은 독서교육의 새로운 전망을 보여주는 결실이다.

혁신학교의 거의 모든 것

김성천, 서용선, 홍섭근 지음 / 값 15,000원

저자들은 이 책에서 혁신학교에 대한 100가지 질문에 답하면서 혁신학교의 역사, 배경, 현황, 평가와 전망을 구체적인 증거를 통해 설명하고 있다. 이 책에 서술된 혁신학교에 관한 100문 100답을 통하여 우리 사회에 필요한 교육은 무엇인지, 교사와 학생들이 더 즐겁게 가르치고 배우면서 성장할 수 있는 교육을 위해 필요한 것이 무엇인지, 그것을 위해서 우리 사회 시민 각자가 자신의 위치에서 무엇을 하면 좋은가를 더 깊이 생각해볼 기회를 얻을 것이다.

교실 속 비주얼씽킹

김해동 / 값 14,500원

이 책은 비주얼씽킹 기본기부터 시작하여 교과별 수업, 생활교육, 학급운영 등에 비주얼씽킹을 응용하는 방법을 설명하고 있다. 특히 교사들이 초등학교 1학년부터 고등학교 3학년까지 국어, 수학, 영어, 과학, 사회 등 모든 교과 수업에 비주얼씽킹을 활용할 수 있도록 수업 지도안을 상세하면서도 간결하게 제시하고 있다. 또한 독자들이 책 내용에 대해 더욱 풍부한 이미지와 자료를 접할 수 있도록 저자의 블로그로 연결되는 QR코드를 담고 있다.

교육과정-수업-평가 어떻게 혁신할 것인가

이형빈 지음 / 값 15,500원

이 책은 교육과정 사회학자 번스타인(Basil Bernstein)이 제시한 '재맥락화(recontextualized)'의 관점에 따라 저자가 장기간에 걸쳐 일반 학교 한 곳과 혁신학교 두 곳의 수업을 현장에서 면밀하게 관찰하고 심층 인터뷰와 설문조사를 통한 연구를 바탕으로 무기력과 불평등을 재생산하는 교실을 민주적이고 평등한 구조로 바꾸기 위해 교육과정-수업-평가를 어떻게 혁신해야 하는지 제안하는 내용을 담고 있다.

혁신학교 효과

한희정 지음 / 값 15,000원

이 책에서 혁신학교 효과를 살펴보기 위해서 저자는 혁신학교가 OECD DeSeCo 프로젝트에 제시된 '핵심 역량'을 가르치고 있는지, 학생·학부모·교사가 서로 배우는 교육 공동체를 이루고 있는지, 학생의 발달을 위한 다양한 교육과정을 운영하고 있는지, 교사의 자율성과 전문성을 강화하고 있는지, 자치적이고 민주적인 학교문화를 가지고 있는지, 지역사회와 협력하고 있는지를 다른 일반 학교와 비교하여 설명한다.

교실 속 생태 환경 이야기

김광철 지음 / 값 15,000원

아이들이 자연과 친해지고 즐길 수 있도록 교육하는 것은 쉬운 일이 아니다. 특히 도시 지역에서는 더욱 어렵다. 그래서 이 책은 도시 지역 학교에서도 쉽게 실천에 옮길 수 있는 다양한 생태·환경교육을 폭넓게 다루고 있다. 이 책에서 저자는 계절에 따라 할 수 있는 20가지 환경교육 프로그램을 제시하고, 그 방법, 순서, 재료 등을 상세히 설명해준다

이제는 깊이 읽기

양효준 지음 / 값 15,000원

교과서에는 수많은 예화와 발췌문이 들어가 있다. 이런 자료들은 교육부가 교육과정에서 요구하는 기준에 맞춰 어떤 이야기, 소설, 수필, 논픽션 등에서 일부만 가져온 토막글이다. 아이들은 교과서에 수록된 작품이나 이야기 전체를 읽지 못한 상태에서 단편적인 지문만 읽고 이해를 해야 하기 때문에 책을 읽으면서 생각하고 공감할 수 있는 기회와 흥미를 찾을 수 없게 된다. 이 책은 이러한 문제를 개선하기 위해서 한 권이라도 책 전체를 꾸준히 읽어가는 방법인 '깊이 읽기'를 대안으로 소개하고 있다.

인성의 기초가 되는 초등 인문학 수업

정철희 지음 / 값 15,500원

이 책은 아이들의 올바른 인성교육을 위한 새로운 방법으로써 인문학 수업을 제시하고 있다. 이 책에서 설명하고 있는 인문학 수업은 교사가 신화, 문학, 영화, 그림, 역사적 인물의 일대기 등에서 이야기를 찾아 아이들에게 제시하고, 아이들이 그 이야기에 나오는 여러 문제와 인물 등에 대해 자신의 감정을 스스로 공책에 기록하고 일상의 경험과 비교하고 토의와 토론을 통해 자신의 생각을 발전시키는 수업이다.

수업, 놀이로 날개를 달다

박현숙·이응희 지음 / 값 13,500원

교육계에서 최근 가장 중요한 과제로 삼고 있는, OECD의 여덟 가지 핵심 역량(DeSeCo)에 따라 여러 놀이들을 분류해서 설명하고 있다. "놀이에 내재된 긴장의 요소는 사람의 심성, 용기, 지구력, 총명함, 공정함 등을 시험하는 수단이 되므로" 그것은 학생들의 역량을 키우는 수단이 된다. 이 책의 저자들은 수업이 놀이를 만났을 때 어떻게 핵심 역량이 강화되는지 이야기하고 있다.

더불어 읽기

한현미 지음 / 값 13,500원

이 책은 교사들이 학습공동체를 통해 교직의 전문성과 자율성을 새롭게 발견하며 성장하는 이야기를 다룬다. 우리 사회의 기존 교육 제도는 효율성이라는 명분으로 아이들에게 경쟁을 강요하면서 교사들 역시 서로 경쟁하도록 만드는 시스템으로 이루어져 있다. 이 책에서 저자는 이러한 비인격적인 제도와 환경 아래서 교사들이 행복을 되찾기 위해서는 서로 협력하며 같이 배우면서 아이들과 함께 성장할 수 있어야 한다고 말한다.

땀샘 최진수의 초등 글쓰기

최진수 지음 / 값 17,000원

글쓰기가 아이들에게 필요한 중요한 것이 되려면 먼저 솔직하게
써야 한다. 모르는 것은 '모른다', 잘못은 '잘못이다', 싫은 것은
'싫다'고 솔직하게 드러낼 때 글쓰기는 아이가 성장하는 디딤돌이
될 수 있다. 그리고 이것은 가르치는 교사에게도 적용된다.
지도하는 사람과 지도받는 사람이 따로 있는 것이 아니라 함께
쓰고, 함께 나누면서 서로 성장을 돕는 것이다.

성장과 발달을 돕는 초등 평가 혁신

김해경 · 손유미 · 신은희 · 오정희,
이선애 · 최혜영 · 한희정 · 홍순희 지음 / 값 15,500원

이 책은 교육적 대안을 마련하기 위해 혁신학교에서 지난 5~6년
동안 초등학생의 성장과 발달을 돕는 평가를 실천해온, 현장 교사
8명이 자신들의 지혜와 경험을 모아놓은 최초의 결실을 담고
있다. 독자들은 이 책을 통해 평가는 시험이 아니며 교육과정과
수업의 연장으로서 아이들의 잠재력을 측정하고 적절한 조언을
제공한다는 원래의 목표를 되살리는 첫걸음을 찾을 수 있다.

수업 코칭

이규철 지음 / 값 15,500원

가르치는 일을 함으로써 학생들의 배움을 돕는 교사들에게 수업은
시간적으로도, 공간적으로도 학교에서 자신이 하는 일의 중심을
이룬다. 그래서 수업에 관한 고민은 교과를 가리지 않고 교사들에게
일반적으로 드러난다. 교사들은 공통의 문제로 씨름하게 된다.
최근에 그 공통의 문제를 교사들이 함께 풀어 나가자는 흐름이
곳곳에서 일어나고 있다. 이 책은 그중에서도 '수업 코칭'이라는
하나의 흐름을 다룬다.

교사들이 함께 성장하는 수업

서동석 · 남경운 · 박미경 · 서은지,
이경은 · 전경아 · 조윤성 지음 / 값 15,000원

이 책은 아이들의 배움에 중점을 둔 수업을 위해 구성한 교사
학습공동체로서, 서로 다른 여러 교과 교사들이 수업을 디자인하고
반구하는 수업 모임에 관해 나룬다. 수업 모임 교사들은 공동으로
교과 수업을 디자인하고, 참관하고, 발견한 내용을 공유하고
평가하는 피드백을 통해 수업을 개선해간다. 그리고 이러한
실천이 쌓여가면서 공개수업을 준비하는 방법과 절차는 더욱
명료해지고, 수업설계는 더욱 정교해진다.

땀샘 최진수의 초등 학급 운영

최진수 지음 / 값 19,000원

이 책의 저자는 학급운영의 출발은 아이들을 '가르치는 대상'에서 '존중받는 존재'로 바라보는 것에서 시작해야 한다고 이야기한다. 또한 아이들과 함께하면서 교사는 성장한다. 이러한 성장은 시간이 흐르고 경력이 쌓인다고 이뤄지는 것이 아니라 여러 가지 어려운 문제를 헤쳐 나가며 교사 스스로 자신을 되돌아보고 성찰할 때 비로소 아이들과 함께하는 올바른 학급운영이 이루어진다고 말한다.

당신의 교육과정-수업-평가를 응원합니다

천정은 지음 / 값 14,500원

이 책은 빛고을혁신학교인 신가중학교에서 펼쳐진, 학교교육 혁신 과정과 여전히 완성되지 않은 그 결과를 다루고 있다. 드라마 〈대장금〉에 나오는 '신비'의 메모가 보여준 것과 같이 교육 문제를 여전히 아리송한 것처럼 적고, 묻고, 적기를 반복하며 다가가는 것이다. 저자인 천정은 선생님은 이 책을 통해 자신의 수업이 앞으로도 교육의 본질에 더 가깝게 계속 혁신되기를 바라고 있다.

에코 산책 생태 교육

안만홍 지음 / 값 16,500원

오늘날 인류에게는 에너지와 자원을 대량으로 소비하는 생활양식이 보편화되어 있다. 이러한 생활양식은 자연을 파괴하고 수많은 환경 문제를 야기하고 있다. 이 책은 그러한 생태 교육을 위해 필요한 내용을 다루고 있다. 아이들이 지구 환경을 다시 복원하기 위해서 갖춰야 할 것은 관찰하고 기록하고 어떤 과학적 추론을 이끌어내는 능력이 아니라, 오감을 통해 스스로 자연을 느끼고, 자연의 소중함을 배우는 것이다.

I Love 학교협동조합

박선하 외 지음 / 값 13,000원

학교에 협동조합을 만드는 일에 참여했던 학생들의 협동조합 활동과 더불어 자신과 친구들이 어떻게 성장했는지를 이야기한다. 글쓴이 중에는 중학교 1학년 때부터 사회복지사라는 장래 희망을 가지고 학교협동조합에 참여한 학생도 있고, 고등학교 3학년 때 참여하기 시작한 학생도 있다. '뭔가 재밌을 것 같다'는 호기심을 가지고 시작한 학생이 있는가 하면, 어떤 학생은 자의 반 타의 반으로 학교협동조합에 참여했다.

얘들아, 하브루타로 수업하자!

이성일 지음 / 값 13,500원

최근에는 공부 방식이 외우는 것에서 생각하는 것으로, 수업 방식은 교사 위주의 강의 수업에서 학생 위주의 참여 수업으로 많은 변화가 이루어지고 있다. 이는 4차 산업혁명 시대를 살아가야 할 학생들을 위해서는 당연한 것이다. 학교 교실에서 실제로 질문하고, 토론하는 하브루타 참여 수업의 성과를 담은 이 책은 하브루타 수업을 통하여 점점 성장해가는 아이들의 모습을 보여준다.

내면 아이

이준원 · 김은정 지음 / 값 15,500원

그동안의 상담 사례를 모아 부모·교사의 마음속에 숨어 있는 완벽주의, 억압, 방치, 거절, 징벌, 충동성, 과잉보호 등의 '내면 아이'가 자녀/학생과의 관계에서 어떠한 영향력을 행사하는지, 어떻게 갈등을 일으키는지 볼 수 있게 한다. 그 뿌리를 찾아 근원부터 치유하는 방법들은 필자의 경험을 바탕으로 종합한 것이다. 또한 임상 경험을 아주 쉽게 소개하여 스스로 자신의 '내면 아이'를 만나고 치유할 수 있도록 하는 데 중점을 두었다.

핵심 역량을 키우는 수업 놀이

나승빈 지음 / 값 21,000원

이 책은 [월간 나승빈]으로 유명한 나승빈 선생님의 스타일이 융합된 놀이책이다. 놀이 백과사전이라고 불러도 될 만한 이 책은 교실에 갇혀 넘치는 에너지를 발산하지 못하는 아이들과, 단순한 재미를 뛰어넘어 배움이 있는 수업을 고민하는 선생님을 위한 것이다. 본문에서는 수업 속에서 실천이 가능한 다양한 놀이를 제시하고 있다. 각각의 놀이들을 수업과 어떻게 연계할 수 있으며, 수업 놀이를 통해 어떤 역량을 키울 수 있는지 이야기한다.

교실 속 비주얼 씽킹 (실전편)

김해동 · 김화정 · 김영진 · 최시강,
노해은 · 임진묵 · 공세환 지음 / 값 17,500원

전 편이 교과별 수업, 생활교육, 학급운영 등에 비주얼씽킹을 접목하는 방법을 이론적으로 설명했다면, 《교실 속 비주얼씽킹 실전편》은 실제 초·중·고 학생을 대상으로 수업을 진행한 교사들의 활동지를 담았다.

수업 고민, 비우고 담다
김명숙 · 송주희 · 이소영 지음 / 값 15,500원

이 책은 수업하기의 열정을 잃지 않고 수업 보기를 드라마 보는 것만큼
재미있어 하는 3명의 교사가 수업 연구에 대한 이론적 체계가 아닌,
현장에서의 진솔한 실천 과정을 순도 높게 녹여낸 책이다. 이 속에는
수업에서 실패를 두려워하지 않는, 발랄한 아이들과 함께한 자신의
교실을 용기 있게 들여다보며 묵묵히 실천적 연구자로 살아가는
선생님들의 고민과 성장이 담겨 있다.

뮤지컬 씨, 학교는 처음이시죠?
박찬수 · 김준성 지음 / 값 12,000원

각고의 노력으로 학교 뮤지컬을 개척한 경험과 노하우를 소개한
책. 뮤지컬은 학생들의 삶을 보다 풍요롭게 만듦으로써 학교교육
위기의 대안으로 크게 주목받고 있다. 현장에서 바로 적용하고
고민할 수 있는 현재진행형의 살아 있는 지식이 담겨 있다.

어서 와, 학부모회는 처음이지?
조용미 지음 / 값 15,000원

두 아이의 엄마인 저자가 다년간 학부모회 활동을 하면서 알게
된 노하우와 그간의 이야기들을 담은 책. 학부모회 활동을 처음
시작하는 이들이나, 이미 학부모회에서 활동 중이지만 학교라는
높은 벽에 부딪혀 방향성을 고민 중인 이들에게 권한다.

학교협동조합 A to Z
주수원·박주희 지음 / 값 11,500원

'학교협동조합'의 설립 및 운영과 관련해 학생, 학부모, 교사들
이 궁금해할 만한 이야기들을 질문과 답변 형식으로 풀어냈다.
강의와 상담을 통해 자주 접하는 질문들로 구성했으며, 학교협
동조합과 관련된 개념들을 좀 더 쉽고 빠르게 이해하는 데 중
점을 두었다.

색카드 놀이 수학

정경혜 지음 / 값 16,500원

몸짓과 색카드로 초등학교 1학년부터 6학년까지 배우는 수와 연산을 익힐 수 있도록 가르치는 방법을 다룬다. 즉, 색카드, 수 놀이, 수 맵, 몸짓 춤, 스토리텔링, 놀이가 결합되어 아이들이 다양한 감각을 통해 몸으로 수학의 개념과 원리를 터득하게 하는 것이다. 놀이처럼 수학을 익히면서 개념과 원리를 터득해나갈 때 아이들은 단순히 수학 지식을 배우는 것이 아니라 그것을 실제로 사용할 수 있는 지혜를 배운다.

교육을 교육답게 우리교육 다시 세우기

최승복 지음 / 값 16,000원

20여 년간 교육부 공무원으로 정책을 연구하고 입안해온 저자가 우리 사회가 당면한 교육 문제의 본질과 대안을 명확하게 정리한 책. 저자는 표준화된 교육과정과 평가에 따라 학생들에게 획일성과 경쟁만 강조해왔던 과거의 교육을 단호히 비판하고 학생 개개인에게 맞는 개별화 교육이 필요하다고 주장한다.

처음부터 다시 시작하는 수업

민수연 지음 / 값 13,500원

1년 동안 아이들과 교사가 함께 행복한 교실을 만들어 나간 기록들이 담겨 있다. 교육의 본질과 교사의 역할, 교육관과 인간 본성에 관한 철학적 고민부터 구체적 방법론, 아이들의 참여와 기쁨에 이르기까지 교육과 관련된 다양한 요소가 버무려져 마치 한 편의 드라마 같다.

혁신교육 정책피디아

한기현 지음 / 값 15,000원

이 책의 저자는 교육 현장은 물론, 행정 프로세스에 대한 경험을 모두 갖춘 만큼 교원업무정상화, 학폭법의 개정, 상향식 평가, 교사인권 보호, 교육청 인사, 교원연수 등과 관련해 교육 현장의 가려운 곳을 제대로 짚어 긁어주면서도 현실성 높은 다양한 정책들을 제안한다.

삶과 교육을 바꾸는 맘에드림 출판사 교육 도서

영화 만들기로 창의융합 수업하기
박현숙·고들풀 지음 / 값 13,000원

창의융합 수업의 좋은 사례로서 아이들과 영화를 만든 이야기를 담았다. 시나리오, 콘티, 촬영, 편집과 상영까지 교과의 경계를 넘나드는 영화 만들기 수업 속에서 아이들은 다양한 역량을 발휘하며 훌쩍 성장한다. 학생들과 영화 동아리를 운영한 사례들도 담겨 더욱 깊이 있는 노하우를 얻을 수 있다.

혁신교육지구란 무엇인가?
강민정·안선영·박동국 지음 / 값 16,000원

이 책은 혁신교육지구에 관한 거의 모든 것을 아우른다. 실제 운영 사례와 향후 과제는 물론 정책 제안까지 담고 있어, 혁신교육지구에 관심을 가진 사람들뿐만 아니라 혁신교육지구와 관련된 업무를 담당하고 있는 현장의 전문가 및 정책 입안자들에게도 큰 도움이 될 것이다.

주제와 감수성이 살아나는 공감 수업
김홍탁·강영아 지음 / 값 16,000원

교육의 본질은 수업이며, 학생들은 수업에서 삶을 배워야 한다. 저자들은 그 연결 고리를 '공감'으로부터 찾아냈다. 역사와 정치, 민주주의를 관통하는 주제가 살아 있는 수업, 타인과 사회를 공감하는 인권 감수성 수업을 통해 아이들은 사회를 정확하게 바라보는 시민으로 성장한다. 더불어 책 속에는 전문적 학습공동체를 경험한 선생님들의 성장 이야기가 담겨 있다.

톡?톡! 프로젝트 학습으로 배움을 두드리다
최미리나·이성준·김지원·조수지·심혜민 지음 / 값 19,500원

이 책은 학생들이 흥미를 느끼는 주제로 탐구 활동을 진행해 배움의 진정한 즐거움을 발견하고, 나아가 한층 더 깊은 탐구로 이어지는 선순환이 가능한 프로젝트 수업을 위한 거의 모든 것을 다룬다. 이 책을 통해 교사들은 교육과정 재구성, 프로젝트 학습의 평가 방법, 실생활과 연계한 배움 중심 수업을 만들어 갈 수 있는 다양한 아이디어를 얻을 수 있을 것이다. 아울러 프로젝트를 마친 후에 한층 성장할 수 있는 수업은 어떻게 설계해야 하는지 생각해볼 수 있을 것이다.

독자 여러분의 소중한 원고를 기다립니다

맘에드림 출판사는 독자 여러분의 소중한 원고를 기다리고 있습니다. 원고가 있으신 분은 momdreampub@naver.com으로 원고의 간단한 소개와 연락처를 보내주시면 빠른 시간에 검토해 연락을 드리겠습니다.